城市发展的逻辑

［法］迈克尔·斯托珀尔（Michael Storper）◎著
李丹莉 马春媛◎译

KEYS TO THE CITY

中信出版集团 | 北京

图书在版编目（CIP）数据

城市发展的逻辑 / (法) 迈克尔·斯托珀尔著；李丹莉, 马春媛译. -- 北京：中信出版社，2020.4（2025.7重印）
书名原文：Keys to the City
ISBN 978-7-5217-1427-2

Ⅰ.①城… Ⅱ.①迈… ②李… ③马… Ⅲ.①城市经济－经济发展－研究 Ⅳ.①F291

中国版本图书馆CIP数据核字(2020)第013990号

城市发展的逻辑

著　　者：［法］迈克尔·斯托珀尔
译　　者：李丹莉　马春媛
出版发行：中信出版集团股份有限公司
（北京市朝阳区东三环北路27号嘉铭中心　　邮编　100020）
承 印 者：北京盛通印刷股份有限公司

开　　本：787mm×1092mm　1/16　　印　　张：21.75　　字　　数：195千字
版　　次：2020年4月第1版　　印　　次：2025年7月第6次印刷
京权图字：01-2014-3348
书　　号：ISBN 978-7-5217-1427-2
定　　价：68.00元

服务热线：400-600-8099
投稿邮箱：author@citicpub.com

献给

克鲁伊乌尔河畔的年轻人

及弗兰克·蒙福特（1965—2011）

你的笑声在耳畔回响：我们永远难忘。

目　录

总　序

作为 CIDEG 文库的主编，我们首先要说明编纂这套丛书的来龙去脉。CIDEG是清华大学产业发展与环境治理研究中心（Center for Industrial Development and Environmental Governance）的英文简称，成立于2005 年 9 月的CIDEG，得到了日本丰田汽车公司提供的资金支持。

在清华大学公共管理学院发起设立这样一个公共政策研究中心，是基于一种思考：由于全球化和技术进步，世界变得越来越复杂，很多问题，比如能源、环境、公共卫生等，不光局限在科学领域，还需要其他学科的研究者参与进来，比如经济学、政治学、法学以及工程研究等，进行跨学科的研究。我们需要不同学科学者相互对话的论坛。而且，参加者不应仅仅来自学术圈和学校，也应有政府和企业家。我们希望把 CIDEG 办成类似斯坦福大学非常著名的公共经济政策研究中心（Stanford Institute of Economic Policy Research，SIEPR）那样，对能源、环境问题进行经济和政策上的分析。我们认为，大学应该关注基础研究，大学的使命是创造知识，在深层知识的产生上发挥作用。而产业部门的任务是把技术成果商业化，大学和产业之间的连接非常重要。但与此同时，我们不应忘记政府的角色，特别是对于一个发展中的转轨国家，政府职能的定位和边界至关重要。CIDEG 的目标是致力于“制度变革与协调发展”、“资源与能源约束下的可持续发展”和“产业组织、监管及政策”为重点的研究活动，为的是提高中国公共政策与治理研究及教育水平，促进学术界、产业界、非政府组织及政府部门之间的沟通、学习和协调。

2005 年 9 月 28 日 CIDEG 召开了“中国的可持续发展：产业与环境”的首届国际学术研讨会，会议的主题正是中国当今的产业和环境状况。

中国的改革开放已经有几十年历程，它所取得的成就令世人瞩目，它为全世界的经济增长贡献了力量，特别是当其他一些欠发达国家经济发展停滞不前的时候。不过，中国今后是否可持续增长，却是世界上许多人所关注的问题，因为在中国取得巨大成绩的同时，还面临着诸多挑战：资源约束和环境制约，腐败对经济发展造成的危害，糟糕的金融服务体系，远远不足的自主创新能力，以及为构建一个和谐社会所必须面对的来自教育、环境、社会保障和医疗卫生等方面的冲突。这些挑战和冲突正是 CIDEG 将开展的重点研究课题。

中国发布的“经济和社会发展‘十一五’规划纲要”提出了对发展模式的调整，号召用科学发展观统领全局，坚持以人为本转变发展观念、创新增长模式、提高增长质量，把经济社会发展切实转入全面协调可持续发展的轨道。这也为 CIDEG 的研究工作的开展提供了一个更有利的前景。

而中国对环境治理方面的研究显然刚刚开始，中国近年能源消耗的速度远高于实际经济增长速度，这种增长是不可能长时间持续的。最近《京都议定书》开始生效，哪些公共政策措施可以控制二氧化碳和其他污染气体的排放？建立一个排放权的市场是否对控制尾气排放有效？如何资助新环境技术的进步？这些问题不仅需要技术知识，也需要经济学素养。而建立一个环境监管体系，就不仅涉及法律问题和技术问题，更需要对广泛社会问题的考量。环境污染背后的实质是社会成本和价值的重新分配问题，因而要从社会系统的角度考虑环境监管。并且从发展的角度来看，中国环境污染的源头在发生改变，监管体系也就应该随之改变。

还有公共卫生问题，比如SARS、疟疾、艾滋病等，这是全球化的另一面。人口流动性的增加加快了疾病传播，如何控制这些病的流行，不仅需要医生的合作，而且涉及许多移民的工作、生活和环境等问题。我们会面对许多类似的公共政策问题，解决方法要看历史因素和经济发展水平，因此，就要进行国际比较研究。

中国是独特的。但是，由于中国也曾经是一个中央计划经济国家，有些研究需要与过去同是计划经济的中欧和独联体国家相比较。与此同时，日本、韩国、中国和中国台湾有一些共同的特征，在开始阶段农村人口都占很大比重，传统社会规则是农业社群中的人际关系生发出来的。这些社会关系不可能一夜之间改变，这种发展形式和西方经济的发展很不一样，也与俄罗斯等国不太一样。所以，在面对这些既有共同点又有独特性的问题时，比较研究会很有意思。虽然受制于不同的制度框架，但问题是共同的，比如社会保障、养老金问题、环境问题等。关于社会保障制度的设计，我们可以从新加坡、瑞典和其他国家学到许多经验。在经济高速增长带来的与环境的社会冲突方面，我们可以从日本20世纪60年代后期的环境立法、产业发展协调中学到许多教训和经验。所以，对产业发展和环境治理的研究应该是全球化的。

比较经济制度分析是一种概念工具，有助于理解不同经济制度如何演化。不同制度可能会融合，可能会继续保持差异。产业发展和环境治理政策不一定是普遍适用的，在某些国家可能容易实施，其他国家也许不行，但不同国家之间的交流非常重要。充分利用国际上已有的研究成果，收集和整理这些成果以做进一步的交流，是十分可取的途径。

正是在这一意义上，比较、借鉴和学习也成为CIDEG学术活动中的一项重要内容。根据CIDEG理事长陈清泰的倡议，我们决定翻译并出版这套“CIDEG文库”，介绍不同国家是怎样从农业国家发展为现代国家的；在经济高速发展阶段，是如何处理与环境的矛盾的。这套丛书的内容选择非常宽泛，从学术的到非学术的都在其内，目的就是给中国的读者——学生、学者、官员和企业家以及所有对此有兴趣的人提供更多的信息与知识。CIDEG理事和学术委员为文库提供了第一批书目，并成立了编委会，今后我们还会陆续选择适当的图书编入文库。为此，我们感谢提供出版书目的CIDEG理事和学术委员，以及入选书籍的作者、译者和编辑们。

青木昌彦

吴敬琏

2006年4月10日

致 谢

本书立足于我在三所“母校”独立以及合作开展研究的成果。在伦敦政治经济学院地理系，由地理学家和经济学家共同组成了一个超级团队，他们在地理学和经济学方面极具共识。我特别要感谢与我共同完成其他著作的作者，他们是我现在的同事里卡多·克雷申齐（Riccardo Crescenzi）和安德烈斯·罗格里格斯－珀斯（Andrés Rodríguez-Pose），以及我以前的同事吉勒斯·杜兰顿（Gilles Duranton）和托尼·维纳布尔斯（Tony Venables）。我还有幸能常常与其他同事交流并得到很多启发，他们是致力于经济地理研究的西蒙娜·亚马里诺（Simona Iammarino）、伊恩·戈登（Ian Gordon）、亨利·奥弗曼（Henry Overman）和克里斯蒂安·希尔伯（Christian Hilber）。汤姆·法罗（Tom Farole）是以前在伦敦政治经济学院的博士生，法布里齐奥·巴萨（Fabrizio Barca）是罗格里格斯－珀斯区域政策问题研究团队的成员，我与他们两人的合作对我的思考也很重要。

我与我那些在加州大学洛杉矶分校的博士生合作，尤其是共同进行由约翰·伦道夫和多拉·海恩斯基金会（John Randolph Haynes and Dora Haynes Foundation）支持的城市发展基础方面的研究，也影响了我这段时期的思考。我要感谢汤姆·凯梅尼（Tom Kemeny）、纳吉·马卡拉姆（Naji Makarem）和塔内尔·奥斯曼（Taner Osman），他们积极参与了本项目的研究，我们多次讨论了不同地区发展模式的分类这一难题。我与汤姆·凯梅尼、迈克·曼维尔（Mike Manville）和艾伦·斯科特（Allen J. Scott）共同写作，我也从他们身上获益匪浅。

最后要提到的但同等重要的是，从 2003 年起，我有幸成为巴黎政治学院的教员，成为其组织社会学中心（Center for the Sociology of Organizations）的一员。本书中提出的经济地理学和经济社会学合作的观点便出自这段工作经历。我在关于社会力量如何使某类制度在某些地方成为可能这方面的思考得到了巴黎政治学院的同事的帮助。我要感谢埃哈德·弗里德伯格（Erhard Friedberg），他和我共同指导公共事务硕士项目，并就各种组织和制度如何“真正产生作用”的问题进行了许多极具启发性的讨论；感谢帕特里克·拉盖里（Patrick LeGalès）与我就城市政治经济问题做了许多交流；感谢组织社会学中心主任克莉丝汀·穆塞琳（Christine Musselin）对我在中心期间一直给予的热情接待。在公共事务硕士项目中，我们集中研究了“地域发展政策”问题，我在本书中借鉴了在该领域执教的很多同事的观点。在巴黎，我还要感谢让-克劳德·普拉格（Jean-Claude Prager）和皮埃尔·威尔茨（Pierre Veltz）多年来就区域发展问题与我进行了极具启发性的探讨，还要感谢瑞尔·米勒（Riel Miller）与我在远程监控技术问题上的合作。

普林斯顿大学出版社的编辑埃里克·施瓦茨（Eric Schwartz），就书稿的写作提出了积极而详细的修改建议；康奈尔大学的苏珊·克里斯托弗森（Susan Christopherson）和鲁汶天主教大学（Université Catholique de Louvain）的雅克－弗朗索瓦·提斯（Jacques-François Thisse）就如何增强观点的说服力给了我许多建议。

本书借鉴了许多我已经出版的研究成果，但都做了大量修改并重新编排，同时也以新材料做了完善。本书对参与者的具体贡献在每一章的注释中都给予认可，但我对本书的研究结论承担唯一责任。我在各种会议和各个大学做的报告强化了本书的观点。在世界各地许多大学里从事地理学、经济学和社会学等学科研究的朋友和同人对我的思想发展都产生了重要作用。

第一章
引言
21 世纪的城市与地区：发展与变化的原因何在？

分化与动荡

如果许多国家现在的居民回到几十年前，他们可能会对自己所在城市和地区的很多方面都感到很陌生。这好像不合常理，由于城市是由耐用的混凝土和钢铁建成的，它在一定程度上的变化应该很缓慢。像一些城市的标志性要素：曼哈顿的摩天大楼、洛杉矶的林荫大道和高速公路，还有巴黎的历史核心区，都会一直与我们同在。但城市的许多其他方面，从街区粒度到整个大都市区的规模和结构，以及赢家和输家地区的布局，不断发生着剧烈的变化。

1950 年，普通美国民众几乎很难预测现在美国郊区的生活方式，也不会关注我们现在所称的“阳光地带”是什么。1960 年，没有人担心众多处于“制造业地带”的主要大都市区会衰落，底特律的普通居民根本不会想到他们的城市几十年后会成为失败的代名词。也不会有很多人想到休斯敦和拉斯维加斯在此之后很快就会成为成功的超级典范。

截至1980年，美国人也没想过地处“霜冻地带”的某些城市（如纽约、芝加哥、波士顿）会在20世纪90年代复苏，也没想到那些被遗弃的城市街区会实现中产阶层化。20世纪80年代，鲜有学者思考过“国际城市”（如香港和上海）的崛起，也没想过伦敦、巴黎是否会被列入国际城市。生活在1950年的巴黎人也想不到巴黎地区会大面积市郊化，巴黎中心彻底中产阶层化，巴黎人拥有的大部分优势踪影全无。生活在1940年的里约热内卢的居民，如果听说圣保罗有望成为巴西乃至南美洲最大、最富有的大都市，可能会不屑地轻蔑一笑。经济发展层面正不断重新洗牌，并以一种不规律和变幻不定的方式发牌给不同的地方。

自贸易革命（始于15世纪晚期的探索时代）以来，城市化一直呈迅速兴起的态势。始于18世纪的工业革命使城市化加剧。这段时期也见证了全球范围的“大分流”，因此，1750年后西方在财富和收入上远超全球其他国家。作为这种分流的一部分，18世纪和19世纪，这些世界大城市都成了最富有的地方，但其中一些城市的富有程度比其他城市要高出很多。商人时代，像威尼斯以及位于丝绸之路另一端的西安这样的城市，发现自己在财富方面逐渐输给了曼彻斯特这类城市。工业化时代导致高收入地区和低收入地区混杂的情况。北欧工业带首先出现了收入最高的地区，随后是北美的一些核心地区。美国的“旧西北部”，像水牛城和克利夫兰这样的城市在1900年都曾是高财富地区，特别是与亚特兰大或休斯敦相比更是如此。20世纪初加利福尼亚和“第一波”新经济的兴起，给太平洋沿岸地区带来财富和不断发展的城市区域，使那里跻身十大最富裕的城市区域。

截至20世纪60年代末，整个欧洲和北美洲，许多以前最富有的城市区域的就业岗位逐渐减少，维系城市的收入水平变得十分艰难。美国的变化尤其明显，许多阳光地带的城市不仅比老牌制造业城市规模更大，也更富有（Kim，2002）。甚至一些老牌制造业城市的就业岗位出现了绝对减少。虽然美国的情况尤为显著，但在欧洲的制造业城市，如里尔、曼彻斯特或托里诺（意大利北部城市）也有相同情况发生。我们可以从表1.1中看到美国的这种动荡变化。

表1.1　1970年人口大于200万的美国综合统计区（按人均收入水平排名）

地区名称	收入排名		人口增长（%）
	1970	2009	1970—2009
圣何塞—旧金山—奥克兰（加利福尼亚州）	1	1	55.3
纽约—纽瓦克—布里奇波特（纽约州—新泽西州—康涅狄格州—宾夕法尼亚州）	2	3	13.0
芝加哥—内珀维尔—密歇根（伊利诺伊州—印第安纳州—威斯康星州）	3	12	21.1
洛杉矶—长滩—里弗赛德（加利福尼亚州）	4	25	78.2
华盛顿—巴尔的摩—北弗吉尼亚（华盛顿特区—马里兰州—弗吉尼亚州—西弗吉尼亚州）	5	2	57.2
底特律—沃伦—弗林特（密歇根州）	6	52	1.7
明尼阿波利斯—圣保罗—圣克劳德（明尼苏达州—威斯康星州）	7	11	60.0

（续表）

地区名称	收入排名		人口增长（%）
	1970	2009	1970—2009
西雅图—塔科马—奥林匹亚（华盛顿州）	8	6	96.6
克利夫兰—亚克朗—伊利里亚（俄亥俄州）	9	36	-6.6
费城—卡姆登—瓦恩兰（宾夕法尼亚州—新泽西州—德拉瓦州—马里兰州）	10	10	13.6

注：Bureau Economic Affairs REIS 数据。

20 世纪 80 年代末和 90 年代，西方国家发生了进一步变化。某些被视为衰落的制造业中心城市，再次有了吸引力，如纽约和伦敦。最引人注目的是，这些城市的经济围绕着高薪的新经济产业和岗位重组之后，重新回到城市收入排行的前列。事实上在世界各地，一系列重要城市带开始趋于相似，并成为新兴的全球经济的重要转折点。香港、东京、新加坡、圣保罗、悉尼、多伦多、苏黎世和其他许多城市变得规模更大、更富有。而许多以前富裕的、其中多数是中等规模的工业城市，则越来越落后。随着全球贸易和一体化的发展，发展中国家，尤其是中国的主要工业城市，持续引起人们的关注，同时也在世界城市的收入排名中不断上升；广州、贝洛奥里藏特、班加罗尔、约翰内斯堡、吉隆坡等仅仅是这些城市中的几个代表。理查德·多布斯（Richard Dobbs）和他的同事（2011）指出，世界 600 个最大城市约占全球产出的 1/3，2 000 个中心城市占了产出的大部分，这反映了有关城市的现实情况。

除了城市化的这一大图景之外，大都市区的规模也在持续扩张。西方国家的郊区化大潮在逐渐放缓，但在新兴经济体中却在增速，尽管郊区化不太可能中止，但也许因为对环境问题的些微意识推动了城市密度的增大以及更多公共运输的发展。21 世纪许多大都市区，不仅通过加大其核心区域的就业密度，也通过复制多中心格局模式进行扩张，而多中心格局模式在洛杉矶、伦敦、巴黎、圣保罗、墨西哥和旧金山早已存在。

因此，在这个全球共同发展的过程中，不同地区不均衡的发展模式将会持续存在。这种不均衡有两方面意义。首先，城市化本身就是一种极度不均衡形式：它把人员、企业、信息和财富都压缩在很小的区域之内。美国约 40% 的工作岗位位于 1.5% 的面积之内，约 60% 的工作岗位位于 12.5% 的面积之内。近年来，大多数国家城市化的不均衡导致其主要大都市区与本国其他地区之间收入分化加剧。收入向这些地区的转移抵消了其中一些分化，但大中型城市和其他地区之间基本的动态分布可能会成为 21 世纪未来几十年的发展特点。第二类发展不均衡在于，各大都市区经过了三四十年的中期运行，它们的命运经历了相当大的动荡，收入排行有升有降，人口也以不同的速率有增有减。

城市区域是人们经历现实生活的主要尺度。对于经济学、政治学、我们的全球心态和社会福利而言，地域性流失、动荡和发展的不平衡，结合城市化的规模本身，会使城市区域的发展比以往任何时候都更加重要。对城市发展的管理将成为人类最严峻的挑战之一。这个进程中胜利的一面会使我们兴奋不已，并对人才产生激励作用，但失败的一面会在各国内部及各国之间产生取代现象以及愤怒情绪。

发展和变化：理论和证据的挑战

社会科学十分关注对城市发展和变化的描述,或者从更广义上说，发展与变化的区域维度和地理维度。虽然我们取得了这方面的进展，但是还远不能确定产生这种变化的原因。城市的改变及其原因对人类福利而言最为重要。最主要的目的是要对经济发展的地理和人口变化的驱动因素有深刻的认识。问题是我们对各种发展模式的大多数解释仍然是事后诸葛亮，或因方式过于简单化（“如果这样，那么就”之类的方法)，从而掩盖了大多数最有趣的互动。

解释城市和地区发展变化的原因是社会科学的巨大挑战之一（Perloff，1963)。城市或地区，同其他经济体系的地理范围一样，都有着复杂的经济发展过程，而影响经济发展过程的力量数不胜数。棘手的问题是，面对这样的复杂性，社会科学应该做什么？让任何单一的理论和研究领域充分战胜所有这些挑战都不现实，特别是空间经济学这样一个复杂的人与技术互动的领域。但要集中研究变化和因果关系（我的意思是，将城市和地区作为面向未来的发展过程进行研究)，我们应确定在定义该领域的研究目标时，最紧要的问题是什么？具体来说，该领域应该能够回答这样的问题：为什么有些城市和地区会发展而有些会衰败？区分各城市区域能否可持续发展的因素是什么？是什么力量导致人均收入的聚集或者分化，这些力量发挥作用的条件是什么？为什么有些城市区域比其他城市区域更富裕？一个地区的物质结构与其经济表现有何关系？城市和地区发展的主要规律是什么？哪些时间上和地理上不规律的突发事件以不可逆转的方式影响了城市和地区发展？

第一章　引言　21世纪的城市与地区：发展与变化的原因何在？

城市和地区发展是一个混乱而复杂的现象，无法通过任何单一学科或理论工具说明其最重要的成因，甚至“经济学的”工具也不行。本书的主要目的是阐述我们对城市和地区增长与发展的解释，并结合我们的分析工具箱来组织对多个重大问题的回答。这些工具主要取自经济学、经济地理学和经济社会学。城市和地区发展的四个背景构成了本书的解释工具箱：经济、制度、社会互动、政治或规范。在每一种背景中，我集中研究的是微观基础的确认：个人、家庭、企业以及团体如何通过互动建立和改变城市。

经济学和地理学

我从经济学的任务开始，然后再转到其他学科。经济发展的地域不平衡是发展经济学、经济地理学、区域科学和城市经济学的中心问题。本书涉及所有这些领域。在城市区域层面研究发展机制与在国家层面研究发展机制的主要区别与所研究经济体的开放程度有关。商品、人员、资本和信息的国际流动对国家的发展十分重要，尤其在当前这样强劲的全球化时期更是如此。但开放仍然有许多重大限制，民族国家拥有影响发展的主权国家结构和强大的手段。这些手段包括产权、财政和货币政策、通过教育对经济的要素供给进行干预的能力、边境管制以及研发和税收政策。此外，各国还有非正式制度，例如共同语言、传统、社会和经济网络。这使各国得以通过多种途径限制开放的程度和类型。

在一个国家内部的城市区域没有主权或隔离问题。与全球作为一个整体系统相比，各经济体内部的贸易壁垒更少，企业、资本、人员的流动障碍也更少。城市区域也存在相对于民族国家来说有限的财政能力，但是没有独立的货币政策。城市和地区政府并不针对产权、税收政策和其他基本制度问题制定基本法律。在某些国家，地方教育系统通常依据国家规范，且常常依赖国家预算。某些地区的研发可能比其他地区更加密集，但其基本结构和量级主要受国家政策影响。在西班牙、比利时或瑞士等国家，其社会和经济网络明显由语言和历史而高度分割。然而，大多数国家的语言和文化对城市区域起着凝聚和统一的强大作用。

区域发展的标准经济模型将这种高度开放描述为劳动力（人）和资本（企业）的无限制流动，以及低贸易成本的商品和服务（输出），因此，在这些研究方法中，我们假设开放程度很高，与其他地区的互动成本很低，从而使研究转向我们称之为企业和人的“分类”模式。这意味着城市和区域经济学会将区域发展问题简化为区域间经济学的资本和劳动力分类问题。在本书的第一部分，我要论证的是标准的城市和区域经济学过于强调分类，从而导致分类的主要来源发生错误。尽管标准的城市和区域经济学认为分类主要是由生活成本、房地产市场和当地的商业环境驱动，我却认为主要是由技术和贸易成本的变化驱动。

相比之下，国际发展研究看到的是分析城市区域发展应该关注的那些核心问题。由于各国都对贸易和要素流动设置了重要壁垒，发展不仅取决于那些流向各国的要素，也取决于各国如何利用其国内拥有和创造的资源（Helpman，2011）。区域发展如国家发展一样，受到经济内部互动过程的强烈影响，特别是创新、专有技术、人际网络、劳动力市场、当地的社会互动，以及与发展相关的政治进程。反过来，这些生产型经济的内部发展动态又在一种本地与其他经济范围之间的双向互动中促成分类。

经济中的前沿可贸易活动（“创新行业”）的布局，不仅仅是对要素成本与要素价格分类的回应。从许多方面来看恰恰相反。区域的商业生态系统或集群，产生或吸引它们自身的要素供给，并创造其制度和互动环境。这些条件不容易模仿，它们的成本和价格也不会通过区域间竞争以及企业和人员的分类而降低。

地理学家、社会学家和城市政治学的许多学生都专注于各地区的这些内部动态。不幸的是，这些学者和经济学家分属两个世界，他们的学术和政策争议也大不相同。地理、社会和城市政治等学科，思考的是企业网络如何影响企业家精神和专业化；政治如何影响地方劳动力市场和薪资；社会网络如何影响政治关注点及问题的解决；观念、传统和文化如何影响企业环境；许多这样的地方力量如何影响土地利用。所有这些方面都推动了城市区域内部的发展动态，而且在不同的城市存在很大差异。

关于本书

对于上述混乱和复杂的问题，不存在“宇宙大爆炸式”的解释模型，而是要从涵盖不同学科的四个背景进行分析，即之前提及的经济、制度、创新或互动，及政治或社会背景。

第二章到第五章探讨经济背景，研究的是生产布局，或企业和工作岗位的走向，以及各个家庭的地理布局和工人的区位选择。第二章要回答的问题是：究竟是人们为了追求生活质量而产生的迁徙，还是工作岗位或企业需求生产地点的迁徙，导致了城市和区域发展的一系列重大变化呢？这个问题的答案是，城市区域之所以发展，原因就在于它们是企业的经营场所，而不是人们的游乐场。第三章探讨的是产业为什么总是集中在一起，它们在人口和生产方面遵循什么样的空间经济模式。第四章着眼于为什么某些城市和地区的价格和工资远远高于其他城市和地区，这与财富创造的整体经济过程有何关系。

第五章探讨了个人的作用和他们对居住地的偏好；对于企业，我研究了它们的选址偏好；对于上述二者，我着眼于他们对公共商品的偏好。任何广义的经济过程，例如城市区域的发展，都是无数个人的选择结果。所有关于城市发展的研究中存在一个关键的争议问题，那就是城市化模式对这些偏好有何种程度的反应。我认为偏好和城市之间的关系充满张力。这意味着我们只能极为有限地使用既有城市和城市系统的特点来推断“人们想要什么”或“偏好于偏好”（prefer to prefer）什么。

对经济学家来说，本书的论述虽然主要使用文字和实例，并辅以一些数字和模型，但努力采取中间立场以对理论的技术原理表示尊重（Leamer，2012）。我们的目标不是建立模型，而是要找到一个经济学框架，刻画城市和地区经济发展的主要力量。

那些主要的经济模型已经存在了很长时间，但我们还是无法完全解释城市区域发展的选择性问题（selectivity）。城市经济发展动力的每次重大的根本变化浪潮都会强化某些“赢家”地区，并产生一批“输家”地区。产生这样的选择性可能有许多原因：“先发的偶然性”（即运气）、制度、创新的地理分布、思虑周详的行动或国家的政策。纽约成为真正的金融中心仅仅是因为“先到先得”吗？硅谷坐落于旧金山附近是因为它的创始人之一需要住得离年迈的母亲近一些吗？是否有更深层的制度和社会结构原因能够吸引这些产业来到这些地方？是因为它们的创新能力吗？而它们的创新能力又是什么？或者是因为国家和政府行为青睐这些地方？

人们普遍认为“好的制度”与国家的经济发展有关，且这种观点越来越多地被应用于城市区域研究。很大程度上，发展经济学考虑制度的正式含义（国家、宪法、规则、法律和正式政策）。但制度也有非正式含义，即经济中由关键的“团体”或“群体”构成的组织，包括精英网络、公民社团和社区团体。我很想了解的是，它们之间往往非有意的互动如何影响劳动力市场、学校教育、态度，甚至是正式的政策。

各国大都市区都有相似的正式制度，但各自拥有的群体之间存在很大的差异，且这些群体在所在地区彼此连结形成独立社会的方式亦不相同。与纽约相比，达拉斯的社会结构存在许多重要差异，图卢兹的社会结构看起来与波尔多的相当不同。巴黎和伦敦因为处于两个不同的国家，不仅其正式制度不同，同时也存在非正式制度差异。这些差异对大都市区如何随着时间推移吸引、发展或排斥某些经济活动有很强烈的影响。在第二部分，我着力于城市区域的经济社会学研究，特别是地区范围内的非正式制度化行动方面的研究。

在本书的第三部分，我大量运用经济学和社会学理论并将二者结合，通过探讨当地互动背景在创新的地理分布中的作用，思考当地互动对全球化过程中的世界经济体系有何作用。创新行业往往高度集中（即集聚）在相对较少的城市，这些城市是企业、人才库和知识所在地。例如，为什么信息技术坐落于圣何塞，金融在伦敦和中国香港，娱乐业在洛杉矶，而医药业在巴塞尔？这些行业在某些城市（大范围来说在某些国家）中的位置决定了高技能工作的位置，并决定了其收入排行。

创新是经济发展的一个特殊问题，因为创新的地理分布不仅改变主要的创新中心，也改变整个经济及其所有地区。创新中心从创新中获得许多收益：高薪工作岗位、高收入、高财政能力。源自大都市中心的创新，在应用于其他产业的生产过程和产品时，其影响会波及整个经济，因为创新产业最终会成熟，可以迁往别处。了解创新与发展的空间轨迹和时间路径是发展经济学与地理经济学的圣杯。它是经济发展研究中最难以捉摸、最复杂的问题。

在论述经济背景的第一部分，我们将探究创新的经济租金的时空路径。在这部分，我探讨了创新与城市中的人际互动。每一种创新方式都有其具体的供应架构，即将理念、企业家、合作伙伴以及消费者的品味和习惯相结合的方式。这就是不同国家和城市仍然有其独特“禀赋”的原因。不同的技术诀窍和专业知识相结合构成了行为环境，而以行为环境形式存在的城市禀赋会在第十章加以分析。此外，许多近距离的互动有特定的形式，即我在第十一章分析的面对面接触。为什么面对面接触对创新和当地禀赋有如此重要的作用？为什么某些城市和地区有许多交叉的面对面接触情况，并给这些地方带来了“人气”？

政治也是城市区域发展的部分原因。城市区域在不同方面都受到国家政策的影响，反过来，它们又通过种种隐形的途径置身于国家政治和社会生活中。城市区域也是其居民、专家和政策制定者做出大量规范判断（normative judgements）的主体。本书中最后一部分着眼于整体政治经济过程中的城市和城市系统。

对于政治机制的研究大致有以下四个方面：一、创造新城市、区域当局和政府的能力，同时论述了集权程度较高的社会和分权程度较高的社会之间的差异；二、企业和人员在区域之间的流动率；三、土地及土地开发在经济中的角色；四、各地区劳动力规制与工资的差异程度。这四种机制对重要的经济和地理结果产生影响，这些结果包括各地区生产要素（劳动力、企业和知识）的重组力度，是创新的主要组成部分之一；社会群体的聚集或分离模式；利用地理“退出”（流动性）与“发言权和忠诚”影响政治和经济过程。所有这些差异的存在意味着即使在越来越全球化的世界里，在不同的民族国家和社会中，城市和地区也将在其政治和规范争议方面扮演不同的角色。

正如我指出的，本书分析的大都市发展创造了大量的机会、创新和创造，然而，它也带来了动荡和不均衡，也必然充满冲突。世界经济的赢家地区，即那些大中城市和地区之间存在差距，这些城市和地区与其他城市和地区之间也存在差距。各国的生存能力一直依赖于它们把社会的赢家和输家整合到一起的能力，包括人员和地区两个方面（人口中的赢家和输家，地区中的赢家和输家）。某些情况下，无法整合会导致国家的分裂；其他情况下，会导致一体化、贸易甚至文化开放的倒退。21 世纪，面对国家内部和国家之间的不平衡发展与动荡不安，该采取什么行动的问题比以往任何时候都更加重要。面对不平衡发展和动荡不安的现实，公共政策如果能发挥作用，它应该做什么？第十三章探索的是效率和公平与地区发展的关系，确定效率和公平的恰当组合关乎发展和公正的关系。要得到我们“想要”的城市和地区，意味着应致力于我们想要的效率和公平的组合，它们会体现在城市数量、规模、形式以及相互关系上。

第一部分

城市与地区发展的经济环境

第二章
世界经济的工场：人、岗位和地点

人与工作岗位：哪个是“鸡”哪个是“蛋”？

通过人和工作岗位（企业）在不同地点之间迁移的过程，城市开始发展，城市系统开始演变。想想短短几十年间在人和工作岗位的地理分布方面发生的重大变化吧。今天美国城市系统中最大和最富有的城市包括许多在不久前还不富有的地方，许多以前最大和最富有的城市在财富和规模上的排名已大幅下滑（同样见表1.1）。如今的休斯敦和达拉斯规模巨大且富裕；西雅图也相对变得更加富裕；旧金山不仅规模增大，并且保持着全国收入最高的大都市地位。曾经被认为在美国困难时期发展落后的城市，如波士顿或纽约，现在重新变得富有而充满活力。

在欧洲，伦敦经历了几十年的工作岗位流失和收入下降之后，现在变得富有且十分重要；苏黎世、哥本哈根和慕尼黑的人口有适度的增长，人均收入水平也一直处于高位；马赛、里尔和曼彻斯特的情况却很糟糕。发展中国家的情况则完全不同，因为大多数处于工业化进程中的国家都受到早期城市化的影响，即优先发展某几个大城市，如上海、北京和广州等。

本章重点讨论一个经典问题，即查理德·穆斯（Richard Muth，1971）明确提出的问题：人口的迁移是地区发展的“鸡”还是“蛋”？城市系统的变化是人和工作岗位在附近城市和区域间不断彼此调整的结果；一些人或企业在迁移之后吸引了更多的人，反过来又使该地区吸引更多的企业，凡此种种。变化是双向的，并随时间的推移而循环。但这只是在设法逃避回答这个问题：引起城市和地区发展模式发生重大变化的原因是什么？截至20世纪40年代之前的100多年间，美国城市区域系统的核心是在东北部和中西部，以加利福尼亚为其前哨。随后，某种闸门打开，短短几十年间就发生了迅速的变化，最终从根本上重新定义了城市系统。

最近在美国对此问题的争议中，大量城市经济学和区域科学声称，迁移是“鸡”，而本质上，迁移的驱动力是消费者选择阳光地带的廉价住房和各地不同特色的生活质量（如气候或风景）。一个更新的观点认为，“有创造力”的人引领了发展，因为他们迁移是为了寻求才能和包容（Florida，2005）；还有一种观点认为，技术人才通过寻求与其他技术人才联合而引领了发展（Glaeser and Maré，2001）。我在本章提出的观点恰恰相反，个人和家庭确实做出了这样的选择，但这是“蛋”，工作岗位的地点和赚钱的机会才是“鸡”。

新古典城市经济学

要探讨这个问题，我需要介绍城市与区域经济学领域的主流观点，即新古典城市经济学（NNUE）。新古典城市经济学研究的是个人、企业和家庭对地点的选择。从经验上来说，新古典城市经济学受到菲利普·格雷夫斯（Philip Graves，1976，1980，1983）和詹妮弗·罗贝克（Jennifer Roback，1982）的强烈影响，这两位北美的区域科学家认为，对舒适性的偏好是个人和家庭做出选择的核心考虑。对他们来说，舒适性主要是指气候和“生活质量”，家庭和个人正是要寻求气候和“生活质量”效用的最大化，而通过迁移即可达到目的。新古典城市经济学假设了一系列约束条件（如家庭预算、工人的技能或企业的供应商结构），然后确定了人口（人的决策）与产出（企业的决策）的均衡空间分布，它们又共同决定了城市的规模、城市的收入和产出水平，以及城市区域之间的专业化模式。

爱德华·格莱泽（Edward Glaeser，2008），以及他和同事约书亚·戈特利布（Edward Glaeser and Joshua Gottlieb，2009）又做了进一步研究，提出了“空间一般均衡”的综合框架，其中企业选址决策、工人的个体迁移决策、开发商建筑房屋的决策之间存在连带关系。消费者寻求效用最大化，是他们的工资、住房支出和舒适性的体现；企业寻求利润最大化，它们有可能在不同地区实现全部要素的替代。建筑商根据需求和法规供应住房，提供更多的空间和更廉价的土地，而后者则主要取决于土地使用法规，某些情况下，不同地区存在天然（自然地理）差异。

空间一般均衡理论认为：住房价格、工资和城市规模由工人、企业和开发商之间的相互作用共同决定，这些因素又反过来同时决定了城市规模、收入水平以及人口和收入的增长率。这些关键变量中的任何一个受到巨大的干扰之后，工人和企业就会改变选址，建筑商就会调整住房存量，直到这些因素共同将系统带回一般均衡状态。如果城市 X 的工人享有更高的效用水平，即舒适性、生产率水平或住房成本差异的函数，城市 Y 的工人就会迁移到城市 X 并最终消耗掉这些利益。在均衡状态下，高房价和非舒适性会抵消高名义工资（钱），而对于低名义工资的城市，就必须提供一些优势补偿，即便宜的住房和/或一些人想要的舒适性，如免费的宜人环境。至关重要的是，在这个框架内，人口增长被作为衡量经济表现最重要的尺度，因为人们是在用脚投票，作为效用指数的实际收入便在地区间实现了均衡。[②]

按照这个思路，许多北美区域科学家认为，城市舒适性方面的一个巨大变化，即二战后空调的广泛商业化，给美国城市系统带来长期而重大的转变（Borts and Stein，1964；Graves，1983；Rappaport，2007；Partridge，2010）。空调加上州际公路系统的建设，使许多人可以根据自己固有的偏好选择生活在气候宜人的地方，或生活在靠近山区和海岸的地方。大批工人因此从寒冷、人口密集的东北部搬到了温暖、人口密度较小的南方。基于格雷夫斯（1976，1983）的观点，马克·帕特里奇（Mark Partridge，2010）认为，这个时代的人们为了住房、气候而迁移，然后工作岗位发现了这些迁移的人，房屋建设则转移到建筑规则限制较少的地方，这些地方通常是温暖的、欠发达的，且人均名义收入低于全国平均水平。

此外，他们还指出，那些他们认为气候和自然特征较不理想的地区，如纽约和其他老牌的大都市区，在 20 世纪 90 年代复苏，是因为这些地方的生活质量或“舒适性价值”有所提高。这些城市为高技能工人之间的互动提供了便利条件；而在20世纪90年代某段时间对高技能工人的需求也大幅增加。据说这些城市也提供了便利的高消费机会，而犯罪率下降这个外生性要素也让追求这种偏好的成本比之前降低。

当然，并非只有这些研究者注意到，许多美国人都喜欢享受阳光和郊区生活，现在的纽约比20世纪70年代更安全，高技能工人聚集在一起生产效率更高。而这些城市经济学家提出的解释的独到之处就在于将这些过程联系在一起。这种观点认为，因为工人重新定位很容易，也因为金钱和舒适性可以彼此替代，同类工人的效用会在各城市地区趋于均衡。该观点中的效用不仅由名义（或总）工资构成，也包含在住房和当地可获得的舒适性方面的支出。在这个空间一般均衡中，作为个体的工人不会因为从一个城市搬到另一个城市而变得更富裕。由于高技能产业的集中，纽约人或许可以获得较高的名义工资，但非尼克斯居民没有搬到纽约的原因是，如果把纽约寒冷的冬天和相对高成本的租住房屋考虑在内，纽约人根本就不富裕。

根据这一观点，阳光地带的发展是因为许多工人选择以较低的名义工资为代价换取阳光和住房条件，而某些高产的工人选择较高的工资，同时也接受较高的住房成本以及有利有弊的城市环境，如文化活动、交通、犯罪等。虽然空调和宽松的土地管制可能暂时使某些地点更具吸引力，但在阳光地带、锈带，以及东西海岸线的工人的效用水平应该趋于均衡，因为搬到阳光地带的人们，最终以较低的货币工资形式为阳光和廉价住房“付出了代价”。

在关于城市系统转变的原因与后果的讨论中，这种观点已经变得越来越占上风，且不仅仅是在美国。乍一看，表2.1似乎和这个总体发展过程一致。1980—2000年人均收入增加最快的城市中，包括一些复苏的东北大都市区及其郊区、硅谷的富裕地区以及阳光地带的一批新兴城市。除了圣贝纳迪诺—里弗赛德这个洛杉矶地区的卫星区域，人口增长率最高的十大城市都在阳光地带。[③]按人口排名的城市中，衰退的工业中心城市处于倒数位置。位于加利福尼亚内陆地区和得克萨斯州的一组规模较小的城市疑似具有一个共同的特征，即都属于收入增长率最低的城市。

表2.1　1980—2000年美国大都市区的人口和收入增长

	人口增长率	名义收入增长率
排名前10位	拉斯维加斯（内华达州）	圣何塞（加利福尼亚州）
	迈尔斯堡—开普科勒尔（佛罗里达州）	诺沃克（康涅狄格州）
	奥斯汀（得克萨斯州）	斯坦福德（康涅狄格州）
	奥卡拉（佛罗里达州）	布里奇波特（康涅狄格州）
	里弗赛德—圣贝纳迪诺（加利福尼亚州）	波士顿（马萨诸塞州）
	奥兰多（佛罗里达州）	罗利—达勒姆（北卡罗来纳州）
	菲尼克斯（亚利桑那州）	奥斯汀（得克萨斯州）
	麦卡伦—爱丁堡（得克萨斯州）	夏洛特—加斯托尼亚（北卡罗来纳州）
	西棕榈滩（佛罗里达州）	沃尔顿堡滩（佛罗里达州）
	亚特兰大（佐治亚州）	旧金山—奥克兰（加利福尼亚州）

（续表）

	人口增长率	名义收入增长率
排名后5位	迪凯特（伊利诺伊州）	奥德赛（得克萨斯州）
	约翰斯敦（宾夕法尼亚州）	贝克斯菲尔德（加利福尼亚州）
	德卢斯—苏必利尔（明尼苏达州/威斯康星州）	弗雷斯诺（加利福尼亚州）
	匹兹堡—海狸谷（宾夕法尼亚州）	维塞利亚—图莱里—波特维尔（加利福尼亚州）
	扬斯敦—沃伦市（俄亥俄州—宾夕法尼亚州）	里弗赛德—圣贝纳迪诺（加利福尼亚州）

注：人口增长率基于作者对美国人口普查数据的计算（N＝331）；收入增长率基于作者对经济事务局的名义人均GDP数据的计算（N ＝ 387）。名义收入指毛收入，而不是扣除支出后的净额（实际收入）。除非特殊说明，否则收入数据并未经通货膨胀调整。

引自凯梅尼和斯托珀尔（Kemeny and Storper，2012）的图2.1是一个散点图，显示了1980年和2000年相同的244个大都市区的人口、名义的和实际的家庭中值收入之间的关系。我们看到预期的名义收入和人口之间的向上倾斜关系：大城市的“原始”工资更高。但是，与爱德华·格莱泽和戴维·马雷（Edward Glaeser and David Maré，2001）在1990年对37个城市的研究结果形成鲜明对比的是，此图显示1980年与2000年一样，即使算上住房成本，大城市中的家庭收入中值也比小城市的要高。随着名义收入水平向实际收入水平移动，每条线的斜率都在减小，但两者的关系仍然密切且呈正相关。此外，城市间的收入分布不会长期均等化。实际上在本研究进行期间，实际家庭收入中值的变化系数已经从0.137上升到0.145。

为了与空间均衡保持一致，我们应该预计所有未标价或“免费”舒适性的外部性都与实际工资负相关（Glaeser、Kolko and Saiz，2001）。

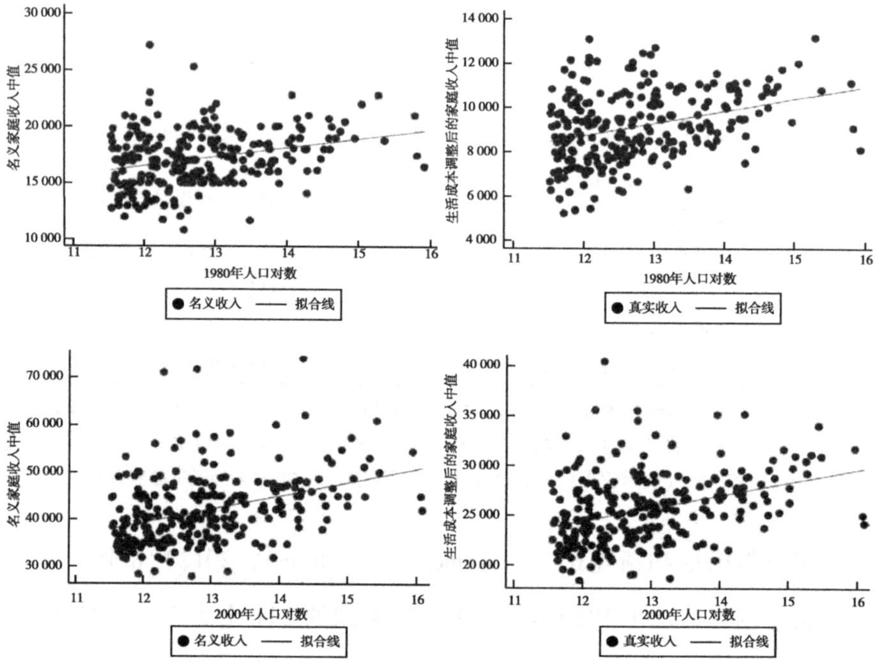

图 2.1　1980 年和 2000 年大都市地区收入和人口水平中值

气候宜人、夜生活丰富或有其他舒适性的城市，也应该是实际收入相对较低的城市。鉴于这种关系，一些城市经济学家把 1 月的平均气温作为 20 世纪末阳光地带人口和收入增长的主要驱动力（Borts and Stein，1964；Graves，1983；Partridge，2010），而另一些经济学家则认为，南方城市住房供给的扩大才是令人信服的原因（Glaeser and Tobio，2008）。如果说舒适性或建筑热潮是阳光地带崛起的外部决定因素，那么工人则显示了用工资交换更温暖的冬天或便宜宽敞的住房的主观意愿。在表 2.2 中，1980 年 1 月的温度与实际工资显著负相关，正如空间一般均衡模型预测的那样。

表 2.2 舒适性与实际收入及人口的相关性

舒适性	实际收入（1980 年）	人口（1980 年）
1 月平均温度	-0.41**	-0.004
	(0.00)	(0.95)
气候与地形	-0.002	0.23**
	(0.98)	(0.00)
交通	0.16**	0.44**
	(0.01)	(0.00)
卫生保健和环境	0.34**	0.84**
	(0.00)	(0.00)
犯罪	-0.03	-0.42**
	(0.63)	(0.00)
娱乐	0.02**	0.35**
	(0.01)	(0.00)
艺术	0.23**	0.89**
	(0.00)	(0.00)
教育	0.15**	0.38**
	(0.02)	(0.00)

注：括号内为标准误差。星号表示显著水平：** 显著性为 1%，舒适性变量在数据附录中描述。

但 1 月的平均温度是一个足够明显的可能会影响迁移决策的舒适性指标吗？最终这个问题最好用激励和移民偏好的数据来回答。即便缺乏窥探人类行动时大脑活动的数据，我们仍然有一些指标表明冬天的温度不足以作为衡量城市总体舒适性的标准。我们可以先从常见的现象开始，比如休斯敦的夏天和底特律的冬天一样不舒服，还可以从其他来源找到证据，如《地方评级年鉴》（*Places Rated Almanac*, Boyer, 1985）和《城市排名和评级》（*Cities Ranked and Rated*, Sperling and Sander, 2004）等出版物，结合调查和舒适性的间接数据（虽然远远不够精确）

以提供信息协助移民做决定。每种数据都表明，即便只从气候因素进行研究，人们也会更广泛地考虑某地的生活质量。表 2.2 也显示了 1980 年的实际收入与《地方评级年鉴》中“气候和地形”变量之间的关系，它结合了极端气温信息、需要取暖和消暑的天数及其他因素。虽然负相关，但相关性很弱且不显著，这表明在更广泛地考虑各种气候特征后，气候、人口与收入之间的相关性并不存在。简而言之，加利福尼亚南部沿海地区（从圣巴巴拉到圣迭戈）既有最温和的气候，同时也有扣除住房成本之外很高的净收入，但其人口增长率只是全国的中值，远低于模型中的预测。

如上所述，一些研究人员认为，其他生活质量要素影响了城市的表现，包括休闲景点（Carlino and Saiz，2008）、沿海通道以及一系列舒适的消费环境（Rappaport，2007；Glaeser、Kolko and Saiz，2001；Clark，et al.，2002；Florida，2002）。这种说法与罗贝克（Roback，1982）和其他研究成果等更广泛的理论讨论相一致。表 2.2 的余项显示了 1980 年的实际收入与《地方评级年鉴》中以艺术、娱乐、健康与环境、犯罪、教育与交通等指标衡量的其他舒适性之间的关系。令人惊讶的是，除犯罪率以外，所有其他舒适性指标都与实际收入呈正相关。同样，除犯罪率以外，所有其他舒适性指标也都与 1980 年大城市人口呈正相关，这与阿尔布依（Albouy，2008）的总体生活质量模型相符：无论大城市的冬天多么难熬，那里还是会提供更好的舒适性。此处我列出的所有衡量生活质量的标准中，只有 1 月份的平均温度表现出与实际收入的预期关系。④

为了全面了解舒适性与城市发展的关系，我们可能需要了解各地关于舒适性的价格、无法估价的舒适性的供给，以及人们的偏好等更详细的数据。尽管舒适性驱动城市发展假说的支持者30年来一直都在发表关于这方面的文章，但是他们并没有提供相关的详细数据。注意到这一点非常重要。比如，与休斯敦相比，纽约的舒适性会更强却更昂贵吗？2011年秋天在我写这本书的时候，纽约大都会歌剧院和休斯敦大歌剧院都在上演焦阿基诺·罗西尼（Gioacchino Rossini）的《塞维利亚的理发师》（*The Barber of Seville*）。按各自的网站所示，纽约大都会歌剧院的票价从25美元到430美元，休斯敦大剧院的票价从38美元到400美元。预算不充裕的人，如果买最便宜的票，在纽约大都会歌剧院观看此部歌剧可以比在休斯敦少付1/3的钱。由此可以推算，纽约的娱乐设施供给总量比休斯敦多，只是我们缺乏数据估算出令人信服的人均娱乐设施拥有量，也不确定在设施利用和拥挤程度方面是否有不同的影响。但既有文献没有提供证据证明与那些快速发展的城市相比，高收入城市的舒适性更昂贵，或其免费舒适性（除了温暖的气候）的供给量更低。空间一般均衡理论要求"高舒适性应与较低的实际收入相关联，因为需要用高实际收入弥补吸引力较差城市的低舒适性"（Glaeser，2008，第59页）。当我们将这些证据展开进行仔细研究时就会发现，舒适性在解释人口流动（这是格莱泽－罗贝克－格雷夫斯传统理论的衡量标准）中的作用远不能令人信服。

人们可能会问，实际工资和收入差异是不是由城市之间不同的劳动者素质和技能造成的。但是将城市劳动力构成差异考虑在内之后，上面所说的实际工资差异依然存在。凯梅尼和斯托珀尔（2012）发现，1980年和2000年有12%的实际家庭工资差异是大都市的特征差异的函数（就是说与家庭成员差异无关）。换言之，就像我们看到的，在较大的大都市区，由个体特征相似的人组成的家庭会做得更好，他们也有机会获得更好的舒适性。

新古典城市经济学的一个主要观点是，人口变化是衡量城市系统发展动力的最好标准，因为这种观点声称实际效用是无差异的。然而，经不起推敲的是，人们是通过移居到同时具有高收入和高舒适性的地方实现其效用最大化的吗？如果由个人偏好驱动的移居确实是区域和城市发展的“鸡”，那么人们就应该涌向兼具高收入和高舒适性的地方。

因为无法将舒适性的价值和实际收入恰当地结合到一个单一的指标中，我们将城市分为四个象限：舒适性和实际收入高于平均水平的城市；舒适性和实际收入低于平均水平的城市；收入高而舒适性低的城市；收入低而舒适性高的城市。为了方便这种分组策略的实施，我们结合气候、健康、犯罪、交通、教育、艺术和娱乐等指标，将各大都市区标准化并计算出一个舒适性得分。[5]这要求我们赋予各种舒适性同等地位（尽管除犯罪外，不同的舒适性指标都呈显著正相关，但这无疑也是一个不准确的假设）。图 2.2 给出了 1980 年标准化以后的舒适性指标与实际收入的关系。我们在图中也区分阳光地带和非阳光地带的城市。[6]1980 年，在高效用象限内表现最好的城市包括华盛顿、哥伦比亚特区、芝加哥、旧金山和波士顿，它们都位于以创新为基础的经济核心区域内。这些高效用城市没有几个在阳光地带，亚特兰大和达拉斯是例外。大多数阳光地带城市位于低效用象限，较小程度上属于低实际收入高舒适性象限。非阳光地带城市在四个象限的分布更均匀。1980 年时的高效用城市现在正走下坡路，包括底特律、克利夫兰和费城。不出所料，如果我们基于 2000 年的价值标准重新计算，这些老牌制造中心都没在这个象限内。

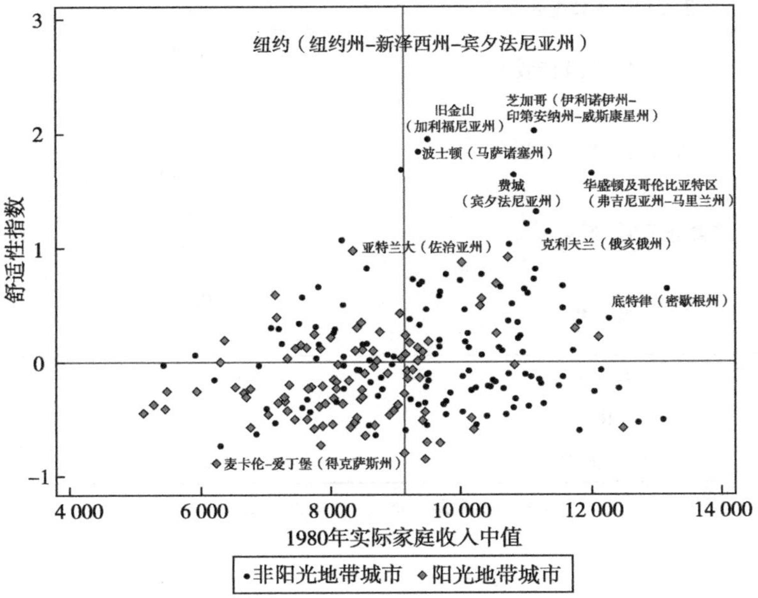

图 2.2 美国大都市区的舒适性与实际收入

为了确定在各象限之间的人口增长率是否有显著差异，表 2.3 用一组表示所在象限的虚拟变量显示了人口增长与作为参照组的高舒适性、高工资象限的关系。没有一个象限内的人口增长率与同时具有高收入和高舒适性的那组有显著不同。⑦这与最高人口增长率应该出现在实际收入和舒适性高于平均水平的地区的预测相反。如果真的存在某种导致某些城市效用更高的意外情况，无论是更廉价的住房、更高的名义工资，或更高的舒适性，工人就应该抓住这个机会，通过从低效用城市搬到高效用城市，提高自身的效用水平。支持这个新古典经济学核心观点的证据并不明显。

表 2.3　作为大都市人口增长率决定因素的效用（1980—2000 年）

因变量：人口增长率	
低舒适性，低实际收入	0.150 (0.205)
高舒适性，高实际收入	0.139 (0.205)
高舒适性，低实际收入	−0.017 (0.249)
常　数	0.127 (0.204)
观察值	239
R^2	0.008
p 值（概率值）	0.613

注：参照组是高收入、高舒适性象限。括号中为标准误差。

关于阳光地带发展和城市系统总体变迁的一种更可信的说法

是什么引发了美国（和许多其他国家）城市系统的所有这些复杂变化？空间一般均衡理论与类似的城市舒适性理论认为，个人和家庭拥有了以前不曾享有的环境时，就会引起这样一系列的变化，因此空调和公路系统的改善对释放地区间大规模人口流动起到了重要作用。起因是人的移居，而工作岗位随之迁移。具体而言，这些理论认为，在 20 世纪 50 年代末及 60 年代初大量的人觉醒，并决定搬去阳光地带。问题不在于人口/劳动力供给与企业/劳动力需求的无限增量和循环关系是否影响了空间经济系统，而在于是什么能够引发一系列新的发展性事件，最终形成了我们现今的城市系统。

我们以美国城市系统的革命性变化作为具体实例。如果我们找不到证据证明现在空间效用均衡的存在，或证明阳光地带发展几十年后的现在再次有了这样的趋势，那么，1947 年的时候，南方的工资和舒适条件怎么可能会好到足以吸引大量北方工人离开自己的工作岗位？1947 年美国国会将《塔夫特—哈特利修正案》（Taft-Hartley Amendments）加入《全国劳资关系法案》中。几乎美国南部所有的州都因此变成了强调“工作权利”的州，与东北部或中西部相比，当时（现在也一样）南方各州推行工会组织变得更加困难，因此形成了南部独特的劳资关系体系。两年后，国会授权发布了题为《为什么产业向南方迁移》的报告（McLaughlin，1949），试图弄清楚 88 家工厂迁移到新兴的阳光地带的原因。《全国劳资关系法案》的修订及该报告的出台，早于广泛采用空调或建设州际公路系统。

这种历史背景带来了近期美国城市变革的另一系列动力。阳光地带的兴起及霜冻地带的衰落并不是因为工人要寻求阳光明媚、温暖舒适的冬天及无序扩张的郊区，而是因为（纺织等）加工业等产业的企业从东北部迁移到了南部和西部，这个说法或许更有道理。这些企业所在的产业处于产品周期的成熟阶段，这些产业的创新期大多早已过去。许多曾经受困于高工资和高度工会化的北方城市的这类企业，发现它们的生产过程越来越容易程序化和机械化。程序化降低了劳动力的技能水平，使这些企业在选址时更自由灵活。企业抓住这种灵活机会，迁到阳光地带的一些城市，那里可以提供廉价的土地和低技能、低经验的劳动力及较少的法规限制。这些企业及其他企业并不是不在意空间要求，而是在企业生命周期的不同阶段，对地点有要求，它们的区位选择是由要素在不均衡地理分布上的不平衡和运输成本决定的。一旦一部分北方企业了解到南方是一个合适的地方，其他企业就会效仿迁移。

大量研究表明，失业是决定美国工人流动的重要条件（Greenwood，1997）。因此，一旦最先那批工厂迁移到阳光地带，就会引发移民浪潮，最初是因为许多北方工业城市新增的就业机会越来越少，后来是因为随着产品的成熟期大面积冲击资本密集型的传统制造业，结构性失业越来越多。比起美国过去半个多世纪就业岗位不断流失的那些地方，这些工资低的地方，碰巧也是冬天更加温暖宜人的地方。这只是一个巧合，绝不是一个原因。

20 世纪 40 年代美国的阳光地带出现了制度变化（工作权法；南方的地方性经济发展政策；美国南部的一些州因为农业就业机会减少而出现了富余的劳动力）。这些制度，与技术成熟且对劳动技能依赖较以前低的产业有相互作用。接着出现了重要的创新：基础设施的改进，特别是州际公路系统的建设，从根本上减少了产品上市的运输成本。在某些具有政治影响力的南方大都市区，联邦政府也为其区域发展提供了大量资金支持。

因此我们可以确定的是，生产的地理变化促进了阳光地带的发展。但前面所说的要素，即制度、产业、基础设施和联邦投资，究竟哪一个是引发这一系列结果最重要的因素还不能确定。[8]参与阳光地带发展的人，首先是被北方迁移过来的制造业工作岗位吸纳的南方农村人口，之后又因为北方城市工作岗位消失被吸引到南方的前北方工人。

我们应该使用什么样的假设？

现在我们来看一下美国城市系统的新变化。重要区域创新集团（即新经济体中的赢家城市和地区）的出现，根本无法用家庭和工人的自发迁移决策、他们主观意识中很高的舒适性或任何其他类型的生活方式改变等予以解释。生产地理驱动着今天城市地理的演变，这一点与过去相同。

以由10个县构成的旧金山大都市区和由5个县构成的洛杉矶地区为例。两者总体上都属于高工资高收入的大都市区，过去的几十年里，房价增长率比人口增长率高。而两地的人均收入在1945年到1970年之间趋于相同，后来出现分化，导致今天两地的人均收入相差了1/3。[9]新古典城市经济学将这种差异归因于建筑企业的均衡位置不同，认为旧金山的住房扩张比洛杉矶少，从而限制了人口增长和工资上涨。大多数实证指标表明，旧金山整体生活质量的舒适性只是略“高”于洛杉矶，所以根据模型，在其他条件相同的情况下，工人实际上应该愿意接受旧金山较低的名义收入。[10]建筑商的均衡是造成收入分化的强大力量。但自1970年以来，这两个地区的人口增长都接近全国平均水平，住房单元数量和面积也同比例增长。[11]然而，虽然这两个地区在过去30年的监管严格程度相近，住房扩张率几乎相同，但是旧金山大都市区的长期平均房价比洛杉矶要高。此外，旧金山湾区几乎所有类别的货币（名义）工资都更高，也就是说即使对教育、种族、性别以及产业等有所控制的情况下也是如此，这表明不存在为舒适性而妥协的证据。住房扩张受到既有监管制度的严格限制，这构成整体区域增长的决定性因素，这一点十分可信。大多数高度限制住房扩张的情况都在社区或中心城市层面，而不是地区层面。人口或收入增长率的重大变化不太可能是住房供给变化导致的，房屋建设是区域增长的“蛋”而不是“鸡”。

再看一下这个模型对住房供给的作用方面的一个更极端的推断。再次以1980年以后的旧金山和洛杉矶为例。在此期间，旧金山成长为世界信息通信技术经济的中心，而洛杉矶在它以前的航空航天高科技基地损失巨大。对此能做何解释呢？根据这个模型，导致这一观象的原因应该是两个城市在建筑商均衡中的位置不同，旧金山限制住房建设，限制人口增长，因此选择一个具有更高技能的移民群体，转而吸引信息技术产业；洛杉矶具有更灵活的廉价住房供给，吸引低技能的人，从而吸引追随低技能人群的产业，如低工资的轻工制造业。旧金山的确获得了更高技能的移民群，但似乎面临着相当大的压力将劳动力、技能和专业化的重负分摊到住房的价格上。更可能发生的情况是：与低房价地区相比，住房成本高的地区，穷人会更大程度上挤入更小和更密集的住房中。住房不可能成为人、工作岗位和产业等一系列复杂替代品的基本动力。

如果不是这些生活方式的舒适性和生活成本因素，那么如何才能解释高工资行业主要在纽约、旧金山和伦敦等地发展的原因呢？空间一般均衡模型认为，这可能是由于高技能人才与其他高技能人才互动的偏好导致（Glaeser，2007）。在这个"人与工作岗位"的观点中，偏好导致这些人聚集在一起，进而相关产业，即工作岗位会跟随人而来。根据这个解释，1980年后金融业在纽约或伦敦发展如此之快的原因是：工人对这两个城市的偏好吸引了金融企业。即使我们承认这些城市的工人在大规模区域劳动力储备之内通过各种互动提高了生产率，它对"鸡"和"蛋"的问题却没有给出令人满意的解释，因为只有在相关产业的人员储备早已经存在的情况下才可能发生这种大规模的互动。以20世纪70年代硅谷微电子等新兴产业为例，在这些产业出现之前人才储备根本就不存在。

新兴的信息技术产业及其劳动力通过新技能与新产业同时产生而共同演化发展。这样的储备一旦建立，可能对生产率和专业化产生许多递归影响，但它必须与模型中省略的其他动因一起出现。因此，将三个要素市场（建筑商、企业和家庭）的互动构建成同步和无方向或无起点的模型，就无法做出任何有意义的对因果关系的解释。城市和地区发展是时间序列和因果层次的结果。

在这个建模的策略中通过对个人和企业的选择做出“空间无差异假设”回避了历史或序列。根据这一假设，只要能不受限制地通过利用工人的技能和工资最大限度地提高生产率，企业会选择去任何一个地方。但要使这种做法可行，只有假设其生产系统可以随意拆分到不同地方，并根据每个地方可获得的要素来测量该系统每一部分的要素比例（企业是“腻子”）。在这个世界上，一家企业会搜索所有对它来说可用的位置，选择它可以进行交易的地方，例如，某个劳动力更多而资本和运输成本更低的地方。但是我们在后面两章会看到，在最重要最前沿的经济部门中，即那些能够驱动经济发展的产业中，不可能存在空间无差异。关于这个假说有另外一个稍微现实一些的观点，认为不同的企业或产业有不同的资本、劳动力和交通的组合，会有自己的地点分类，分类依据是那些地方要素市场对资本、劳动力和运输的供需全部达到均衡。但在一个拥有无限数量的企业、产业和需求结构的世界里，这需要真正幸运的巧合才行。

我在后面的章节中会用其他假设取代这种思维方式。因为各地方的均衡情况不同，甚至在高度关联的经济中也是如此，所以就会有工资、价格和收入的空间不均衡。全经济范围内的一般空间均衡并不存在，但经济学家所谓的“多重均衡”则会存在。“多重均衡”反映出某些地方最前沿的经济活动的位置，以及其他类型的活动在其他地方的分布情况。反过来，它们又开启了不同的地方发展过程，表现为工资、收入和房价的区际差异。这些发展进程会持续影响个体技能和财富的积累，持续影响各地财政和投资能力及其人际网络的社会乘数。

结　论

企业和产业位置发生变化，人员、设施和地方消费市场在很大程度上也将随之变化，这会引起未来城市和地区的格局发生重大改变。即使伦敦、纽约以及巴黎拥有为世界富人提供消费游乐场的中心城市社区，它们首先还是全球经济的主要生产中心。大多数人来到这些城市还是为了工作。包括最富有和最贫穷的城市在内的世界城市系统，不是游乐场或舒适的公园，而是一套巨大的相互联系的工厂系统。

第三章

城市经济的发动机：专业化

就业地理

世界上很多著名的城市地区都有其标志性产业：纽约、香港、伦敦以金融业著称；洛杉矶靠娱乐出名；旧金山则是信息技术；休斯敦盛产石油设备；米兰的时装举世闻名；纳什维尔乡村音乐众所周知。今天分散在各地的制造业，在 19 世纪曾经特别集中在某些城市的集群中（Scranton，1983；Krugman，2011）。一些较小而不太知名的城市现在仍然如此。包装机械在博洛尼亚集中生产，斯图加特专注从事机械工程，但总的来说，制造业已经在各地广泛分布。如今，在发达国家，城市专注于服务业部门：高科技、医疗保健和医疗器械、软件、物流和金融（Fujita and Thisse，2009；Krugman，2011）。

专业化有时很难用肉眼识别。原因之一在于，一些城市产业呈多样性特点，而不是单一的标志性集群。在发展中国家的一些大城市，如墨西哥城、圣保罗、广州或上海，均汇集了多种不同产业，因此经常被描述为“多元化”而非专业化。这是因为这些国家的城市系统提供给工业集群发展的其他地点比较少，结果大量生产活动涌入这些数量有限的地点。在发达国家，鉴于经济活动能够在很多可以提供基本生产条件（基础设施和市场准入）的不同城市地区间做出选择，城市地区的经济基础便渐渐缩小了。即使这样，一些城市的经济发展仍然是多样化的。例如，洛杉矶地区包含几个领域的大型集群：娱乐业、航空航天、抵押贷款、物流和轻工业。然而这种多样性在某种程度上给人一种错觉，认为在像洛杉矶这样的巨大区域中，每一个集群都会比那些较小区域经济中的集群规模更大，即使在较小区域中的集群占有大得多的经济份额。

许多经济上成功的地区和城市也并非具有鲜明的强大产业集群。相反，这些地方将大量功能相似的工作集中到一起，但并不限于单一的或相关的产业。例如，美国南部的许多城市都有制造业岗位，其相似之处在于所做工作的类型（比如装配），而不是产品的类型。现在，随着制造业和服务业的转变，一些发展中国家的城市也具有“功能专业化”岗位。例如，广州专门从事组装；班加罗尔专营在线客服。

这两类情况总结了大量我们知道的关于贸易产业的就业地理：这些地方要么是多种产业（或是经济活动的“区域”）集中或集聚在一起，要么是选择的地理位置适合各种类型的工作，将其不同功能或阶段分散出去。还有第三种情况，经济活动可能是“待开发”状态，也就是说，它们并不属于任何集群，而是独立于其他大多数贸易产业。于是城市地区的经济就被诸如住房建设、理发、超市等顺应当地需求的非贸易产业填补。在发展的过程中，这些地方越来越依赖可贸易的（进口）投入品，所以贸易和非贸易活动之间的区别很模糊，界限也在不断发生着变化。

城市地区的经济动力是贸易行业，它提供新的就业机会，将劳动力和收入锚定在一个特定地点，在此基础上建立国内市场。在任何时候，无论当地服务业可能看起来多么强大，如果贸易岗位消失，服务业就一定会衰退，正如众所周知的底特律等城市一样。贸易产业是经济生产率提高的主要实现方式。某些产业不具备贸易流通性，主要是因为这些产业的位置必须紧邻市场，这通常意味着有些经济活动中的劳动力投入很难被挤出（如理发、医疗和餐饮），而花费在这些活动上的收入，是来自生产可贸易的商品和服务的收益，还有向其他地区出售这些商品和服务的收益。即使流通终端的非贸易经济活动（比如沃尔玛卖场）也是通过将可贸易技术（物流信息技术）与其出售的可贸易产品（其全球供应链）相结合来获取大部分生产率的提高。这个逻辑也有些例外，例如，在一些退休人员比例较高的城市地区，这部分人的生活依赖于他们的收入，或在某些国家的某些地区，其居民的生活很大程度上依赖政府资助的收入再分配和服务业。但是，如果仔细思考一下就会知道，这种经济其实就是贸易的结果，在这个例子中，收入来源于原来在其他地区工作的人员，他们退休后将自己的收入带到这个城市地区进行娱乐消费。从这个意义上讲，位于佛罗里达州或西班牙阳光海岸（Costa del Sol）的“国内市场”都是由于其他地区的收入在本地消费而产生的。

就业地点有两个主要维度。一是经济中各行业的基本地理结构。简单地说，各行业要么集中要么分散。二是在涉及复杂生产链的产业，可能表现出这两个模式的不同组合。这里我重点介绍地理经济学家最近在解释就业的集中和扩散及其对城市和地区发展模式的影响方面的研究成果。最近的主要成果被称为新经济地理学（NEG），这是本书需要思考的空间经济学的第二大分支。新经济地理学在解释空间集聚与产业扩散方面取得了重大进展，在就业岗位、人员和公司的聚集方式等方面也做出了探索。

产业为什么集中？ 基于新经济地理学的基本要素

新经济地理学源自保罗·克鲁格曼（Paul Krugman，1991a）的开创性论文，以及相关模型对其研究的扩展（Fujita、Krugman and Venables，1999），新经济地理学基于并应用于贸易理论和国际发展（Krugman and Venables，1995）。这些研究人员想知道为什么基本特征（比较优势）相似的国家之间会有如此多的贸易往来。答案是，在那些基本特征（如劳动力和资本、知识、交通条件等的类型与价格）相似的地方，如果其行业或企业具备规模经济，它们之间就可以进行高效的专业化生产，并在彼此之间开展贸易。比如在少数地区集中生产就会比分散生产成本更低。如果这种集中生产的成本比远距离运送产品到市场产生的运输或贸易成本更低，那么专业化和集聚就会产生贸易（Krugman，1991b；Fujita and Thisse，2002）。

基于这个初始的洞见，大量其他的观点也加入新经济地理学这个基本的模型中。例如规模经济可能存在于企业或生产单位内部，也可能存在于其“外部”。对于后者，相关的规模是指一组相互关联的企业或行业形成的全部产业链。每家企业经营的规模可能都比它独自经营时更大，因为产业链内密集的贸易让工作任务的共享更高效，减少了每家企业的停工时间。此外，如果产业链内的任务分配涉及的贸易成本相对较高

（指中间贸易或企业之间的贸易），这些企业往往会形成空间上的集中，形成聚集或集群。尤其当企业之间的贸易成本高于其产品到达最终市场所需的成本时，更是会形成集群。

相似的发达经济体之间开展贸易的另一个根本原因是产品的多样化或差异化：当一个市场存在很多不同的产品类别时，每种产品的生产规模就会缩减，但是如果这些种类集中在某些大企业或集群中，而每一种产品都输送到更大的市场，那么整个体系就可以将效率与产品种类相结合。这种收益的关键是扩大市场的规模。各地区要在不同种类产品上进行专业化生产并开展贸易，而不是许多地区都以小规模生产各种不同产品，或者在那些因高贸易成本分而治之的市场中以小规模生产各种产品。例如，通过这种方式，法国可以生产标致汽车卖给欧洲的邻国，并结合所有需求，生产多种型号的标致车，生产每一辆车的效率都会很高，而德国也能以同样的方式卖出不同型号的大众汽车。然而，在贸易中为了实现这一点，贸易成本必须足够低，从而不会抵消因为把生产集中到更大、距离更远的生产商而产生的收益。因此，新经济地理学向我们展示了正在发生的交通和电信革命如何通过地理专业化反哺经济发展。

新经济地理学是思考城市和地区发展的关键，它的另一个特点是：不论是作为大企业还是一个集群中的许多有外部联系的企业，生产的集中都不依赖自然资源的不均衡分布、气候或靠近海岸和河流。历史上的大多数时期，贸易都依赖于自然特征，如邻近水路，因此这些自然特征决定了城市化的模式。但是现在，几乎在任何我们喜欢的地方都有可能创建良好的运输链。因此自然因素不再是城市区位选择或达到一定规模的主要原因。

那么，如果我们可以在许多地方创造充分的运输条件，那为什么还会有城市呢？答案之一就是所有城市经济学的第一堂课：即使这些城市不一定邻近海岸和河流，也还是要有集中的交通枢纽和大量的地方基础设施，从而服务于企业和家庭。这些“城市化经济体”的重要性一如既往，只是它们的地理位置对自然因素的依赖不如以前。

新经济地理学为我们理解城市的存在增加了第二个主要因素。即便现在的运输服务如此廉价和充足，大量同业企业或关联紧密的产业有时仍会集聚在一起。当然，也有一些产业不再聚集在一起，这反映在全世界范围内企业的投入品采购（外包）上。但是对于聚集在一起的产业，新经济地理学认为，只要一些中间贸易成本是正相关的，供应商集中在买家所在地附近就有其合理性。工人们随着工作岗位迁移到大企业及产业集群所在地，反过来企业为了利用集中在这些地方的消费市场，便会跟随工人而来，于是城市会在这个自然循环的过程中顺势崛起，如此周而复始。于是我们又回到了工作和人这个先有“鸡”还是先有“蛋”的问题，而新经济地理学的回答是：它们互为“鸡”和“蛋”，一旦某些因素开始出现，哪怕是偶然的，就会引发上述自然循环（一些人去了某个地方，各企业紧随而去，于是越发展规模越大；或反过来，某家公司先发展壮大，吸引了许多员工，然后更多公司跟随而来）。是什么引发了这一系列因果关系？新经济地理学认为这个问题无从知晓，但是对于一旦该系统向某个方向倾斜将会产生什么结果（Martin and Ottaviano，1999），它建立了一个强大的微观模型。这种思维方式被称为“内生核心外围模型”，因为企业、工作岗位及人员的集中不依赖于自然。工人寻找企业提供的工作岗位和收入，同时也寻求各种消费机会和较低的价格。一系列自我强化式的集中（即城市化）都源于这些行为。

虽然这些主要见解大部分早有人提出过，但它们仍然是很重要的成就。以阿尔伯特·赫希曼（Albert Hirschman，1958）、冈纳·缪尔达尔（Gunnar Myrdal，1957）、塞尔索·弗塔多（Celso Furtado，1959）和劳尔·普雷维什（Raúl Prebisch，1950）为代表的发展经济学前辈，还有其他重要的思想家如弗朗索瓦·佩鲁（François Perroux，1950）等人认为，经济发展是循环和累积的，因此各地区之间的发展不平衡。富裕国家推动这个循环的市场规模更大，吸引更多的生产以服务本国需求，由此产生的收入又将进一步扩展其市场。这正是新经济地理学认为的富裕或大城市区域的本地市场在产生核心外围模型中发挥的作用（Melitz and Ottaviano，2008）。这些观点与认为城市聚集是城市经济发展基础的学者持有的观点一致（Pred，1977；Hall，1998）。但是，这些早期思想家没有把他们的见解置于一个考虑了贸易成本和各开放经济之间关系的框架中，因此缺乏微观基础。新经济地理学不仅让我们明白了经济发展是怎样循环和累积的，也让我们看到了贸易成本下降如何使经济活动远离城市或核心区域，打破或至少改变核心外围的动态变化。从这个意义上讲，新经济地理学是一个根本性的飞跃，因为它开辟了多种渠道，使我们能更准确地了解贸易成本、产品品种和规模之间以动态变化的方式相互作用。

新经济地理学面临的主要挑战是，如何将它提出的关于产业和就业的理论应用于所有的城市和地区。这是社会科学中经典的加总问题：城市和地区包含了许多不同的产业和部门。我们能否用新经济地理学的工具箱从产业到地方构建出一个大致的发展模型？

新经济地理学与发展：空间集聚的起源

为了思考上述问题，我们需要深入研究新经济地理学的详细内容。那些更关心广义论述，对专业性细节不太感兴趣的读者可能想略过这一部分。新经济地理学最重要的模型就是我们熟知的迪克西特－斯蒂格利茨－克鲁格曼模型（Dixit-Stiglitz-Krugman，以下简称 DSK 模型）。它结合了当代经济的三个重要的现实特征，即劳动力流动、产品种类与企业规模经济。DSK 模型面临的主要问题是：它在分析上无解。规模、品种和贸易之间相互作用的具体模型可以通过模拟创建，这就意味着，这些因素的设定必须由作者自创（Fujita and Thisse，2009）。[①]由此引发人们批评新地理经济学只是对世界的一种猜测，虽然这在确定空间行为的基本原因方面是有用的，却不能用来弄清楚它们如何塑造现实世界的发展模式。

对新经济地理学的另一个批评是它关于跨空间贸易成本的观点。它使用的是“冰山”贸易成本假设，认为一部分商品的价值在运输中“融化”了，它通常为距离的函数。然而，对于许多商品和服务来说，实际的贸易成本可能与此有很大不同，比如距离函数是非线性的，因此会起伏（“全部或者什么都没有”）。另一个技术上的批评是，现实世界中有很多重叠的灰色竞争地带，市场的划分不可能界限分明。最后，与之前的第一条批评一致，只有当分析师对不同产品的可替代性做出假设时，模型才能起作用，因为这决定了一个地区可以形成多少集群，以及每个集群彼此距离多远。所有这一切都意味着一个巨大的风险：模拟结果可能对各城市和地区系统中的工作岗位模式做出不切实际的预测，或者该模型会被轻易窜改以便接近现实，因此有可能导致无法洞察因果层次或序列。

DSK 模型对于引起空间集聚的行为有着严格的观点。DSK 模型和经典的“廖氏”（Loschian）中心地区模型都描述了作为层级市场的空间经济，而这些商品市场因品种和规模而不同。DSK 模型加入了劳动力流动作为动态力量，而国内市场的规模因核心区域的确定则是内生性的。激发这种决定因素的行为是工人对消费者效用的追求。其原因是农业工人通过追随产品多样化和低廉的价格（企业规模经济的结果）获得效用。然后，大量企业随之涌入，产生空间聚集，从而释放更多的规模经济，接着是“滚雪球”般相互强化的过程。就此而言，DSK 模型无法解释穆特（Muth，1971）提出的人和工作岗位哪个是“鸡”哪个是“蛋”的问题。就像前一章中探讨的新古典城市经济学的方法一样，一旦工作岗位和人的雪球开始滚动，其余的动态就是可以用工作岗位和人的空间互动形式构建成一个双向因果关系模型。这种互动本身是由复杂的贸易成本和规模经济的弹性决定，带来大量可能的稳定模式和不稳定状态，其中的不稳定状态可能会因为低贸易成本得到增强（Baldwin and Forslid，1997）。

在这类分析中，与新古典城市经济学对应的是，工作岗位、产业和消费者的地点成为一个永无休止地在边际刀锋权衡的过程。追随这场讨论的专业人员或许会对此感到矛盾，因为规模经济作为理论上的关键动力是起伏的。它们的变化不是边际或递增式的，而是不间断地在不同水平上跳跃。用模型表示，就是假设总体上存在足够的产品种类和规模，经济作为一个整体的运行“好像”影响某些特定行业或细分市场竞争的规模经济实际上不是剧烈波动的，不会产生任何重要的垄断效应，甚至连局部的影响都不会有。产业经济学家不辞辛苦地向人们说明这种影响是很小的；但是新经济地理学领域的空间经济学家想从两方面进行论述：一方面行业存在垄断竞争，但是另一方面在实际的地理空间中，不存在严重的波动和垄断效应。我在前一章提出的证据表明，反映在实际工资中的城市发展确实是起伏不定的。在目前的研究阶段，这是还没有人能解决的一个专业问题，但它具有至关重要的影响。这也是第四章关注的核心问题。

新经济地理学深入探讨了贸易产业和本地服务业之间的关系对地区经济发展的积累产生的影响。在劳动力与区域经济学中，这就是众所周知的就业“乘数”问题。如前文所述，新经济地理学的核心外围模型不仅是具有规模经济的企业和寻求就业机会的工人的共同作用，也是作为消费者的工人与那些在作为中心市场的大城市中提供更廉价和更多样化产品的供应商的共同作用，后者被称为“母市场效应”。核心外围模型认为产品种类往往会聚集在一起；大规模的国内市场可以支持更多的产品品种，因为生产同类产品的各生产单位规模都比较大。这个结论的问题是，它与新经济地理学的另一个结论相悖，即不同品种的产品可以通过长途运输（交叉运输）彼此进入遥远的对方市场。在常规的大规模制造业中母市场效应不复存在。[②]这些制造品无论处于中间环节还是处于末端，在几乎所有的产品品种层次上其贸易成本（在发达国家）都很低，所以不会同时挤入相同的地点。发展中国家除外，因为那里的初级城市化服务仍然处于稀缺状态。

当代母市场效应的实例不在服务业和制造业内，而在末端的零售业，特别是个人和消费者服务。纽约专门从事金融服务，因为它的中间生产商集聚在一起，为高度集中的银行和经纪公司提供服务，但是经纪公司并不集中在纽约，因为其从业人员众多；它们是金融服务的可贸易端，而且有远距离市场。然而，对于零售银行业务来说，纽约跟其他任何地方并无区别。基于这些原因，母市场效应的实证研究仍未得出令人信服的结论（Behrens et al.，2004；Redding，2010；cf. Ciccone and Hall，1996；Head and Mayer，2004）。也是由于这个原因，新经济地理学无法解释为什么纽约这座城市如此之大。

这并不是说母市场的地理不重要。但是关于母市场发挥的作用，新经济地理学很可能并没有论及。它过于注重制造与销售中规模/品种的相互影响，而没有足够重视当今在发达国家为城市经济提供非贸易活动的多元化服务业。个人服务、建筑以及其他劳动密集型活动的需求结构相对于当代城市经济中可贸易部门产生的收入的弹性很大。这里所说的需求问题是，需求并不能通过本地市场的规模使单位成本下降，而是提供带有成本病（劳动密集型）的商品和服务，其中的成本与在区域经济中获得的收入成正比。这是如今大部分母市场的运行方式。因此，我们需要更新乘数效应模型，因为新经济地理学的母市场模型没能解释城市的发展。

集群内部发生的事情：共享、匹配以及学习

与其在解释空间集聚、城市规模和乘数效应时遇到的问题形成鲜明对比的是，新经济地理学对于某些特定产业的空间组织，尤其是对贸易成本的理论化说明和测算、对集聚与贸易模式的研究等方面取得了明显

进展（Anderson and van Wincoop，2004；Head and Mayer，2004；Rosenthal and Strange，2001）。吉勒斯·杜兰顿和迭戈·普加（Gilles Duranton and Diego Puga，2004）在他们的“共享、匹配和学习”的概念中巧妙地描述了空间集聚的主要原因。

我们了解最多的是共享，尤其是贸易成本对投入－产出系统内的聚集程度的影响。在发达经济体中共享（中间品的本地贸易）并不是聚集的主要来源（Puga，2010）。[③]与此相反，在发展中经济体，其本地的投入－产出共享仍然很重要，因为这些经济体的基础设施体系不成熟，使贸易成本仍然高到足以将供应商集中在一起。

在“食物链顶端”的经济活动中，即华尔街、硅谷和好莱坞等，本地投入的共享水平可能相当高，因为远程共享很昂贵，而且很复杂。这些活动的产品种类很多，专业化程度和市场不确定性很高，从而提高了中间品的贸易成本。然而，因为这些产业的重量－价值比不高，所以人们仍然会提出这样的问题：多高的贸易成本才能导致集聚？我想到了两个来源。第一，不确定性使知识很难稳定和规范化，因为这么做的固定成本太高。第二，因为产品多样性和不确定性抑制了纵向一体化（Baumgartner，1988），这些产业都有复杂的劳动分工，因此需要使用大量不同的工具来协调这些复杂的劳动分工。这些工具包括大量涉及知识共享的谈判和合同，以及许多非正式的协议和“提示”。这些系统越不正规，它们就越倾向于在行为人的地理集中网络里本地化（Granovetter，1995）。

在这种情况下，我们必须要提的一个问题是共享什么。在某种程度上，新经济地理学的理论家兜了一圈又回到地理学家和经济社会学家很久以前对空间集群的性质提出的观点上。正是通过大量的面对面接触支撑的人际关系以及其中的“非贸易相互依存”，才是把它们集聚在各地并将它们彼此黏结起来的高成本黏合剂（Storper，1995；Storper and Venables，2004）。在贸易理论中也有这种观点，认为不完备合同（复杂关系的结果）会限制远程贸易（Antràs，2003），而人际关系技能是非常规的且回报很高（Levy and Murnane，2005）。

杜兰顿和普加（2004）认为，在空间上集聚的产业的第二个特征是人与岗位的匹配。未来产品和工艺流程高度不确定的产业无法熨平其产出水平。因此，在经济出现下行趋势时，这些产业需要避免囤积劳动力，而在经济处于上升期时，又可以迅速获得高度专业化的劳动力。在这些不稳定的市场中，工人必须能够顺利地在工作间转换，将其高度专业化的技能与雇主的需求重新匹配。要在不囤积劳动力的情况下解决匹配问题，就要有大量的雇主和工人储备（Jayet，1983）。④

是大批专业人才储备吸引了大批分散但相互关联的企业，还是企业集聚后带来自己的劳动力储备？这个问题又回到工作岗位和人哪个是“鸡”哪个是“蛋”的问题上。在思考城市结构的缘起和可能发生的重大变化时，我们需要考虑起源问题。美国许多州都曾经试图诱使好莱坞脱离洛杉矶，它们为了实现这个目的也提供了很多电影拍摄地，但并没有从洛杉矶吸引走那些电影公司的大本营和为娱乐业提供专业服务的从业者。这是因为在该行业寻求高收益的人留在洛杉矶，通过他们错综复杂的网络和人际关系获得新的工作。这些人不会自发地迁移到奥兰多或是其他任何试图发展电影业的城市。

首先，专业化的劳动力储备是如何去到他们最初去的地方的？以好莱坞为例，20 世纪初，由于一些剧团经理人到洛杉矶从事新的电影技术工作，基于百老汇和歌舞杂耍的纽约原有娱乐业，遭到了极大的组织性破坏（Scott，2005）。最初，这些电影企业带到洛杉矶的是一些关键人物。从那时开始，随着很多电影厂的出现且数量倍增，从业人员流入好莱坞，好莱坞就这样建立起了自己的人才储备。再看另一个例子，纽约作为银行业和大公司总部集聚地的历史由来已久，当前的纽约金融服务业就是通过启用该城市这方面的人才在 20 世纪七八十年代发展起来的。但是人们生活在那里的原因是他们在那里工作，而他们之所以有工作是因为有很多企业在那里。

至于杜兰顿和普加提出的最后一点，越来越多的证据表明，集群是技术学习和本地化知识溢出的场所（Jaffe and Trajtenberg，2002；Feldman，1994，2003）。这个长期以来的主题以阿尔弗雷德·马歇尔（Alfred Marshall，1919）“产业的秘密……悬而未决”的著名言论而为人所知，并被引用到城市经济学中。有令人信服的证据表明，即使在一个技术和创意全球流动的世界里，专业化的各地方经济仍有创新者群体汇集，这正是某些集群持续存在的一个关键原因。但引发这些人形成空间集聚的原因是什么？城市经济学中基于代理人的模型认为，从业者为了互动交流而聚集在一起，从而解释了某些地方高工资的原因。但经过仔细研究后发现，这一模型恰恰是对这些技能人才确实聚集在一起的这一总体观察的倒退。它仍然回答不了我在第二章探讨过的是工作向人迁移还是人向工作迁移这个先有“鸡”还是先有“蛋”的问题。

总之，新经济地理学告诉了我们空间集群发挥作用的方式，以及它们如此高效的原因。技术和市场的不确定性（尤其是在经济的创新及前沿领域）强化了共享、匹配和学习的本地化需求。然而，我们还远远不能针对具体集群的形成顺序、启动集群的初始事件，以及对集群的精确位置进行建模或预测。而集群位置恰恰是形成特写模式的赢家地区和输家地区的原因，也是导致城市系统内部动荡以及具体的不平衡经济发展模式的原因。因此，城市和地区发展领域最棘手的问题之一是专业化的起源问题，我将在第六章再探讨这一问题。

工作岗位的分散：　新的中心和外围地区

产业空间行为的另一个方面是它的分散性。有两种不同类型的分散形式。第一种，各行业通过把一些生产环节分散到外围地区，从而将常规化（降低技术含量）、低贸易成本以及提高规模经济结合起来。第二种，在之前的外围地区形成新的集聚，容纳那些分散在世界范围内的成熟活动，但是通过在欠发达地区的再聚合来完成。成熟的制造业离开发达国家，并在这个过程中使新兴经济体形成新的大工业城市，就是这种情况，美国阳光地带早期的许多城市发展就是如此。

最近大规模的分散就是制造业的全球化。20 世纪下半叶，制造品的贸易成本下降（Glaeser and Kohlhase，2003 ）使制造业的全球化成为可能。因此，生产系统不断将自己拆分到不同地区（Baldwin，2006）。20 世纪 40 年代，美国原材料加工产业南迁；截至 20 世纪 50 年代，东北部和中西部机械工程的核心产业开始向南部和西部迁移；截至 90 年代，已经全部搬迁到沿海地带。甚至硅谷和华尔街现今也大多是为远程生产系统的最终产出提供智囊服务的，即成为它们的概念、设计及创新中心。

产品周期模型为这个发展顺序提供了程式化描述（Norton and Rees，1979）。在这些模型中，技术成熟度会逆转形成集聚的各种力量，使生产单位的范围和规模增大，并降低中间贸易量和单位成本，这反过来又使解聚成为可能。产品周期模型是对这种动态的简单化、程式化的描述。规模和范围不总是按量从小到大的排序朝一个方向发展。技术和市场结构也会以不同的方式发生改变，涉及的产品种类有时较多，有时则较少。贸易成本（物流或管理）的基础技术变革与创新速度，在不同产业之间也不尽相同。因此，生产的路径或生命周期以及生产的空间组织多种多样。就此而言，按照新经济地理学的指导，直接观察中间贸易成本是理解产业地理变化的一种改进的方式。但是，贸易成本并不是根本原因。产品和生产技术的变革定义了实现规模和范围的机遇，这反过来又形成了将生产链分割成不同环节的基本动态。于是贸易成本决定了生产链每个环节之间的空间距离。

具体产业（产品类型及其相关的具体贸易成本和市场位置）的解聚“地点”有所不同。企业寻求更便宜的土地，不仅因为它们与创新环境的共存不再受制于集聚经济，还因为随着技术的常规化，生产规模的提升使生产的土地密集性更高。同时，（因为提高了规模和标准化）降低了中间贸易和最终贸易的成本，从而为找到土地更便宜的地点提供了更广泛的选择。[⑤]这使企业能够寻求更廉价、技能更低的劳动力。比如，从20世纪30年代开始，在美国就连续出现了从霜冻地带到阳光地带的搬迁浪潮。在这种由解聚驱动的发展中，最初，是工作岗位向人靠拢。

在某些情况下，不管是通过城乡区域内迁移，还是区域间远距离迁移，生产的解聚均可能导致接收地区的人口变化。如果有足够的工作岗位和人口迁入，当地发展的“雪球”就会开始滚动。源自产业集聚的工作岗位分散可能会使欠发达地区的新工作岗位开始集中。美国阳光地带大都市区的情况似乎就是如此，只是那些经济体的结构与纽约等许多地方仍然大不相同。这里再次重申，如果我们将变化视为一系列事件，则变化的初始原因是工作岗位的迁移，而这一系列事件本身是由内部贸易成本、产业规模以及范围动态决定的。因果关系的方向最终是双向的，但看起来比例不同。

如上所述，“通过分散而聚集”的形式实现产业分散的另一个重要的当代实例是中国及其他东亚国家主要制造业城市的发展。这些制造业集群并非基于某一产业部门的专业化，而是基于多个产业内的许多企业从事专业化生产，并为彼此从事相似的任务，如装配。产生这些主要制造业集群的根源是这些产业部门的演变，即它们可以在远离最终市场的地方建厂，也可以在距离初级（原）材料和生产中间投入品较远的地方选址。所以，从世界范围看，它们处于产品周期的解聚阶段。但从地方层面内，发展中的东亚地区只有少数城市中心才能提供高效的初级城市化服务，因此这些产业都在那里聚集。

从表面看，这跟19世纪美国东北部和中西部一些城市的某些制造业集聚十分相像。然而，仔细研究就会发现，那些位于广州和深圳的产业处于产品周期的成熟阶段，并以出口为导向，并不像19世纪英国和美国的同类产业，它们的创新程度很高且远没有达到技术上的成熟。因此，虽然大家普遍把现在的广州叫作“21世纪的曼彻斯特”，但这种类比从根本上就是错误的。19世纪的曼彻斯特更像今天的硅谷，而亚利桑那的菲尼克斯或亚拉巴马的伯明翰，它们扮演的角色才更接近于广州。

无论如何，如今发展中国家通过城市化带来的解聚与全球范围内创新活动的集聚相互结合，推动了强大的城市化新浪潮。

基于创新的集聚

随重大创新而来的区域性共享、匹配和学习会在什么地方出现？新技术开启了“区位机会窗口”，在这里，原有地区的共享、匹配和学习过程可能无法再为它们提供超越新地点的决定性生产率优势（Scott and Storper，1987）。这种情况发生在20世纪50年代半导体产业的初期，它脱离了通信企业在美国东北部的大本营，并最终锁定硅谷。

当先发集聚（first – mover agglomeration）产生时，它们有时能够通过前面提到的区位机会窗口，在现有城市体系的重要城市之外，建立起新的城市产业中心。20世纪加利福尼亚的发展就是一个在未开发地区或偏远城市创立先发产业集聚的例子。当时，虽然加利福尼亚州的两大核心都市区（洛杉矶和旧金山）进入了美国城市系统，但仍然处于核心区域以外。然而，重要的新创新中心也可能在比较老的都市区创建，比如城市经济复苏浪潮中的波士顿、巴黎和伦敦等，1990年以来西方国家被淘汰的许多老牌城市出现的这一复苏浪潮一直备受关注。因此本地学习可以不断地“重新播种”集聚的过程，因为它用较高的中间贸易成本重建了经济活动（新产品或持续改进的产品常常涉及实质上很复杂的知识或波动的市场）。“雪球效应”不像新经济地理学认为的那样通过吸引消费者来启动，而是源自“苗圃效应”，即随着成立充满活力的新企业或现有企业致力于本地学习，经济质量随之提高。杜兰顿和普加（2001）将新产品创造与以本地学习为中心的“苗圃城市”相结合，改进了产品周期模型。但杜兰顿（2007）认为，从“苗圃城市”向其他地区的创新扩散存在着不同的时间差。另一个关于创新和产品多样性之间联系的更微妙的观点，建立在吉恩·格罗斯曼和埃尔赫南·赫尔普曼（Gene Grossman and Elhanan Helpman，1991）的质量阶梯概念的基础上，并加入了一个价格阶梯，对建模十分有用。

一些新经济地理学模型运用贸易成本模型实验推导此类集聚中心的形成，其中一些模型可以预测巨大的新中心（“黑洞”）（Thisse，2010）。通过结合劳动力流动，它们还引人入胜地说明了空间经济发展模式的临界点与不稳定性等动态可能性。这些模型展现贸易成本和区位结果的不同范围，因此极具启发性，但它们没有考虑本地共享、匹配和学习需求的初始来源。

理查德·鲍德温和菲利普·马丁（Richard Baldwin and Philippe Martin，2004）借助创新行业的空间分布方法，也对创新、学习与韧性之间的联系做出了贡献。但是，如我在上文中讲的那样，真正的动态问题并不是现有创新行业的分配，而是不断自我创造和再生的动力，这本身既涉及本地互动，也涉及远距离的要素流动及吸收。为了便于操作，鲍德温和马丁将内生增长转化为投资（资本积累）的函数，从而回到了缪尔达尔（Myrdal，1957）最初的灵感。但如果投资不与创新挂钩，而停留在产品质量阶梯的顶层，仅仅通过投资就不足以确保动态优势，许多老工业区对这一点可谓十分清楚。

正如我们看到的，新经济地理学、城市经济学和区域科学在集聚方面的研究取得了很大进展。集聚和解聚的时空动态是城市系统扩张和重组的基础。虽仍然无法准确定位赢家和输家地区，但它给我们提供了一种系统动力学意识。

城市系统

城市系统的重大变革是30～40年递增变化的结果。因此，在普通公民的眼中或头脑中不是那么一目了然。我们从三个主要的变化过程进行探讨。快速发展的新兴经济体正在建立它们的城市系统。最显著的例子是近几十年的中国，其人口、经济活动和收入都涌到了沿海地区，随着经济的增长，现在人口、经济活动和收入正在“向西推进”，与19世纪末的美国经济发展十分相似。第二个例子是向美国阳光地带的迁移，轰轰烈烈始于20世纪40年代并一直持续到今天，美国的人口和企业流动性很大，而且容许城市之间相互竞争，对此人们已经司空见惯。第三个例子是受到人口变化缓慢和大陆一体化双进程影响的欧洲老牌城市系统，其特点是中等规模城市占据的比例很高，它们的政治重心是要维持所有城市和地区的生存能力。城市系统研究的“圣杯”一直是尝试确定是否有一个合适的，即很高效的城市规模和数量，城市系统是否正朝着地域发展的最优均衡推进。为了给发展中国家打造城市系统，或促进发达国家的城市系统进行合适的变革，小规模的知识产业和大规模的顾问产业已经形成。

事实证明，从研究产业聚集和分散动态转向研究城市系统的广泛演变，是地理经济学和区域科学最困难的任务之一（Henderson，1974；Thisse，2010）。最终，理论家想要了解各城市单位以怎样的速度加入一个城市系统，旧的城市如何扩张或衰退，而这又对城市系统中的人口和就业波动产生了什么影响，这与本书的研究目标一致，值得赞赏。藤田昌久、保罗·克鲁格曼和森知也（Fujita and Krugman，1995；Fujita、Krugman and Mori，1999）最先尝试研究新城市中心的形成，但都受限于传统的单一中心城市思维而不是当代多中心城市思维。如上所述，藤田昌久和雅克－弗朗索瓦·提斯（Jacques-François Thisse，2002）后来增加了创新产业的空间分布，作为研究新产品和集聚的一种方式。杜兰顿和普加（2001）正式确立了我前文提及的产品生命周期，杜兰顿（2007）又在创新和分散之间关系的基础上，增加了时间维度。所有这些研究都是为了试图理解各产业的技术演进、它们的时空动态变化以及人与工作岗位的城市和地区体系动态变化之间的联系。

新经济地理学的“底层”，即着眼于企业和产业、技术以及共享、匹配和学习的部分，还不能将规模、范围、集群等所有的动态力量，及所有产业的分布“组合为一体”，从各方面认识不同城市中的就业类型和数量的分布。以新经济地理学的国际贸易理论为基础，朝着这个目标而努力的有趣研究已经开始（Rossi-Hansberg、Sarte and Owens，2009）。这些研究试图探寻贸易成本的降低会对企业和产业的规模与范围造成什么影响，从而如何影响广泛的区位模式。但是，还没有人将这些一般观点运用于研究每个国家的各个城市。

同前文所述的始于产业的自下而上的研究方法相反，还有一些新经济地理学家从市场和价格深入到作为经济系统中的“组织”的城市（Gabaix and Ioannides，2004；Rossi-Hansberg and Wright，2007）。因此，城市和地区被建模为经济组织的中间层，位于（较高范围水平的）市场与较低集聚水平的产业及个体之间。代理人会因为集聚的效益而选择城市，然而，城市的数量和规模对产业生产率冲击的反作用是对本地的规模经济或不经济给予抵消。按此观点看来，如果波士顿和旧金山的产品和要素价格过高，菲尼克斯和拉斯维加斯就会进入该系统，通过吸引企业和工人远离这两个城市从而起到抑制价格过高的作用。

这些模型声称已经解决了前面提到的难题：企业和产业带来集聚效益的同时，个体行为人也形成自己的空间分布，以使工作岗位和产出形成固定的空间分布，而两者与经济整体的总体效率和完全竞争都是一致的。

这些论点使新经济地理学朝着新古典综合的方向发展，这个综合是将城市和地区视为行为人—企业—产业—城市—经济体这个系统中的又一个层级而已，而且这个城市层级并不会产生经济学上的垄断竞争效应。如果包括城市、产业、企业和行为人在内的所有层级中的经济组织，都以这种俄罗斯套娃一样的方式排列，那简直就是奇迹。若真能如此，那么对维持最佳经济效率来说，真正重要的任务就是持续降低交易成本，并确保提供足够的土地和住房即可。正如新古典城市经济学认为的那样，尽管许多企业及其相互关系起伏波动，尽管母市场存在波动，我们要做的事情就是建立一个能自我运行的最佳城市和地区系统。可以看到，这些都是耐人寻味的抽象说法，从根本上来说没有自下而上的具体实践经验的支持。它们是纯粹的模型推演，很大程度是建立在有关这个世界的假设之上，这些假设本身就没有得到多少数据的支持。

最后，没有一个令人信服的模型可以说明是什么形成了人员、工作岗位和收入水平的整体空间分布，而且这种分布方式会随着时间的推移带来城市该系统内各个地方的动荡和命运转变。城市系统可能有某种普遍规律（如大、中、小城市的数量和城市的规模有特定的发展趋势）。但我们仍然不清楚这些规律有多强大，它们如何通过各个城市的命运动荡得以形成和持续，比如这种动荡使纽约始终是富裕的大城市，而底特律的规模却在变小也更贫穷。在本书的第四部分，我将论证经济学和地理学模型在这方面的局限性并不是因为建模中的错误。相反，包含在新经济地理模型中的一些结构性的决定因素在各地并不相同，影响这些因素的社会和政治力量并不在这些模型的关注范围之内。

效率、工作岗位和收入的空间分布

对空间经济来说，效率和公平的关系是一个重要问题。我在上文概述了新经济地理学关于有效生产的观点，它认为效率效应很大程度上来自规模、贸易成本和要素成本之间的权衡，该分析的一个主要经验观点便是，生产者集聚对效率有重大的积极影响。换言之，城市是创造更多财富的关键，但会涉及公平或分配效应：如果某些地方的平均收入比其他地方高，那么在其内部的不平等程度也可能更高。我们以问题的形式考虑以下三个例子：中国城市化的有效方式会是什么？什么方式是公平的？美国阳光地带的转型是有效率的吗，公平的吗？是二者兼得，还是二者都不具备？欧洲强调其经济活动要尽量平均分散在高度不集中的城市系统间，这种做法能使其更公平的地方经济发展与经济总体效率之间达到平衡吗？

新经济地理学的推理基本上可以切入任何贸易与专业化收益的标准初级模型：集聚应带来以更高潜力的总产出为形式的效率收益，但是它可能对其他地方的潜在竞争性生产商造成损失。于是效率收益的一部分被分配给消费者，而这些消费者在各个城市和地区呈不均衡分布。所有这些净收益便构成了经济从集聚中获得的总收益（Charlot，Gaigné，et al.，2006；Baldwin et al.，2003）。

这是一个良好开端，但并不充分。生产空间结构的任何变化都可能带来总体就业效应，涉及各集聚中心和其他就业增减地区因就业变化带来的社会成本。社会成本包括个人就业周期内的收入增减，以及公共部门可能要承担的潜在外部效应及金钱成本。后几种成本在关于效率或空间组织变化分布效应的争论中并不占主流。某些社会成本也可能纯粹是因为工作岗位流动造成的。例如，如果工作岗位从最低工资高、工作场所安全标准严格、福利好的地方迁移到缺少这些有利条件的地区，社会成本也将随之改变。集聚或解聚都有可能通过区位和技术变化带来影响劳动力技能和工资组合的重大变化，随之引起广泛的收入分配效应（Yellen，1977）。最重要的是，可能有很多因素会导致私人成本和社会成本之间出现差异，使总收益难以满足得失分配的需要。这正是讨论当前全球化效应的一种地理经济学构架。

对于城市和区域经济学（及其表亲——发展经济学）来说，我们很难对所有这些效应建立模型或测算其大小。部分原因在于，我们在这些模型中论证供求关系时使用的是“支付意愿”和“边际成本”。如果私人和社会估价有差异，那么这两种估价都不能很好地说明社会的真正需求是什么，为此需要付出的成本是多少。

所有这一切都很复杂。但更复杂的情形是，如果生产的空间组织变化带来的潜在效应非常大，那么对于受到影响的个人来说，临时调整成本可能就会很高，正如贸易替代带来的临时调整成本。这些效应对受影响的人和地区可能是永久性的，既有积极作用也有消极作用。丹尼·罗德里克（Dani Rodrik，2011）认为，如果贸易的总收益很高，很可能会对收入分配带来极大的负面影响。集聚过程也有类似的效应：集聚收益越大，就越有可能加大人与人之间的不平等。快速的解聚也可能如此。当今大规模的城市建设浪潮很有可能会带来同样严峻的分配效应。

近年来，人们对集聚包括世界性大城市和跨国集聚经济活动分散带来的收益已有广泛共识。但对于这些收益的实际情况，以及它们具备的空间或城市基础的必然性，我们的了解还远远没有得到科学的验证。第十三章我会再次深入探讨城市体系和空间安排的规范含义。

总　结

建立在经济地理学家、产业经济学家和发展理论家长期研究基础之上的新经济地理学，把生产地理置于城市和城市系统发展的中心，这一点无疑是正确的。就业岗位与企业是城市与地区发展的发动机，所以我们需要知道是什么决定了工作岗位和企业的区位。这一研究议程必须从产业集聚和空间解聚开始，由此可以整合各种不同的力量，包括不同类型的规模经济、产品种类和质量、贸易成本、创新和竞争中的不确定性带来的不同影响，以及因标准化、成熟市场和技术增强了城市系统的稳定性而产生的抵消效应等等。因此，这一研究议程还涵盖了如下议题：诸如历史的惯性，对生产技术、交通与通信技术的冲击等。

将这一切上升到城市/区域层面是一个极其复杂的加总问题。我们要做的并不是在经济地理学领域为各个城市创建一个新的空间一般均衡理论，从而全面理解所有产业的规模、范围和区位参数，以使我们将这些参数向上投射到城市和城市系统中。这是不现实的，因为我们需要大量的原始数据（产业规模、范围、产品种类、灵活性以及要素成本等），也因为对城市的其他干扰性影响，特别是来自母市场的附属影响、地方行动者对创新与产业发展的反馈，以及政策对位置成本和交易成本的巨大影响。要把产业、人员和地点以及与此相关的各种总体教训结合在一起是一个十分棘手的问题，需要我们具备强大的判断力将来自不同分析方法的各部分见解相结合才能做到。这将使我们进一步了解城市规模和城市专业化的类型和水平，为我们以模型化的方法分析城市系统变化奠定基础。我们需要创建这样的数据库，对城市建设和城市系统变化提出一个在经济学上严谨可靠的观点。

对城市系统变化提出这种观点的第一步，就是要从地理环境中的创新经济学入手。具有创新能力的地方有着与整体经济不同的本地经济动态（价格体系）。具有创新能力与不具有创新能力的地方在许多方面都是相互关联的，我将在下一章对此进行探讨。

第四章
破坏性创新：地理与经济学

为什么有些城市如此富有？

无论何时，都会有一些城市和地区比其他地区更富有。目前，人均收入较高的城市地区包括旧金山、华盛顿特区和苏黎世，这些城市地区的收入比其本国经济的平均收入水平高出大约1/3，而且这些国家的经济也处于世界经济层级体系的富裕层级。在美国国内，旧金山的人均收入是其最贫穷大都市区的3倍。正如我在第二章中指出的，这些贫富地区之间绝不仅仅是金钱上的差异，即使考虑到不同地区的不同生活成本和生活品质，差异仍然存在（但会有所减小）。

这其中的某些差异在国际层面上仅是一个动态追赶问题。例如，上海和圣保罗正在缩小与美国的差距，有一天它们甚至可能达到美国或欧洲最富有城市地区的水平。过去，像布法罗、锡拉库扎和克利夫兰这些地方的人均收入都非常高。人们在那里赚取了巨额财富，漂亮的豪宅、剧院和其他建于城市鼎盛时期的公共建筑等都彰显当时经济的繁荣。今天在旧大陆的很多收入水平相对不高的城市也以宫殿、剧院和历史遗迹等形式显示其曾经的富有。通常，这些历史财富的有形表现形式反映了它们曾经有过的高度不平等和很高的平均收入，威尼斯、伊斯坦布尔、塞维利亚和里斯本等城市在其鼎盛时期也是如此。

奇怪的是，城市经济学对这些富有的城市和地区的存在含糊其词。大多数城市经济学家坚持空间一般均衡理论的观点，他们认为这些地方的繁荣不可能持续存在。相反，过高的住房和劳动力价格会摧毁这些城市。如我所说，在美国，对于一些像纽约这样的高物价城市来说，表面上看，这么说好像没错。近几十年来，纽约的人口增长速度并不像达拉斯或奥兰多这些生活成本较低的城市那样快，但是纽约的实际收入确实较高。还有其他高收入城市，如旧金山和华盛顿特区，在保持高收入的同时也有相当数量的人口增长。一方面是高收入和高价格，另一方面是人口、就业和收入的变化，我们会看到这两者的关系很复杂。但是，大多数政策制定者和评论家与经济学家都认为，许多城市“太昂贵”以至于对它们自身不利。

让我们从经济学角度重新探讨这场辩论。首先，如果平均价格（生活成本）很高，某个特定地区和其他地区之间的价格差异大于它们的平均生产率差异，那么该地区就可能陷入困境，特别是当既有经济活动的贸易和搬迁成本较低时就更是如此，这便是常识中的现实认知。第二种可能性更复杂，来自新古典城市经济学的空间一般均衡理论模型。如果固定资源的平均价格水平（生活成本）很高，就会反映出许多问题（如对建筑的限制）。面对这些问题，不具备在这些区域生存所需的高工资或高生产率的人和企业不得不离开。根据空间一般均衡理论，一个区域的比较优势由当地的生活成本决定，促使企业和人员分类并自行选择留下或离开，从而带动该区域的人口变化。这些变化本应该带来区域间的效用均等化，我试图在第二章找到这种均等，但事与愿违。第三种可能性是住房和本地服务（如美发厅）等固定资源的价格比其他区域高，但平均工资和实际收入也较高。在这种情况下，本地区主要贸易活动中的工资和收入反映为创新租金。这些租金的一部分作为一种外部性弥补了该地区其他非贸易领域的工资和价格。例如，发型师赚钱多是因为对冲基金交易员与他们的发型师分享了一部分创新租金。反过来他们又都在本地市场消费，从而进一步刺激了母市场的发展。后一个动态阻碍了价格回归均值与地区之间的效用均等化。

哪一种经济学？

大多数空间经济学家赞成将上述两种观点结合起来。这形成了一个关于长期变化的独特观点：实际价格高的城市不可能永远如此；这些城市肯定出了问题。我在本章只阐述第三个观点，我认为破坏（disruption）是经济进程中的一个关键动力。为了从这一争论中做出判断，我们需要考虑的是关于地理经济进程要采用哪些假设。经济学对于均衡概念的运用有两种方式。第一种是作为启发性工具用以解决价格和数量可能的经验分布问题。就地理学而言，这意味着要得出构成这些价格和数量的要素供需（人、企业和资本）在地域上的分布。这个启发式工具很有用，因为它可以使我们知道在一些基本结构性（因果）要素发生变化时，可能会导致怎样的后果。使用这种有限度的方法，几乎所有价格、工资、产量和人口结构都会遭到冲击，我们可以阐明为了应对冲击城市会如何改变。

应用均衡的第二种方式更加雄心勃勃，它在经济学理论大厦中居于中心地位。特别在经济的实证方面（在我们的实例中，指人口、产量和收入的空间分布）被认为符合经济的一般均衡特征，其中所有市场依据“零过剩规则”（zero-excess rule）出清。第二章探讨的空间一般均衡模型便是利用这种均衡的一个例子。家庭、建筑商以及各个产业都被认为是价格与数量相互作用的某个单一经济体系的一部分，其因果关系是多向的，并使劳动力、住房/土地和工资等以有意义的方式相互替代成为可能。

本章的论点是，这样的模型只代表经济进程的一个方面。这些模型只强调各地价格和工资回归均值的（长期）趋势，以及受到冲击后的很长时间内会出现某种程度的效用均等化趋势。它们不强调经济正常运行时产生的创新冲击。这些创新产生了地理集聚，而且为了让创新存在，必须用租金给予补偿，这反过来又会造成某些地方的高工资和高物价，以及各地之间的分化。[①]如果没有这样的创新，经济就不会有平均财富和收入方面的长期增长，即发展（Aghion and Howitt，1997）。高收入的城市和地区的产生总是会体现出创新。当创新停止且所有地方的收入都一样的时候，经济体系的发展进程就会停止。所以，经济和地理上的破坏是发展的永恒标准和必要条件。

创新租金的时空动态

后一种观点与一般经济学或（本书通篇讲述的）城市经济学格格

不入。然而，这一观点在一定程度上说明了创新租金如何由某些与整体经济发展过程相关的特定城市地区享有，因此它实际上与城市如何为总体经济增长做出贡献的观点具有内在一致性（参见 Lundvall and Johnson，2004）。

要审视这些复杂的理论问题，我们首先需要抛弃从严格局部的维度考虑潜在正外部性的做法。增长经济学，特别是罗默（Romer，1986，1994）增长模型证实，整个经济范围内的收益递增是资源约束下长期经济增长的主要来源。在内生增长理论中，知识和技术有别于经济过程中的其他投入。它们是非竞争性的，随着时间的推移总体上只有微弱的排他性。如果只有一把椅子，我坐了你就不能坐，我与你就成了竞争对手。不仅如此，如果我长期使用，这把椅子就会随着时间的推移坏掉。但是知识不同，真正的知识我们可以同时使用，也可以无限制反复使用而不发生损耗。我也可以不让你使用我的椅子，比如将它锁起来，或者声称我对它有所有权，如果你使用它我将用法律惩罚你。从长期看，知识的排他性很弱，它从其发明者流向更广泛的用户群体，限制其使用的法律都是暂时的。因为对生物、物理或机械过程的理解每前进一步，都会带来知识的技术应用，所以真正的知识往往也是积累而成的。每一种这样的能力通常都建立在不断改进的基础上，或者被更好的替代品取代，因为随着过去一个阶段的知识积累到一个新的阶段，对当前探寻的领域就会有综合性的领悟。

用正式的术语来说，这意味着经济中的研发或创新部门的生产率不受收益递减的影响。平均而言，有益知识增量的生成越来越廉价。但这并非每时每刻都适用于科学的任意领域，因为有时会遇到阻碍，或者过去的成就在技术、环境或社会方面产生不可预料且代价高昂的副作用（负外部性）。但总体而言，对于过去几个世纪来说，知识和技术进步的平均实际成本看起来越来越廉价（Mokyr，1991；Rosenberg，1982）。

这个简单的想法意义非同小可：创新可以成为长期无限增长的源泉。如果所有新增要素的收益都在递减，它们可以帮助企业和个人有效配置既定的资源。然而，对于整体经济来说，这不是好事。如果知识和技术受制于收益递减，那么从长远来说就很难提高生产率（它们成本很高，且可能越来越高）。结果，人类将被锁定在惨烈地争夺各种资源的马尔萨斯斗争中，这种斗争在工业革命之前曾让世界收入停滞了一千年（Maddison，1982）。收益递增解释了一个经济体为什么可以从其内部动态中发展起来。因此，增长并不完全取决于偶然事件，如良好的气候会使人口增长或知识奇迹般地外生增加（即“知识如同天堂的甘露降落人间”的想法）。

但是，正如读者看到的，这种基于收益递增的增长动态与经济中的效率、资源配置机制之间存在着紧张的关系。资源配置机制必须建立在收益递减的基础上，使它能够找到最后的或边际上的资源量以配置给某种特定活动，然后再配置给其他活动。内生增长理论几乎以一种神奇的方式调和了这两个原则。它表明，即使应用了创新的不同具体活动（产品、行业和活动）是完全竞争的（由于收益递减），从长远看，通过降价、扩散以及为提高生产率而进行的创新积累，整体经济还是能够从收益递减的悲惨状态中解放出来（Romer，1986，1994）。

请注意，我们现在还远未涉及要探讨的地方集群问题。我们可以通过下面的问题与地方集群联系起来：在时间和空间上，用地方集群方式将某些具体产业和整体经济联系起来的机制是什么？我们先讨论时间维度。先行者或创新者以垄断租金的方式从创新中获得了巨额收益，那也意味着人们的工资和产品价格要比通常情况下更高。经济奖励创新，因为创新具有稀缺性（其他人解开其中的奥秘，模仿并增加供给需要时间），也因为投资者预见到未来可以通过支付租金的方式将创新应用于提高其他任何地方的生产率。然而，这正是矛盾所在，这些提高价格和工资的动力只是暂时的。最终，高价格和高工资会随着创新（非排他性、非竞争性和长期累积）向其他企业、产业、工人和消费者的扩散而消失。

于是产生了第二个巨大的作用：这种扩散通过整体经济的重组和（在各企业、行业和用户范围内）对技术的反复利用，创造了整体经济的收益递增。创新在短期内是成本高昂的，并因此为创新者带来巨额回报。但是从长远看，创新却是相对低成本的（它不受收益递减的影响），并且能够使经济摆脱令人沮丧的收益递减陷阱。

那么，对于空间维度（即城市、地区甚至国家）来说，这一切意味着什么？如上所述，当罗默理论被应用于经济发展地理学时，学者们常常会把它分别与之前马歇尔（Marshall，1919）关于区域范围的技术溢出（“产业的秘密悬而未决”）以及肯尼斯·阿罗（Kenneth Arrow，1962）关于“干中学”的研究联系起来。马歇尔－阿罗－罗默（MAR）关于区域范围的外部性概念得到广泛使用。[②]

但是，如果收益递增的唯一来源是有严格本地准入限制的技术，那么实际上，内部人会以本地化的技术或知识租金为产出定价，以赚取所有创新收益。[③]如果事情到此结束，就无法解释西方国家自 1820 年以来经历的经济持续增长，也就不会有整体经济层面的递增收益，而只是某些幸运的地区或人们的长期租金积累（Mokyr，1991）。知识在地理上的排他性，导致在经济上的排他性。这样一来，罗默外部性理论的决定性支柱就会坍塌。知识的非排他性、非竞争性和积累性就会被扼杀在萌芽状态，这多少有点像14世纪的中国皇帝对待某些发明的方式。

罗默理论的地理学观点，结合了本地化和扩散，对于解释经济史学家关于17世纪和18世纪欧洲与世界其他地区之间的“大分流”的研究结论必不可少。在某些时期，某些企业和地方的租金在慢慢积累，然后随着技术潜在的非排他性和非竞争性分散特征逐步成为现实，这反过来使整体经济的收益递增也变为现实。[④]收益递增只能通过地理和组织变化的过程实现，该过程导致从租金本地化和垄断向技术的地理（从而经济）扩散，以及租金的分散。这也是创新扩散经典的地理学研究的核心观点（Pred and Hagerstrand，1967）。

这一观点的主要含义是，严格意义上所谓的马歇尔－阿罗－罗默外部性并不存在。相反，本地的技术外部性和可能的本地垄断租金则有马歇尔－阿罗式的来源，但整个经济收益递增的罗默式来源无法保持本地化。因此我们必须将本地化的外部性和租金的经济（价格）效应置于更广泛的背景中，作为财富第一次集聚之后又分散的破坏性增长过程的一部分。[⑤]这个更广义的观点认为，这些对局部有利的外部性，（比如对伦敦）尽管在一些方面（对曼彻斯特）的长期福利有所减损，但在另一些方面对曼彻斯特也有利。

我们可以将这个过程重新阐述如下。在第一阶段，创新出现在某些特定的地区和组织（企业）中。这种创新地理往往反映了邻近区域的马歇尔-阿罗效应，并且趋于本地化。在一定时间内，这类创新能产生垄断租金。只要存在模仿障碍，包括知识壁垒和与技术利用相关的贸易/沟通成本，垄断租金就会持续存在。技术即使不存在法律意义上的排他性，也存在实际上的排他性。事实上，一些研究表明，近年来，专利群体的区域集聚没有削弱反而加强了（Sonn and Storper，2008），本地集群享用租金的时间可能也会延长（参见 Moretti，2012；Malecki，2010）。

在第二阶段，这些创新可能会扩散到更广泛的地方。因为知识的使用越来越广泛，对知识的复制和模仿变得更容易。知识往往更规范化，使更多人能够学会如何利用，将知识扩展到其他用途或地区的成本也因此得以降低。随着技术和模仿的广泛普及，价格降到平均成本，基于创新的熊彼特式的竞争将被标准效率竞争取代。产品周期的空间学说描绘了这种区位动力学，但正如第三章指出的，它仅仅反映了部分情况（Norton and Rees，1979）。同时，知识的地理扩散以及越来越多的非排他性应用通过重新组合，产生了一轮轮新的创新。这些都驱动了罗默模型中的长期增长。

这个过程周而复始。技术创造、贸易成本和模仿障碍等精确因素，以及罗默认为的技术扩散和再应用会对以下方面起决定作用：任意给定时刻的收入空间层级、创新周期从租金赚取（先行者）转换为整体经济收益递增所需的时间，以及整体经济的收益递增量。这一切都是以创新地理为基础的：不断有新的创新过程开始，便可以赚取一轮轮新的垄断租金。所以本地的高价格和高工资并不是城市区域失调或不可持续的征兆。在一个充满活力的经济体中，即使与高物价、高工资相关的拥堵成本，也是具有正外部性的本地需求的反应，因此能够赚取租金。这些成本高昂的地区不仅对它们自身有利，对整体经济也有利，这是动态变化的破坏性经济的表现。

但是我们是否并未承认这样的租金必须是短期的，才能使马歇尔－阿罗（本地化的）外部性最终使整个经济受益（收益递增效应）？如果是这样，难道不是说城市系统只是一个巨大的均值回归机制吗？这与标准的空间一般均衡理论的观点一致，只是换了一种说法而已。这一切都取决于我们对短期的定义。接下来的两节中要论证，尽管创新租金必须是短期的，但是它们似乎对各地的物价和实际收入有一定的长期影响。我首先从经验角度探讨这一观点，然后提供它背后的理论依据。

对趋同的反思

从标准的贸易理论到新经济地理学和新古典经济地理学，大多数关于城市、地区和国家收入的研究都把探寻长期的区域间收入趋同（Sala-i-Martin，2006；Pomerantz，2000；Barro and Sala-i-Martin，1995）作为一种理论信念。当趋同并不明显或比预期慢时，研究便会集中在趋同是否存在障碍的问题上。在国际发展方面的文献中，要素流动的障碍在标准论述中十分重要（Helpman，2004），因为现在的国际贸易是如此普遍和深入，以至于不再成为趋同的障碍。

在各个国家内部，以美国为标准案例，大多数文献着重研究各州之间收入趋同的长期趋势，并用它来证明要素高水平流动存在时的趋同（Hammond and Thompson，2008；Carlino and Mills，1996）。然而，经过认真研究后发现，大都市区间的收入趋同动态无法证实这种解释。马修·德雷南等人（Matthew Drennan、José Lobo and Deborah Strumsky，2004；Drennan，1999；Drennan、Emanuel Tobier and Jonathan Lewis，2006）都指出，虽然地区间有β趋同（两个地区间差距缩小的趋势），却没有σ趋同（人均收入离差的整体减少）。恩里克·莫雷蒂（Enrico Moretti，2012）指出，自20世纪80年代以来，美国大都市区的高技能工人和受教育程度低的工人在工资上出现了新的“大分流”，并一直在稳步扩大。理论告诉我们，β趋同和σ趋同不一致有两个原因：一方面，起初贫困的都市区和富有地区之间差距缩小的势头是初始的后发优势，或者说是初始追赶的格申克龙效应。但我们不能用这样的效应预测趋同，因为后发优势的边际递减，而经济往往会陷入中等收入陷阱。这就是巴西在20世纪五六十年代高达10%的年经济增长率，到了70年代逐步下调的原因。如果没出现这种情况，巴西现在的人均收入就应该与今天的美国相同。同样，埃尔帕索会不会有一天像纽约一样富有，或者类似的城市总体上是否都会如此富裕，这一点还无法给出定论。

城市的总体分化反映了各城市命运动荡的复杂模式。在美国，一些老牌工业城市，如布法罗和底特律，在实际收入排名中的位置已经下降；而波士顿、纽约和华盛顿特区则一直名列前茅；一些阳光地带的新兴城市，如休斯敦，上升势头迅猛；而其他城市，如得克萨斯的布朗斯维尔，则没有太大变化。平均而言，资本主义在美国（或世界其他国家或地区）的扩展趋于产生一个初始的β效应，看起来像是趋同，但中等收入陷阱加上发展的偶然性又使之趋于平衡，并维持着分化的σ效应。从许多方面看，趋同是一种典型的错觉，反映了资本主义（在国家间）的扩展方式，或产业结构在国家之间的趋同方式。现实的情况是各国间出现越来越精细的功能差别（产业内部的，由任务和技能构成决定），并造成强大的收入分化效应（Yamamoto，2008）。

如果马歇尔－阿罗租金是高水平创新的地区和其他经济体，即后续受到创新扩散的地区之间收入分化的主要力量，那么，只有当后者能够提高质量和技术水平从而成为马歇尔－阿罗城市时，它们才能缩小与城市系统中那些“波士顿”之间的差距，而波士顿只有通过其创新和培育功能不断再造自己，才能领先于那些追赶的新兴城市。在某些情况下，不仅创新地区会有马歇尔－阿罗租金，经济还会拉动资源更深地融入创新城市，并且通过与创新扩散密切相关的不利贸易条件将创新较少的地区置于不利境地（这些创新体现在标准化、程序化的实际操作中，其价格也有所下降，与今天苹果手机的传奇发展经历一样，该手机在加利福尼亚设计，却在中国制造）。

但是，这并非唯一可能的结果。最初定位于某些城市的创新火花，也能够使其他地方的经济复苏，比如美国的匹兹堡、波士顿或奥兰治县，还有法国的图卢兹等某些第二梯队的创新地区就抓住了这样的机遇。创新也可以产生于后发经济体，比如，中国台湾和韩国就挣脱了它们在世界劳动分工中的结构类别，战后美国的休斯敦和达拉斯也是如此。然而，并不是所有发展中经济体都像中国台湾一样表现出色，同理，许多阳光地带或落后城市地区的表现也差强人意。空间经济发展的过程充满了这种动态，而不是大多数新经济地理学和新古典经济地理学用来建模的平稳替代和均值回归。⑥

与此相反的各地区的各结构分类内部的趋同又是何种情况？我不会期望旧金山和菲尼克斯的收入很快就能趋同，但我可能会期望，美国城市的同一结构类别内部会出现趋同，比如纽约和波士顿之间，或者菲尼克斯和拉斯维加斯之间等。但上述结果表明，即使在城市的某一结构类别内部，也会存在某种例外。那些有创新力和高技能的富裕城市并不会完全趋同。为何会如此？用经济学术语解释，可能是因为某些地方的本地化租金更高，比如旧金山的信息技术产业的租金高于纽约的金融业租金；或者，由于专业化程度较高，前者的租金至少在当地经济中的比重更高。

趋同模式随着时间的推移也会变得不均衡。有些时期属于创新低潮期，这些时期地区间的趋同势头比其他时间要强。回溯过去，20 世纪 70 年代的美国就是一个很好的例子，当时正面临战后大规模生产经济向“新经济”的重大转变。这些时期令人担心，因为在这些时期，城市的趋同是因为经济在改造升级方面表现不佳，体现为上文中提到的创新驱动的马歇尔－阿罗模型到罗默模型的进程放缓。[7]即使分化也会引起自身问题，但地区间的平等并非总是好的。

时间和空间中的价格与工资

为什么短期的创新租金应该引起我们对城市和地区经济学的思考，不是站在一般均衡过程的角度，而是要结合均值回归或效用，以及工资或空间上的价格均等化？这个问题的答案专业性很强，普通读者或非经济学家可以略过这一节。

在一般均衡分析中，远期不确定性是大问题。使行为人知道如何完美地把他们的财富从一个时期转移到另一个时期的普遍机制并不存在（对完善的金融市场机制可以做到这一点的所有希望都已化为泡影）。

当财富的空间布局表现为沉没成本、社会关系和外部效应时，就会有复杂的远期不确定性。这常常使要素的价格比无法反映其时间和空间的边际替代率。此外，每种均衡不仅有价格效应，还有财富/禀赋效应，因此每个“局部”均衡都不再是唯一的。未来均衡的可能性转瞬即变，且无法预知。所有这些方面的最终结果是，在任何特定时刻，甚至可能在很长一段时期内，经济都不会根据标准的零过剩规则配置资源，从而意味着将会有需求过多的市场（Sonnenschein，1972，1973；Debreu，1974；Mantel，1974）。根据这里提出的观点，创新是导致经济中普遍的过剩需求及相伴而生的价格效应（其中一些效应被空间化）的内在力量。

不过，人们也可以影响未来均衡的可能性，因为财富的所有者可以通过产品的非均态替代率使要素价格上升或降低。这反过来意味着，经济中的行为人，如要素的所有者，并不总是竞争性价格的接受者；或者用更普通的语言表述，要素价格有操控的余地。无论如何，后续的均衡并不是反映那些能够从最初禀赋中解析推导出的均衡。

如果城市和地区经济学希望更好地刻画为应对变化而做的调整（其最重要的来源是创新和马歇尔 - 阿罗模型到罗默模型的过程），就需要构建对过剩需求函数不做严格限制的模型，并在模型中针对这些情况正确地规定配给规则，同时还需要研究本地要素禀赋如何随之变化，并探寻由此导致的地理结果。我们就是要在这样的背景下讨论价格、数量和收入的中期空间分布模式。

与上面提到的配给问题密切相关的是，在考虑不同空间中的不同行为人的行为方式时，需要了解更多的现实行为。到目前为止，认识到要对动态进行建模是多么棘手的人倾向于推定：我们无法引入有远见的行为人，因为他们需要对模型无所不知才能发挥作用。于是，他们转而假定对未来的预期是不相关的，以此引入限制条件，使未来的决策等同于静态情形（Desmet and Rossi-Hansberg，2010）。与此相反，提斯（Thisse，2010）提出，我们可以识别合理的选择规则并据此理解空间均衡的创造和破坏，选择规则包括进化和学习过程，以及不同的行为人。沿着这条路径前行，会使城市和地理经济学更具现实性。

指标和方法

对城市和地区变化的研究充满了由数字构成的观点。但是证据的使用受到理论的极大影响，所以，提出的问题是否正确会影响结论。学术界、咨询师以及政府本能地渴望让自己的主张清晰而又毋庸置疑这也会影响结论。

想象一下典型的城市发展报告。首先，它会分列出发展和衰落的城市，然后（在更深奥的学术版报告中）回顾这两类地方的差异，推断出因果关系（DeVol、Bedroussian and Klowden，2011）。在这个例子中，发展的城市是人口增长和国内生产总值（GDP）增长的某种组合，而在那些衰落的城市，其人口及 GDP 增长率或者它们在全国 GDP 所占的份额则缓慢上升或下降。这种研究可以大致描绘出城市系统的概貌。例如，如果我们读到，发展的地区既温暖又成本低廉，而其他地区天气寒冷又成本高昂（或者它们具有舒适性，或好或坏的商业气候，等等），我们就是在做关于增长与变化的因果陈述。然而，那些发展的地区可能分属两个不同的群组：人均 GDP 增长的群组和人均 GDP 不增长的群组。加入这一点告诉我们城市发展中还有更深层的生产率模式。此外，一些人口数量减少的地方可能人均 GDP 在上升。如果人口增长，人均 GDP 的增长表明高生产率活动正在落户该城市地区；如果人口减少，既可能意味着同样的结果，也可能意味着人口减少快于就业岗位减少，但生产率本身并没有提高。虽然城市人均 GDP 增长不多，但增长依然会带来 GDP 和城市 GDP 占全国 GDP 份额的大幅绝对增长。

值得指出的是，通过敏锐地挖掘、分析数据，我们可以梳理出不同的故事，把人（家庭与劳动力）和产业相结合的故事。但是我们可以再做进一步分析，当区域经济变得资本更加密集但没有创造就业，且移民迁入数量没有增加太多时，人均 GDP 可能会增加。而当经济变得更加劳动密集型时，人均 GDP 也可能增加，但是只限于劳动力成本可以转移到产品的价格上的那些产业，这种转移源于因产品质量或稀缺性带来的创新租金，如同在本章前面描述的马歇尔 - 阿罗经济中一样。在前一种情况下，人均收入相对不会很高；而后一种情况下则会很高。让我们进一步研究最后这个指标，如果人均收入上升，部分原因可能是人口下降快于劳动力下降，而同时就业岗位没有向外迁移；或者是因为经济中的工作岗位或产业在创新、产品质量或生产率上有所提高。

要着手找出工作岗位和人的变化模式，以及这些变化背后可能存在的因果关系，必须考虑许多因素。甚至这些因素的组合也只不过是梳理因果关系和发展动态这一艰难工作的开始。如上文所述，对城市和地区系统的真正理解，只能依据其中基准或者知道它们在某个系统中所处的位置概念。为此，我们通常需要思考城市的趋同或分化，或者更简单地思考与某些类别城市（比如参照国的所有城市）相比，另一些城市是如何达到某个指标的。分析师可以用β表示整体系统这样的基准（一个地方相对于另一个地方的变化有多快，或者变化率指标），或者用σ表示系统本身是否在缩小或扩大其方差。因此，人口、GDP、人均GDP、人均收入以及它们与系统均值的差距等等，都有σ和β维度，将这两个维度相结合可以进一步阐明变化的原因和模式。

价格和数量的跨地区均值回归是局部的、非线性的，并取决于时间因素，因为它受制于无形的上限以及额外的空间上可选择的“向上”（创新）冲击。向上和向下冲击的空间选择性与要素流动性等系统动态有关，但也有本地要素，比如，一方面是干中学的成本和拥堵成本，另一方面是下降螺旋。因为存在如此多可能的相互作用，所以城市发展指标存在多种可能的组合。其结果是，城市和地区的发展是一个潜在的12维统计问题，主要涉及四个方面：人口、产出（GDP）、人均GDP（生产率）和收入。这反过来表现为三种方式：水平、变化率和变化的质量。

引入更多这样的维度会进一步减少我们能使用的样本；如果我们增加了用来互相核对的维度数量，工作就无法开展。数据使用的困难不仅涉及有限数据的内部一致性，也涉及外部有效性和一致性。反过来，外部有效性需要关于变化的时间序列信息，以便对核对“断点”趋势进行合理性检验，二者都与它们可能的不同原因有关。与许多一般的发展经济学领域一样，在城市和地区发展领域，有数据表明存在大规模（但仍然是有限的）的重复过程（许多人决定迁移；企业对要素价格做出反应等），而我们最善于发现这些行为共同发生众多的边际再调整。但新经济地理学和一些历史知识表明，在经济地理中可能会有决定性的事件和转折点，对此我在第二章和第三章解释现代阳光地带的出现时已有过论述。集聚经济往往具有循环和非线性的特征，除非某种重大的新生力量，如生产或运输中的技术变化等，突然带来了破坏性影响。我们的数据集没有包含“事件和冲击”；而只有持续关注这些破坏性力量，我们才能超越关注边际变化的倾向，将转折点纳入“非正常冲击”的黑盒子里。一个理想的数据集既应该结合包含集聚的形成和锁定方面的信息，连同其他各种时间地点冲击、突破性技术、偏好的急剧转换等“关键事件”，又包含这些力量带来的广泛而又为数众多的反应和调整（Davis and Weinstein，2002）。

没有哪个数据集能够做到这一点，即使有，若无大量艰苦的工作、敏锐的分析以及对混乱状态的容忍，任何计量经济学也无法处理这么多维度的有限数据（Morck and Yeung，2011）。我们需要技术手段甄别不可靠选项，并有力地引导数据导向的研究者穿行于混乱之中。爱德华·利莫尔（Edward Leamer，2010，1983）一直以来大力主张计量经济学的运用，特别是对结果及其可靠性的解释要立足现实。他认为，一系列更强大的技术手段，如工具变量、非参数方法、一致的标准误差以及随机试验，从某些方面看，只不过造成了更深层次的问题。这个问题表现为试图运用这些技术手段从有限的数据中得出结论，以证实研究人员的先入之见，即世界从根本上是渐进的，根据可靠的法则有规律地运行。在之前的几章中，我广泛考察了数据背后的城市和地区变化过程和事例，并论证了经济的空间发展并非如计量经济学论述的那样。正如利莫尔等人（如 Abrams，1982；North，2005）呼吁的，要建立一个符合现实的分析框架解释城市和地区变化，这既需要运用理论、模型和数据，并使用外部校准的方式对这些解释进行三角定位，运用城市和地区变化过程的广泛知识，这些知识可能超出数据集的严格范围，最重要的是，应当对人类行为做出符合现实的假设。

结论：破坏即发展

这里概述的以破坏为核心的发展观，在经济学思想中由来已久，从约瑟夫·熊彼特到最近的道格拉斯·诺斯等人（Douglass North，2005；Aghion and Howitt，1997），他们都持有同样的观点。显然，市场经济具有自我破坏的特征，因为它鼓励创新造就集聚，在集聚地区形成昂贵的劳动、居高不下的要素价格、高不可攀的地价，以及高收入，所有这些又会迫使企业离开昂贵之地，推动人们迁移，从而使成本高昂的地区回归均值。自我破坏和回归均值这两种力量的结合，造就了任何时候都喧闹不已的现实城市和地区。正如我们看到的，只强调城市和地区发展过程的一个侧面，是认识论上的选择，没有“实证”的基础。最重要的方法论挑战就是要将认识论、理论、建模和数据相结合，以便能够讲述一个关于城市与地区变化和发展的可靠故事。

第五章

城市与个人：

我们塑造城市的方式，并非我们所愿

城市中的选择与结果之间的差别

我现在要逐步缩小地理范围，从研究城市经济发展的区域间模式转向研究城市地区的内部空间。[①]城市地区的内部布局与其观感密切相关，也可能与它们的经济表现有关，但对于后者没有什么实质性的证据能够证明。很多企业、家庭和利益集团等对大都市区的空间都梦寐以求，就这一点而言，个体（企业、工人、消费者和家庭）的偏好和选择是影响城市发展的一股力量。

城市的土地和建筑物有两个重要特点，即供给无弹性和固有的外部性，这使它们有别于经济中的其他投入品。因此大都市区的空间具有竞争性，并且不同的使用者及使用方式之间存在许多潜在的“零和博弈”结果。由于供给无弹性和固有的外部性这两个不寻常的特点，社会和私人成本与城市形态和土地利用带来的收益之间总是存在差异。

此外，个体行为人的意图和偏好与他本人与其他人的选择互相影响时的实际所得之间也存在差距，从而使他们实际上不能如愿以偿。经典的例子来自托马斯·谢林（Thomas Schelling，1978）的著作《微观动机与宏观行为》（*Micromotives and Macrobehavior*）。谢林创建了一个符合现实的居住选择游戏，在该游戏中，每个行为人都不是种族主义者，反而表现出一种想要同“与自己相似的少数族裔”比邻而居的轻微偏好。他们以肤色作为附加条件做出的选择导致极高程度的种族隔离，这完美地诠释了非故意结果以及个体偏好和集体结果之间的差别。

城市的选择和结果贯穿于有关城市本质以及城市所包容的生活方式的当代辩论中。异常激烈的辩论包括，有些人认为密集居住要优于郊区化；有些人支持按同质同类原则划分区域和社区，而有些人笃信用途混合和人口混居；有些人偏向于古老的不规则城市，而有些人则倾向于整齐划一的新城市；有些人喜爱高层建筑，而有些人偏好低层建筑；有些人喜欢私家车，而有些人更愿意发展公共交通。如今，这些分歧往往体现在实用效率方面。（密集居住是减少温室气体排放的方法吗？公共交通比私家车更有效率吗？公共交通比私家车更具“社交性”吗?）许多结果有时被认为是无知造成的：如果人们更了解情况，他们就会选择不同类型的城市、交通和社区；他们只是不清楚什么才是自己“真正想要的”。如果人们知道可能会有这些不同的结果，他们就会“宁愿喜欢”别的东西。而另外一些人则认为不一样的城市空间组织就是迟钝的技术官僚想要把自己的想法强加于那些用脚投票的正常人身上。

这些争论在许多方面只不过是一些公共哑谜，隐含了基本价值观与欲望的强烈冲突。但是，这些争论也涉及城市空间组织和土地利用中的个人偏好与集体结果的差异。城市多大程度上满足个人、企业和家庭的偏好决定着其他可能选择的作用范围是宽还是窄。而其他选择在调和个人和社会成本方面的表现则决定着可能被用来将这些选择变为现实的公共政策的作用。

城市毁灭与复兴简史

1990 年，萨斯基雅·萨森（Saskia Sassen）把人们的视线聚焦到当时经济最发达的三个“全球城市”——伦敦、纽约和东京。从那时起，把这三个城市当作分析老城市复兴的例子便成了普遍做法，这些老城市曾经被认为处于经济瘫痪的状态。要注意的是，据说这些老城市做了区域之间（寒冷地区的老城市）和区域内（中心与郊区）的双重选择。大多数宣称复兴的城市都是处于比较寒冷地区的曾经是人口密集的制造业大城市，从 20 世纪 90 年代开始，这些城市再次出现就业机会增加、享有高水平的人均收入增长、城市中心区吸引了重大的新投资、人口和/或住房价格急剧上涨等情况。美国城市地区的复兴，如波士顿、纽约和芝加哥，以及欧洲中心城市的复兴，如巴黎和伦敦，都有违于“寒冷的地方只能给‘新经济’垫底”的观点。[②]

这些说法都没有什么新意。约翰·蒂福德（John Teaford，1990）在其关于美国城市振兴史的最后一章指出，1955 年，《时代》杂志做了一篇题为《城市的重生》的封面报道。1962 年又刊登了一篇类似的关于城市复兴的报道，仅以“复兴”做了标题。1981 年，该杂志让房地产开发商詹姆斯·劳斯（James Rouse）这个节日市场之王登上了封面，标题为《城市乐趣无限》。六年之后，即 1987 年，封面变成“让城市复兴”。目前，城市复兴运动已经持续了一段时间。

而城市危机也是如此。对城市 80 年的热心支持却换回了几十年的失望。亨利·福特（Henry Ford）在 20 世纪 20 年代宣布“城市在劫难逃”。《公共利益》（*Public Interest*）杂志在 1971 年的一个研讨会上问道“市中心在劫难逃吗”？当时的答案是肯定的，至少这次研讨会的许多撰稿人当时就是这样认为的：美国城市现在就是“沙盒”（Sternlieb，1971）或“保留地”（Long，1971），其本身就是博物馆，供游客拍照留念，或是下层阶级的容身之所。1987 年，正当《时代》杂志提出让城市复兴的时候，安东尼·帕斯卡尔（Anthony Pascal，1987）在他题为“正在消失的城市”一文中提出了相反的论断。20 世纪 90 年代，“新经济”的资本家宣布都市风格已经过时；老城市是水平世界中的纵向存在，是距离消失之前的时代产物（Garreau，1992；Downs，1997；Glaeser，1998）。1992 年洛杉矶发生暴乱，2005 年的巴黎和 2011 年的伦敦也发生暴乱，这重新激起了人们心中的恐惧：人口密集的大城市太危险，城市时代的社会冲突无法控制，这种冲突的特征是大量移民和不断拉大的贫富差距。在过去 30 年里，美国的邻里收入差距急剧扩大，但在最大的城市中增幅最大，这一点在 2011 年得到确认（Russell Sage Foundation，2011）。

此外，这些城市的复兴并不能说明人们突然放弃了郊区生活而重新爱上了都市生活。自二战以来的美国城市化趋势一直相当稳定。美国的人口已经从东北部和中西部向南部和西部迁移，从城市向郊区迁移。总体来说各中心城市更健康、人口密度更小，且比 20 世纪上半叶管理得更好。虽然大都市区仍在继续向外扩张，但是中心城市在大多数人的日常生活中的作用越来越小。欧洲中心城市的地位仍然和以往一样重要，但是大多数欧洲城市也在向外扩张，只是其平均密度高于美国。但是不要急于下结论！在始于2009年的经济衰退过程中，在以纽约为首的位于寒冷地区且成本高昂的老城市，其收入和人口增长几十年来第一次超过阳光地带的城市（Brookings，2010）。这一情况让人百思不得其解。人们能如此轻率地改变自己的所愿所想？

城市复兴的原因何在？

波士顿的经济在20世纪经过了三次崩溃与复苏的大起大落，而三次复苏似乎都是技术工人的供给带来的（Glaeser，2003）。为什么技术工人会流向或驻留在波士顿这样处于寒冷地区的老城市呢？理查德·佛罗里达（Richard Florida，2002）有一个著名的论断："有创造力的阶层"会追求一系列特定的舒适性，包括咖啡馆、美术馆、音乐以及总体为波希米亚式的包容氛围（他是以同性恋者的数量来衡量的）。这些要素与知识工作者的出现，以及高收入、高人口增长的地理布局密切相关。一些著名的城市规划师现在也宣称，伦敦是世界新晋富豪的游乐场，而这正是伦敦成为世界城市的原因（Glaeser，2010）。因此城市复兴呈现偏好驱动的特点：年轻的新一代拒绝了父母对于郊区的偏爱，转而选择位于寒冷地区的人口密集型老城市。

佛罗里达和格莱泽等人的观点对全世界的政策制定者产生了重大影响。美国许多衰落城市的市长正在制定旨在吸引25岁左右的同性恋者到自己所在城市的经济发展计划（Swope，2003；Shea，2004）。在读完佛罗里达的《创造性阶层的崛起》（*The Rise of the Creative Class*，2002）

一书之后，密歇根州州长就敦促该州的各个市长组成“酷市”（Cool Cities）咨询委员会，以帮助改变本州各城市的沉闷形象；底特律的市长因此自称“嘻哈”市长。在欧洲，柏林市长吹捧他的城市“不富裕但性感”。此种策略可不是只归责于佛罗里达一人，新工党的政客在多年前首推“酷不列颠”（Cool Britannia）运动时，还从没有听说过他，但是他的作品毫无疑问使各城市都宣传自己很“酷”的做法甚嚣尘上（Shea，2004；Kotkin，2005）。

用消费者偏好解释城市复兴之所以吸引人，其中一个原因在于这些解释不需要逻辑跳跃；本质上只是对一些总体一致的微观经济原理进行推断。消费品和服务中的创新收益大多造福于那些具备高替代弹性、风险厌恶度低以及可支配收入水平高的人。反过来，高替代弹性意味着搜索意愿很强，因为发现新的商品和服务离不开搜索。而搜索意愿一般需要长期的视野养成。满足这些标准的是那些受过教育、向上奋斗、仍在对多种商品培养品味的年轻人。总之，他们看起来很像佛罗里达说的有创造力的阶层（Tabarrok and Cowen，1998）。

正如我在第二章指出的，这种解释的一个缺点是，很多被认为受到人们偏好的消费舒适性，在规模相似的大都市区之间并无太大差异。因此，虽然消费可以解释为什么年轻人和受过大学教育的人喜欢生活在城市地区而非农村地区，但是解释为什么决定要居住在某个大都市区而不是别的大都市并非易事。从1995年至2010年波士顿、纽约和芝加哥大都市统计区（MSAs）都出现了受过高等教育的年轻人的净流入，但是远远没有夏洛特或亚特兰大那样多。而拉斯维加斯超过所有城市（Franklin，2003）。在佛罗里达罗列出的有创造力的城市名单中，不仅有旧金山和纽约，还有奥斯汀和奥兰多。所以现在不仅要对那些寒冷地区的人口密集型老城市做出解释，也要对温暖地区不断扩张的新生城市做出解释。但是除了这些城市的存在，它们之间的共性很难找到。奥兰多的人口混居情况与伦敦或纽约街头的情况不一样；奥兰多缺少那些更大更古老的城市具备的波希米亚式包容传统（以及一样的狭窄街道和小街区模式）。奥兰多也不是什么有名的地方，人们不会搬来这里享受咖啡馆文化和自发互动、修复迷人的老房子、举办阁楼派对，或者在普拉达专卖店闲逛。千万不要以为这是美国独有的特例，欧洲也有相似的事例，只是不那么明显而已。

然而，即使按照严格的标准衡量，寒冷地区的老城市和阳光明媚扩张发展的城市也都会同时出现在这个名单中，绝不会是非此即彼。看看不同类型的城市吧，比如，具有猎奇性和多样性的简·雅各布斯风格的城市；看起来像罗伯特·普特南（Robert Putnam，2000）描述的“高社会资本”地区一样的同质、睦邻、传统和基于自信之地；提供匿名郊区生活的“互不干扰”式城市。所有这些城市类型的大量案例都表现出它们具备高收入水平以及高技能人才集聚的特点。请注意，我们刚才并没有区分复兴和新生地区。这也说明上述城市类别不仅描述了菲尼克斯和波士顿两座城市，也恰如其分地描述了波士顿作为单独一城的特点，在那里，人口密集的中心城市被扩张地区包围，只是其外围人口不如菲尼克斯郊区密集。[③]

经过对这种模式的仔细研究发现，那些以偏好解释城市复兴的理论家似乎颠倒了因果关系：在那些位于寒冷地区的老城市中，技术工人的集中为城市的舒适性创造了市场。但是这些工人对舒适性的偏好并不能解释为什么这些地方得以发展并更加富有。对“能人夫妻”（power couples，夫妻双方在“新经济”中都拥有高技能工作）的研究显示，许多这样的夫妻选择住在大都市区，因为这会最大限度地提高他们共同就业的机会，并使他们以相对较低的成本和风险做出调整，以应对就业变化或就业损失（Costa and Kahn，2000）。因为扩张的居住模式和以汽车为主的运输系统，能人夫妻在硅谷和奥兰治县这样的地方工作生活与在伦敦或纽约这样人口密集的城市工作和生活相差无几。从技术工人的偏好回归经济基础和与之相关的劳动力需求，重新聚焦于“技术城市”角度解释城市复兴，其优势在于它既包括了寒冷地区人口密集型老牌城市的复兴，也以区别对待的方式囊括了一些温暖地区扩张发展的新城市，使我们可以对城市形态与城市经济表现之间的联系做出判断。

某些观察家指出，20 世纪中心城市的制造业布局曾经走偏，即以有价值的土地错误配置为代价推动了短暂的经济快速增长。历史上，城市一直是思想交流的中心，随着制造业的退场，城市应该再次承担起这个强大而更加持久的职责（Cheshire and Sheppard，1995；Drennan and Lobo，2007；Frey，1993）。老牌城市被认为必将衰落的原因是，它们遭受了制造业撤离带来的解聚，制造业先迁移到郊区，然后搬迁到阳光地带，最后移往发展中国家。历史可能在这方面戏弄了我们，当我们倾力去了解作为城市经济基础的制造业时，它却不再是许多城市的经济基础。

制造业的解聚从本质上终结了中心城市在制造业中的作用，但是并没有终结城市的集聚。曼哈顿的企业优势不再是其航道功能，波士顿的港口也不再是它首要的经济资产。“新经济”对于邻近性的需求反而是由信息促成的，这常常要求人们在彼此邻近的地区工作。[④]信息并不稀缺，事实上现代世界充满着各种信息，所以获取信息需要临近性似乎有些违背常理，特别是在我们已经能够以越来越快的速度传递信息的情况下。邻近性的优势不在于获得的信息量，而在于传递信息的能力。因为大量信息虽新但不是标准化的，信息的传递往往需要面对面的互动，这对于学习、建立信任及降低风险至关重要。正如我在第十一章阐明的那样，面对面接触是一种“软”交换：这使互动双方可以在具体的情景中对信息有共同的理解，从而创造出创新所需的人际关系。因此，寒冷地区人口密集的老牌城市能像一些扩张的新郊区那样在“新经济”中蓬勃发展也是合情合理的。新老城市在适当的条件下都能蓬勃发展的关键并不是它们的外观或建造形式，也不是它们表面上的社会学特征，而是它们的经济基础。

为了深化这一分析，我现在要研究现今许多城市地区的社会特征和舒适性特征。我会说明这些特征是城市经济发展过程的结果而非原因。在这一说明过程中，我会进一步强化第二章中提出的对城市发展的舒适性或消费驱动理论的批评。

多样性是结果而非原因

在美国，许多收入最高的大都市区也是外国移民比例最高的地区，这其中包括纽约、旧金山、华盛顿及哥伦比亚特区、洛杉矶和芝加哥。毫无疑问，入境移民数量的增加（通常是多样性的来源）促进了城市的复兴。抛开其他因素，入境移民增加了能人的供给，能够激活原本疲软的房地产市场。[⑤]的确，21 世纪的美国，旧金山、洛杉矶、纽约和芝加哥等大都市区都出现了国内人口的净外迁，而来自国外的移民抵消了这种趋势（Brookings Institution，2010）。

弗罗里达（2002，2005）认为，具有创造性和高人力资本的人在具备多样性和包容性的地方茁壮成长，也因此流向与此同类的地方。暂时撇开多样性和包容性这两个术语之间的区别，我们可以推测一下多样化的城市地区在信息经济中会获得成功的原因。詹马可·奥塔维亚诺和乔瓦尼·佩里（Gianmarco Ottaviano and Giovanni Peri，2006）用另一种方法说明，因为相互学习，种族多样性能够提高本地居民的人力资本。

我们也可以用研究人口密度的方式来研究多样性：我们可以把多样性既视为舒适性又视为可以获得其他舒适性的载体。人们欢迎（或包容）种族分化，可能是因为它能带来消费者利益。爱德华·格莱泽、杰德·科尔科和阿尔伯特·塞兹（Edward Glaeser、Jed Kolko and Albert Saiz，2001）指出，多样性的价值之一在于它能够增加可用消费品组合，洛杉矶的墨西哥市场、韩式和波斯餐馆以及华语版报纸等无疑都赋予该城市一些其他城市没有的属性。对于种族多样性和消费假设的推演结论是："生活方式多样性"（即同性恋的存在）与城市消费主义之间存在关联。因为大多数同性恋者没有子女，所以他们的住房需求不同于有子女的家庭，他们的可支配收入更多地花费在消费品上，并且因为不必担心城市贫困学校的质量，所以他们可能更愿意在中心城市生活（Molotch，2002；Black et al.，2002）。

因入境移民带来的多样性提供了廉价劳动力，也可能显著提高了富裕居民的消费能力。具备高收入和高时间价值的人，可以利用低工资阶层的服务使自己摆脱不愿承担的工作，从而把时间和金钱花费在他们喜欢的活动上。因此，多样性可以让具备高人力资本的人将日常生活中乏味的部分外包，从而提高自身的生产率。

所谓的世界城市，即入境移民集中的地方，比起郊区或较小的城市，能更好地提供这些功能。一些实证研究证明了这种观点。阿尔伯托·艾莱斯纳、雷扎·巴基尔和威廉·伊斯特利（Alberto Alesina、Reza Baqir and William Easterly，1999）表明，在美国，一个城市的种族分化水平与它在公共产品上的投入成反比，这说明占多数的白人可能更愿意从人口的多样性（私人商品的种类增加）中获益，但是不希望自己的税金用于为其他种族提供舒适性。

这种证据说明，包容性，即不同群体接受多样性的程度，取决于每个群体对多样性的收益和成本的管理能力，也进一步说明包容性可以是种族隔离的函数。[⑥]统计显示，多样化的地区或城市往往在较小的范围内隔离程度很高，比如在社区甚至街区这样的范围。通过居住在相对低密度的社区，送子女就读于不同的学校，以及使用私家车而非搭乘公交等方式，洛杉矶的富裕居民能够使自己与城市中其他文化水平的人隔绝。[⑦]对于这些精英来说，多样性的成本很低而收益很高，这可以解释为什么包容性通常是与高人力（和金融）资本的人联系在一起的价值观。对于多数裔中富裕程度不高的人来说情况正好相反，他们较少能享受到多样性带来的商品和服务，且多样性给他们带来的风险较高，会给他们的家庭、学校甚至闲暇时间带来许多问题。所以他们选择郊区隔离自己，因为通过加大相互影响的空间距离，可以帮助他们控制多样性的潜在成本。所有这一切与每个群体对多样性水平的基本需求可能都没有关系。

包容性更可能是萌发于经济发展而不是促成经济发展。在制度层面上，一定程度的经济一体化往往是保护少数人的法律得以通过的必要先决条件。随着区域经济自给自足程度的减弱，企业和政府的领导人越来越难以忽视其他地区的指责。当南方经济迅速衰落，变得更加依赖其他地方的投资时，也就对“世界的皱眉”更敏感（Fischel，2001）。同样，辛辛那提的那些企业正在致力于推翻禁止保护同性恋者平等权益的条例，因为这样的法规阻碍了一流人才的引进（Swope，2003）。

在个人层面，心理学家和行为经济学家认为，包容性是对影响他人行为，也影响自身幸福这一内在欲望的良性反应。但是，随着人口数量的增长和多样化程度的提高，这些行为的绝对数量超出人类心智可以监控和干预的能力。包容是一种价值观，这种价值观的产生是为了抑制难以实现的干涉欲望（Kuran，1997）。这样的观点可以解释为什么大都市比小城镇更具包容性，也可以解释在抽象层面包容性会受到重视，而在遭遇某个人内心最深处的信念时，却常常瓦解。内心有这样的信念，干涉的欲望就最难以压制。那些重视包容价值观同时也持有坚定的爱国主义信念的人，尽管会谴责焚烧国旗的激进分子，但对言论自由持支持态度。

这会使我们处于何种境地？如同多样性一样，包容性也是城市或地区发展的必要但非充分条件。尽管包容性的缺失（通过劝阻高人力资本的人）可能会阻碍城市的复兴，但是包容性不太可能带来城市的复兴。一个不断发展的城市地区可能会变得更加多样化，如果要持续发展，则需要变得更加包容。但是，把多样性和包容性解释为特定城市的复兴，或用它们解释总体上的城市发展和表现，都无法成立。

人口密度与审美是城市发展的原因

如前所述，似乎没有什么舒适性组合能将复兴的城市与新的增长中心区分开；在亚特兰大和纽约，里尔和巴黎，其餐馆、艺术画廊、购物中心和博物馆的数量都能满足大多数人的需求。除了世界上为数极少的严肃的文化热衷者，大多数人没必要生活在最大的城市里。

一个更有前景的研究方法是把重点更多地放在获取舒适性的方式上，而不是舒适性本身。真正将大都市区（且一定程度上是它们内部各地，城市和郊区之间）区分开的是舒适性在空间上的组合，以及用于获取舒适性的交通方式。香港、巴黎和曼哈顿的人口密度本身及置身其中可能就是令人兴奋的（也就是说，对有些人而言，人口密度可能就是一种舒适性），但它也为在较小地理区域内获取大量舒适性提供了途径。在纽约步行或搭乘地铁半小时，你也许只能从曼哈顿下车到达市中心；从洛杉矶市中心开车半小时你会到达圣莫尼卡海滩。如果我们把纽约、伦敦或巴黎作为一组，洛杉矶和伦敦作为另一组，在这两组之间做比较说服力更强：在第一组的两个城市的市中心，步行或乘坐公共交通半小时到达的区域内能获得的舒适性组合（电影院、博物馆、画廊、音乐厅和知名建筑），在洛杉矶需要开车半小时，在伦敦需要乘坐45分钟的地铁。

比较各地的便利相对于比较其“天际线与阳光”的做法更有希望让我们从微观角度更深入地解释城市复兴。个人偏好会不断变化，而收入上升、价格下降和技术进步可能都会加快个人偏好的变化速度。通过贸易、旅游和移民等方式对外来文化的接触越来越多，会改变我们的审美观念和审美喜好，增加我们想要得到的商品和服务组合的数量（Postrel，2003）。在一个偏好变化迅速的时代，城市复兴与所有特定的舒适性组合（咖啡馆、阳光、旧建筑或新建筑）的相关性更小，因为舒适性组合总是不稳定的，相反，城市复兴与特定城市提供特定渠道使我们可以满足一切偏好的能力更相关。如果我们更倾向于通过人口密度获得这种便利，或者如果我们认为人口密度本身就是舒适性，那么像纽约这样的地方就是理想的。相反，如果我们把通畅的道路系统视为舒适性，我们可能会喜欢奥兰多；如果我们更喜欢通过开车获得舒适性，那么我们可能会喜欢洛杉矶（或纽约的郊区）。

对城市复兴的另一个重要解释是，家庭和个人越来越青睐寒冷地区人口密集型老牌城市具有的独特舒适性是因为它们很美。这个理论更适用于中心城市（和某些较旧的郊区）而不是所有地区。企业不太可能基于一个城市的美学特质而选择它。硅谷充满商业气息，却没有人在意某栋建筑的价值；佐治亚州的萨凡纳，或意大利的威尼斯，都是文物保护主义者的理想，经济状况却令人沮丧。

但是，因为其他原因（例如，获得工作）定居在城区的人，可以在该地区数量众多的司法管辖区内选择居住地，而中心城市的美学魅力（加上步行或使用公共交通的欲望），可能会影响区域内的地点选择。高技能的迁入移民往往集中于一些旧工厂改造区，靠近广为人知的再开发项目。相比之下，迁出者则倾向于离开该城市的社区，到那些在该地区范围内均匀分布的地方（Kasarda et al.，1997）。正如那些形象地展示了倒闭工厂的画面可能使衰退的影响看起来比实际的更深远，同理，旧工厂改造区的频频上镜也可能使城市复兴看上去远比实际更宏大。

不过，尽管不要夸大中心城市的复兴很重要，但不要小看它也同样重要。这些复兴城市的标志在于其华美；城市生活方式与中心城市的建筑和市政规划密切相关，人口密集的城市之美可以抵消许多在其中生活的不便。但是美的概念难以捉摸且主观性强。在实践中，“美”通常意味着“老旧”。

如果接受美是一种主观概念这一定义，老旧地区的美学优势就可能有多种解释。第一种解释就是选择偏差（selection bias）：通常情况下，过去那些最糟糕的部分会被摧毁，而最好的被保存。威廉·莎士比亚不乏同时代剧作家的竞争，但是只有他的作品流传至今。同样的机制放在建筑物上也起作用。虽然有一些绝妙的古建筑被拆除，但很少有丑陋的能保存下来。在任何时候，一座城市里既会有许多经受住拆毁选择的古老建筑，也有充满魅力但仍需时间检验的新建筑和同样未经时间检验的全无魅力的新建筑。古老的建筑将因此看起来比新的更好，并且一个城市的古老建筑占的比例越大，该城市就越可能赏心悦目。古老建筑相比之下更具魅力的其他解释包括财产税的增加（这促使人们更有动力改善建筑物的内部而不是其外观）以及建造技术的进步。新技术不仅能使一些令人惊叹的建筑成为现实（比如由计算机设计的洛杉矶迪士尼乐园音乐厅那优雅的曲线），也使一些没有具体形式的功能得以实现。曾几何时，为了让墙体更坚固，需要用砖来砌墙，其引人注目的外观就是其效用的一部分，而现如今却是一排排耐用但并不美观的居家房屋。城市建筑衰落的最后一个因素可能是商业法规的出台。在保险法和复杂的合同法颁布之前，建筑物的悦目宏伟常常被视为可靠和稳定的标志，特别是对银行来说，因为它们必须说服公众存款。但是，随着联邦存款保险（和其他保护客户的法律）的出现，稳定更多地成为一个既定条件，美学象征也就不那么重要了。自联邦存款保险公司建立以来，美国银行的建筑设计水平无疑直线下降。一栋富丽堂皇的旧银行建筑并不难找，但是大多数当代银行都只是毫无特色的“火柴盒”（Benedikt，1997）。[⑧]

然而，这一切又再次引出一个问题：如果美丽就意味着古老，为何古老直到最近才变得如此有价值？最简单的答案是，古老是稀缺的。优秀的古建筑不可仿造（拉斯维加斯也做不到），所以它的供给是无弹性的，因此能赚取租金。但是仅仅用稀缺性并不能解释人们日益增长的想要居住在古老环境里并为此花钱的意愿。毕竟，古老并不总是能获得租金。有很长一段时期，许多城市里失去活力的老旧街区处于闲置状态，而在许多城市这种趋势仍在继续。制造业的消失使老城区摆脱了巨大的成本负担：肮脏和污染。老旧社区摆脱肮脏最明显的体现是城市河道的重建。在20世纪的大部分时间里，人口密集城市在建设时都不会考虑江河湖泊，因为河道是十分难看的工业景观。克利夫兰的凯霍加河（Cuyahoga River）是最臭名昭著的例子，它曾经受到严重污染，以至于在河面上着起了大火。而今天的凯霍加河干净了很多，河岸两边建起了住宅。重工业的搬离让河道成为一种美化设施，而非审美的不利因素。

但很重要的是，制造业的搬离释放了老旧建筑和老社区，使它们摆脱了技术方面的陈旧，在新经济系统中成为生产地点，城市回归到它在19世纪中叶至20世纪中叶重工业发展之前发挥的功能。20世纪末人口密集的城市社区存在严重的功能性缺陷：这些社区设计于步行时代，非常不方便开车，停车更可怕。因此城市生活就意味着无车生活，但是没人想过无车的生活。最终，老城区采取了一些措施（有些措施令人满意，而有些不那么如意）以弥补其设计上的功能缺失，让有车的城市生活成为可能。[9]波士顿的比肯山等社区以市场价格出售路边停车位。令人遗憾的更普遍的做法是，城市投资建设要求开发商提供不临街的停车场。不临街的停车场不仅克服了城市中心的技术陈旧，还激励了人们驾车的热情，破坏了城市的密度，并降低了城市的美学优势（Shoup，2005）。最近，令全球交通经济学家高兴的是，伦敦对进入中央商务区的车辆开始收拥堵费。道路定价常常由于效率方面的原因受到欢迎，但是在人口密集的城市这么做还有审美效益。拥堵往往是密度的产物，对道路使用市场出清价格使得在老城区驾驶更顺畅，同时又不影响步行和建筑环境的视觉吸引力。对过时的城市下水道和原制造业城区赋予功能可以使它们变得美观，同理，对美丽的城市街道合理定价也让它们能发挥新的功能。对曾经被认为丑陋的事物进行美化使之与消费（购物、餐饮和娱乐）、生产（创新型经济集群的工作场所）和住宅（在工作地点附近生活）等方面的新用途相适应，这绝非巧合。

各中心城区采取的措施越来越利于汽车行驶，结合广为人知的重建和打击犯罪的努力，充分反映了关于中心城区重生和区域城市复兴的一个重要观点：尽管表现不同，但各地区之间的许多偏好却非常相似。中心城市变得越来越像它们的郊区（反之亦然）。城市生活现在具有了一些郊区生活的标志，而郊区生活也变得更加城区化。现在，郊区风格的购物中心和超市在中心城市激增。塔吉特和沃尔玛已经开始在曼哈顿等地方建设多层城市折扣中心。位于巴黎玛德莱娜广场的优雅的老佛爷商场后面，建起了一家体育用品连锁店，而我在巴黎居住的住宅区，小杂货连锁店正在与当地的工匠商人竞争。纽约时代广场已经彻底进行了清理并还给了大众零售商，在很多方面看起来更像是在任何郊区购物中心都能看到的大众文化的压缩版。在奥兰治县南海岸广场（或）甚至在巴黎东郊大诺瓦西区的阿尔卡德这样的大型购物中心，你可以买到许多在中心城市的主要购物街上能买到的商品，只是这些购物中心不那么有历史特色。

这一现象也同样存在于区域之间。传统上，城市规划专家是将美国西南部作为扩张的原型，将寒冷的老东北地区作为密集生活的典型。然而，截至2000年，真实情况却有些背道而驰。东北部城市通过本地郊区的扩张来缓解高密度的中心城区，而缺乏城市中心的美国西南部则出现异常密集的郊区。洛杉矶城市地区的人口密度全美最高，达到每平方英里7 009人，排在第二位的是大纽约城市地区，人口密度为每平方英里5 239人。不同的是，纽约市的人口密度为每平方英里26 343人，而位于大洛杉矶中心区的洛杉矶市，平均密度略高于整个区域，为每平方英里7 828人，尽管洛杉矶的某些社区甚至达到每平方英里50 000人（也只是曼哈顿最高密度地区的1/4）。纽约郊区的人口密度只有其中心城市的12%，而纽约的郊区居民占用的平均土地面积比洛杉矶多了155%（Manville and Shoup，2005）。纽约、芝加哥和波士顿地区永远也不会超过西南阳光地带，但是就扩张来说，它们现在可是竞争对手。

那么，在区域内部（即中心城市与郊区之间），建筑环境的质量可能在住宅选择中起重要作用。然而，这种讨论表明，偏好（需求方）无法单独起作用。中心城市的结构转换使它们更具吸引力。这些“供给侧”的变化主要是由中心城市的经济转型带来的，包括制造业的清空、较低的犯罪率以及消费机会和交通方式的“郊区化”。所有这些新的变化都由经济结构的改变驱动，从以制造业为主导转变为以服务业和知识密集型产业为主导，这些经济活动总体上来说需要在中心城市进行，但是并不像制造业那样特别青睐阳光地带。

为什么我们对城市的选择不会显示我们的偏好？

城市经济学早就意识到土地市场具有与标准市场不同的特征，其中之一就是土地有一些固有的垄断属性。土地的供应或多或少是固定的。大多数情况下，它既不能被创造也不能被移动，并且很大程度上不可分割。密集的建筑环境使人们在做出选择时不得不权衡利弊。因此，这种情况下的选择不会像标准市场情况下的选择那样显示出偏好（Thompson，[1968] 1996）。舒适性以组合的形式出现（良好的绿化、大量的空间、低犯罪率和受过良好教育的邻居等会构成一种组合群），不是单独一个条件而是具有混合加匹配的特征。对于土地或城市来说，这种组合并不是唯一的。许多喜欢在电视上观看体育比赛的人为了一两个自己想看的频道而购买有线电视套餐，而这其中包含数百个他们不想要的频道。研究组合商品的标准方法认为人们“显示出”对这些组合的偏好，这与他们对私人物品显示出的偏好没什么两样，最终我们也是通过观察他们的行为了解到他们想要什么。如果大多数人大量购买独栋住宅并因此需要经常驾车，那么我们就可以认为：这种生活方式显示了大多数人对土地使用和交通的偏好。住在郊区大房子里的人可能喜欢他们拥有的空间，却不喜欢因此而必须长时间开车。如果他们喜欢空间的程度超过不喜欢开车的程度，他们就会选择住在这样的大房子里。对于这些人来说，即使这个舒适性组合包含不利因素，也优于其他的可选组合。

如果某些外部冲击改变了可获得的替代组合（如果将舒适性组合拆分，即可以拥有很大的空间却不用开车），那么，这些显示性偏好就会改变，尽管其隐藏的偏好不会改变。另一方面，显示性偏好可能需要一些时间。如果外部冲击具体影响的是人们的住房（如果附近开设通勤火车线路，他们可以搭乘火车上班和休闲），他们的行为可能马上就会改变。然而，如果市场只是创建了更宽敞的中心城市公寓，改变的过程就会慢很多。这些人已经买了房子，而且人们不会像更新汽车或笔记本电脑那样更新房子。所以即使可能不喜欢，他们也会较长时间住在原来的地方，因为他们在其房产上有沉没成本。如果人们真的搬走，他们的房子也不会消失，对下一任房主来说，无论他的品位如何，这座房子还是一样有宽敞的空间并需要长时间开车。最后，这位郊区居民可能根本就不会搬家，但是未来可能会有其他与其偏好相似的人搬进了中心城市宽敞的公寓。所有这一切加起来组成了一个微妙的缓慢变化过程。[10]交通变化、土地利用和生活方式选择与人们为应对这些变化和选择所做的位置调整之间存在时差，使我们难以对变化做出预测，从而模糊了人们的行为和行为本该揭示的偏好之间的联系。

城市经济学很久以来一直通过外部性理论思考偏好的一个方面。外部性理论认为，许多正外部性都资本化为土地价格，因此，通过居住在某一位置而能上好学校时，土地的价值就不仅成为优质社区的资本，也成为进入优质学校的资本。对于负外部性来说，情况正好相反。但是请注意，这里说的不是与偏好有关的组合问题。如果给外部性定价，那么它们做的一切都是使舒适性组合的影响更强大，并在我们更偏好的舒适性组合和我们能够在城市环境中实际得到的舒适性组合之间产生更大的差距。如果有市场失灵，那也是更大的市场失灵在起作用。

人们想从城市中得到什么？

当然，上述例子中存在大量的假设，但是在关于美国和欧洲房主的多次调查中都表明矛盾，即想要空间却不想更多开车这种基本矛盾是存在的。根据标准观点，偏好完全可排序且没有起伏变化，而是平稳连续的排序。短期内，人们可能就是这么做的，比如在伦敦中部的考文特花园选择一套公寓，而不是在伊斯灵顿买上层中产阶层时髦的小房子，也不会选择在伏尾区买较大的房子，甚至到萨福克郡买独栋房子。[11]

经济学理论通常不认同人们的内心偏好可能发生冲突或偏好不能真正排序。[12]然而行为经济学的最新成果已经开始支持这种观点。戴维·乔治（David George，2001）引入了“二阶偏好”的概念，他将其定义为我们“偏好于偏好”（prefer to prefer）的东西。我们的二阶偏好与我们的显示性偏好可能有所不同，因为二阶偏好从属于对另一种物品的有冲突的偏好（通常在组合情况下），或者因为其他的外部动机与显示性偏好不一致。如果某种二阶偏好能带来长远利益但需要即时支付成本，而与之竞争的选项能带来即时利益但成本却在很久以后支付，那么与二阶偏好竞争的选项很可能会胜出。以乔治为例，他饿的时候就会倾向于吃快餐，尽管他更愿意不那样做，但是他从麦当劳获得的即时满足感，使选择的天平向麦当劳倾斜。然而，他的显示性偏好可能是不稳定的，因为这种偏好伴随着不满意。或者更精确地说，他得到的满足感虽然直接，但是衰减得也更快，而先前的选择，即吃健康食物，虽然迟滞，却能获得较持久的满足（Frank，2001）。[13]

即使潜在偏好表面上看起来相当确定，潜在的不满也会使选择很容易发生变化。如果外部动机发生变化，原来看似稳定的均衡就会很快被打破。在标准的商品市场，当这种情况发生时，生产可以相对快速地做出调整，于是短期内市场又恢复平稳。但在建筑领域里不会发生这种情况，因为调整十分缓慢。

这些变化如何显现？从最狭义的方面看，生活预算固定但又想空间和便利两者兼得的人，必须通过削减其他消费项目达到目的，也就是说他们要改变生活方式。或者，对空间和便利的需求日益增大可能会推动供应方式的创新，瓦解和改变传统意义上的密度和可及性之间的原有联系，并可能在这一过程中产生一些新的负外部性或正外部性。[14]政府干预，例如，政府出台分区法律要求每一个新开发地区都必须建不临街的停车场，可能会彻底改变空间和便利之间的传统替代关系，可能会因政府的干预而颠覆。偏好产生的背景是动态的，这个背景不仅有历史成分，也包含新兴的生活方式、期望、收入水平和技术。从制度角度看，偏好既源自城市环境之外也源自城市环境之内，但必须在城市环境内部找到具体的物质表现。快餐的突然（不大可能）消失也许使乔治不太可能屈服于他的欲望；但是中央商务区一个新的（很可能）不临街的停车场很可能满足一个对空间需求小而对驾驶需求高的人。所以，从不完美的可替代性中产生的需求带来了自相矛盾的情况。也因此，非住房和交通预算方面的收入约束放宽或新的收入权衡会诱导人们的住房和交通选择，从而对交通的利用和定价，或对房价产生巨大且意想不到的影响，这反过来可能又进一步诱发不可预料的反应。

你无法总是得偿所愿

我们可以进一步扩展郊区居民以更远的车程换取空间的这个例子。如果这个人生活在美国，他们完全可能既不想要现在已经拥有的空间，也不想保持现有的交通状况。相反，他们想要的可能是为孩子提供良好的公共教育。如果当地的学校经费来自房产税，那么专属社区（exclusive community）就可能配备更好的学校。专属社区一般具有排他性，因为他们实行财政分区制（fiscal zoning），通常表现为大量的最小规模的地块。一个人以购买一所大房子的方式进入该社区，使房子很值钱的原因不仅在其大小，也因为优质的学校资本化为房子价值的一部分。如此一来，我假设的这个居民为子女觅得心仪已久的教育机会而购买的房子和交通实际上超出了他们的需求（Fischel，2001）。

虽然很复杂，但是土地并不是城市供给侧的全部。供给侧也包括教育等在内的公共品，而公共品往往与土地用途（有时称为“建筑”）捆绑在一起。几乎没有人能创造土地，但是建筑物的建设是建筑师、开发商、工程师、监管机构和其他各方的联合工程。虽然在协调这些完全不同的行业时价格起着至关重要的作用，但协调是非常不完善的，最终价格还是会损失大量的信息。例如，我假设的这位郊区居民或许并不会因宽敞的（按停车规定修建的）城市公寓而搬家，反而会因城市不断增加的私立学校和学区学校而搬家，这使他们既能享有城市生活又能得到郊区的教育质量。或者他们会受到教育券的吸引，教育券使学校质量与住宅区位分离，也切断了学校质量与财产价值的联系。如果教育券消除了无子女房主为了维持自己的房产价值而资助学校的积极性，那么旨在提高教育质量的教育券实际上降低了教育质量（Fischel，2001；Hilber and Mayer，2004）。

因此，公共品反受其自身显示问题（revelation problem）的困扰，因为个人的赋税取决于他们对公共品的需求，这就导致他们伪造自己的偏好和搭便车的动机。当然，如果大多数人都搭便车，公共品就会供给不足，而且因显示问题，人们真正需要的公共品组合就得不到完全反映（Stiglitz，1982）。查尔斯·蒂伯特（Charles Tiebout，1957）提出了解决公共品显示问题的经典办法。蒂伯特假说认为地方政府之间的竞争将创造一个公共品市场，这反过来会让人们搬到那些能给他们提供自己喜欢的公共品组合的社区，在这一过程中他们的偏好就会显示出来。政客会像私人商品生产者一样有动机提供有需求的商品，因为公共投资的价值可以资本化到居民的住房中。对于大多数房主来说，房子是他们最重要、最不可分割的资产，所以居民有动机密切监督市政厅，并驱逐那些未能提供适当公共品组合的政客。

蒂伯特假说从不乏批评意见（Stiglitz，1982；Rose - Ackerman，1983；Donahue，1997），其中有些毫无根据。[15]我的观点是，对蒂伯特假说的一个有道理的批评是它仅对建筑环境的惯性做出了某种有效回应。虽然人们做出了选择，但是仍然局限在数量有限的组合中，而那些组合选择集都显示出典型的有限凸性。人们一般不可能在伦敦市中心买一半房子，然后在郊区买另一半。[16]是的，少数没有孩子（到处安家的）的富人可能会在巴比肯中心购买一套公寓，并在格洛斯特郡或萨默塞特购买一座宅邸；一些极为富有的人可能会在巴黎第七区购买一套豪华寓所，同时在吕贝隆买套乡村大宅，在曼哈顿购买一套公寓，在汉普顿斯购买一处建筑。但是这种情况不具典型意义。而且，价格扭曲通常会带来破坏性影响。当某一个部门的成本外部化到另一个部门时，例如，如果选择一座位于交通发达地区的房子，该住房的部分成本最终就会转移到交通系统上，并且房子的部分价格并不反映在其抵押贷款上，而反映在其所在街道尽头的拥堵上，这时我们对偏好的理解就变得模糊不清。

人们往往意识不到他们的偏好是矛盾的，而且往往不会将自己的个人偏好（无论是第一阶还是第二阶）与其导致的社会结果相联系（如果他们能够将二者联系起来，通常也是试图调和冲突）。尽管选择方案产生于人们在不同制度环境下（住房、交通、工作和企业）做出的决策，但这些选择方案是组合在一起的。那些拖家带口在欧洲城市美丽的历史街区中观光的游客，通常无法抵御带孩子吃麦当劳的诱惑，而房地产市场也乐意成全他们。目前尚不清楚这一结果，即在纳沃纳广场开设麦当劳餐馆，究竟是游客、居民还是房地产大佬的需求。

不稳定的偏好和沮丧的城市居民

如果偏好是非传递性的，就可能出现表现为“未开发市场”的不确定的紧张状态，并在建筑、交通、区位和生活方式等方面产生创新需求。但是，如果这些创新没有机会，它们就可能导致人们退出或追寻更好的生活方式；如果这二者都不可能，就可能导致集体发声，也就是影响城市环境的政治活动。即使不考虑政治权力，现有的偏好范围也受到过去选择的限制。一代人创立的建筑环境会保留至下一代。波士顿中心城市的密度既是它的现状，也是其过去的功能体现；二战后波士顿地区的大部分新建筑一直处于低密度状态。个人偏好确实会集聚成社会结果，但是这些社会结果反过来也会限制未来偏好。新的偏好只能以新的建筑形式在边缘领域显现，当然，今天的新建筑也会进一步限制明天的偏好。如果城市会随着每一次新的市场调整而得到清理，这当然就不称其为问题。

建筑环境也不仅仅是过去偏好的集聚。建筑环境是过去少数偏好的集聚倒是说得通的观点。在任何年代，新住房的建设量通常都只是可利用房屋数量的一小部分。例如，在加利福尼亚，每年的新建住房只有1%；《美国住房调查》（American Housing Survey）显示，只有2%的房主和平均不到1%的租客居住在前一年新建的住宅里。如果选择新建筑的人与在二手房市场找房子的人有明显不同的偏好（有一些证据表明他们的偏好确实不同），那么，房地产开发行业就是在满足少数人的需求。反过来，这部分少数人不仅对房地产开发行业也对未来购房者的选择产生重大影响（Myers and Gearin，2001）。人们过去住房的偏好产生的实际影响比人们自身的影响要持续长得多的时间。

在政治领域也存在类似的动态。过去的个人偏好会抑制当前和未来的选择，同样，过去的政府干预也是如此。大多数城市政治理论都将城市政府视为操纵经济增长外部性的工具，谋求获得土地升值并解决诸如交通拥堵和无家可归等问题（Peterson，1981；Swanstrom，1983；Logan and Molotch，1987）。蒂伯特忽视了与这一计算相关的许多问题，但正如前文所述，蒂伯特假说并不适用于大城市。在大城市，房屋所有者很难监控市政府，并且有房者更少而租房者（他们都患有“承租人错觉”，认为自己不必交纳财产税）更多。城市越大，利益相关的政府间资金就越多，这增强了特殊利益群体干预公共政策的激励。蒂伯特的伟大洞见在于，某些情况下，公共品的供应可以与政治不相关。但是在复杂的大都市区，政治仍然可能施加强大的影响力。如果从政治上看公共品供给只是为了满足少数有影响力的人的利益（即对城市政府有过大影响力的地产大亨们，特别是在有房者数量少但土地面积大的地区，通过监督大型建筑项目获取声誉的政客，以及希望扩大权力的官僚），那么建筑环境既反映了集聚的个人偏好，也是过去有能力控制城市建设议程的人对其愿景的实物呈现。

我们最好用建设基础设施这种地理上非流动的资源建筑环境来看待这个问题，就像许多公共品一样，基础设施建设也存在成本和收益的错配，因而面临激励扭曲的问题。二战后时期，美国（和许多其他国家）的城市道路供给过剩，因为修建道路的城市并没有支付费用；真正为之付费的联邦纳税人在这么做的同时给自己增添的个人负担不大，而施工承包商则能从中大获其利。道路的过度供给有利于驾车，而驾车本身成本过低，于是随着交通拥堵的发生，过度供给很快就变成了高峰时段的供给不足。因为拥堵对城市中心产生了过大的影响，所以它反过来导致市中心的房地产贬值，也很可能导致城市中心地区的土地过多地提供给汽车所需的基础设施（Anas、Arnott and Small，1998）。拥堵也促使人们向外迁移，因为这样减少了部分人的通勤时间。然而，许多城市并没有通过采取对拥堵收费的方式矫正价格机制，而是转向轨道交通系统建设和停车场建设，而轨道交通系统本身就是公共选择问题（由联邦纳税人支付，并得到建设工会的支持），停车场事实上由开发商出资为汽车使用提供补贴（Shoup，2005）。因此，我们的城市交通系统对汽车基础设施（道路和高速公路）的需求过多，对其他基础设施（停车空间）的供给过剩，公共交通的供给则远远超出了现有的需求，部分原因在于这种需求受到这些其他扭曲的抑制。

在巴黎地区，大量的辐射式公共交通系统大幅提高了中心城市及西部近郊的价值，与此同时也史无前例地使其他郊区贬值，因为这个系统意味着与享受特殊待遇的地区相比，这些贬值郊区的服务质量更差，舒适性水平更低。这既导致高峰时段公共交通和道路的极度拥堵，也导致对具有潜在吸引力的郊区投资不足。精英进入中心城市的空间挑选是一个循环累积过程，给中心城市带来了更多的投资（和更好的税基），使之与投资较少地区拉开了更大差距等等。事实证明，要打破中心性在实践和认知中的价值几乎是不可能的。尽管高房价诱发了一些向外迁移，但是在大多数情况下那些想拥有城市中心和西部近郊好位置的人只是调整了预算。当然，这与在伦敦、纽约或洛杉矶的情况有很大不同，那里的舒适性分布更均匀，土地价值也更加多中心化。

罗伯特·达尔（Robert Dahl，[1961] 2005）在他对城市治理的经典研究中指出，相对于大多数选民能从中做出的偏好选择来说，选举只显示出他们的第一偏好。因此了解是谁赢得了选举和了解人们想要什么根本不是一回事。候选人也有各种组合（不可分解的立场和争议的集合体），因此，很多投票并非心甘情愿。同样是出于这个原因，政治选举很容易突然逆转。政治选择中的这些问题众人皆知。政治学源远流长的宗旨可以回溯到 18 世纪马奎斯·孔多塞（Marquis de Condorcet）的见解：在循环偏好的例子中（即，相对于 B 首选 A，相对于 C 首选 B，但是相对于 A 首选 C），不可能产生“单赢”选择；相反，大多数都会存在冲突，而选举的获胜者则由制定议程的人决定（因为区别就在于首先对哪些选择做表决)。但是获胜的选择也可能持续不了多久，因为潜在的多数总是能够推翻先前的决定。

然而，选择如何建设一座城市不同于选举，逆转并非那么容易。在选举数学中，能够推翻政治决策的决定性影响力问题被相互冲突的多数派之间固有的不稳定性抵消：政治决策常常被“推回到”接近最佳状态。偏好的波动会导致执政联盟的波动，从而阻止任何一种愿景（设想）占主导地位。然而，在城市空间中，胜出的决策常常由沥青和钢筋写就。因此对项目计划的支持可能会潮涨潮落，但是与再次赢得选举相比，拆除公路后再建设一些新的设施会更慢也更持久。

结论： 更好的社会选择， 更快乐的个体

为政策制定者提供的研究和技术建议一直都明显集中于对选择的优化。某些人认为，达到这个目的需要通过蒂伯特式的竞争；另一些人认为，要通过校正市场失灵，使外部性内部化；还有一些人认为要通过政府规制来实现。这些见解大致上代表了所有政治谱系。从某种程度上说，这些观点都有潜在价值，但是本章的分析也说明，这些观点中没有一个能解决不同行为人争夺城市空间带来的大多数问题。这些观点模糊了“已选”和“能选”之间的性质。最重要的是，它们利用最优化的语言和程序的正确性粉饰了复杂而混乱的过程，它们这样做回避了城市空间各种因素相互作用的内在复杂性。

大都市区肯定在进行着许多实验（冠以“治理”或“公民参与”等模糊说法），这些实验试着应对与各种各样的个人偏好和成本相交织的充满争议的集体决策过程。这里无法全面探讨这些实验，但是根据本

章的论点可以提出几个要点。

首先，即使对区域当局来说，最终决策权通常也是不变的，因而会持续存在于极度碎片化的地方政府中。无论是单一制国家（单一的权威）还是联邦制国家（依据宪法将所有地方政府联合在一起），任何国家的大都市政府都没有国家主权。此外，即使复杂的决策权转移到区域范围内特殊的目的机构（如交通委员会），它们也只是落入了基本上属于政府间当局的各个机构手里，而不是新一级政府本身。不管怎样，以本章中提出的论点来看，我们无法确定解除上级的正式决策权就能解决偏好满意度的问题，但它可能会作为一个过程要素显著改变蒂伯特竞争。

正是通过认真研究城市空间的内部冲突以及满足大部分偏好的不可能性，我们才可以推动创新，把重点放在改变可能的组合以及去掉组合中我们不想要的部分。今天这种创新的前沿在如下领域：将密度、隐私、便利相结合并弥补郊区和中心的裂痕，将城中村和令人振奋的城市相结合，或以更好的方式将生产、消费和休闲相结合。但是城市中那些相互冲突、不受欢迎的严峻组合仍将继续，因此城市也会继续面临一些艰难的权衡。经济学无法解决这些问题。在这种情况下，学者和政策制定者需要更多地阐释哪些组合是有可能的，哪些没有，以及这些组合会产生哪些我们想要和不想要的影响，而不是一味地告诉公众我们可以找到最佳方案给这些影响进行组合或定价。我们应该告诉公众什么是可能的，我们应该更清楚地告诉公众他们目前得到的组合是什么性质的。这将使我们的社会更有能力为城市做出明智的社会选择，也可能让我们更接近于我们更愿意选择的偏好。我将在第十三章探讨城市的社会选择框架。

第二部分

城市与地区的制度环境

第六章
赢家地区和输家地区：哪里会发展

特定地方的经济专业化起源在某种程度上是城市和发展经济学都难以找到的圣杯。经济就是一个复杂和熟练程度从难到简逐级演变的专业化阶梯。围绕这个阶梯的不同位置形成不同的发展阵营。这让我们明白了关于某个经济体的专业化问题，因此我们就能够对关于该经济体的工资水平、价格和人均收入等有很多的了解。

专业化不会一成不变，它会受到技术、贸易成本、创新和学习等力量的推动向前发展。国家和地区经济在发展阶梯上的地位因此发生改变。从某些方面看，一个国家内部的区域间发展可能比全球经济中的各国发展更为跌宕起伏。我们在表 1.1 中看到了这一点，表中显示美国大都市区在收入的阶梯上起起落落，然后在仅仅几十年内就与完全不同的人口变化结合在一起。仅以其中两个地区为例，1970 年旧金山湾区的人均收入与其南部近邻洛杉矶基本无异，现在前者的人均收入比后者多出整整 1/3。而在过去的几十年里，西欧和北美各国与日本之间并没有如此大的差距。[①]

在整体呈上升趋势的美国阳光地带，如休斯敦、达拉斯和亚特兰大，其收入情况比菲尼克斯和拉斯维加斯好很多，前者现在已经跨入一个新的发展阵营，与其起步阶段不可同日而语。再举一个前面章节讨论过的经济复苏实例。20 世纪七八十年代许多北方和中西部城市如底特律、波士顿、纽约和芝加哥经历了严重的经济衰退，但复苏情况很不均衡，纽约、波士顿和其他一些城市与英国的伦敦地区共同实现了收入水平回升，并扭转了早期的人口减少态势，而其他许多大都市区的收入水平持续下降，人口流失。类似的事例比比皆是。在巴西，20 世纪 60 年代的圣保罗为什么能领先里约热内卢快速发展，20 世纪 80 年代贝洛哈里桑塔（Belo Horizonte）如何能超过这两个城市实现跨越式发展？在阵营之间以及阵营内部这种发展的选择性（selectivity），正是本章探讨的主题。我们需要回答四个问题：专业化、人力资本、偶然性和制度。这四个问题以多种方式相互作用。

哪里会有专业化

第三章探讨的新经济地理学模型让我们对专业化的其中一个原因，即空间集聚，有了深刻认识，但没有告诉我们这种集聚在何处出现。专业化的比较优势论强调要素禀赋，但不能解释为什么发达程度相似的经济体会存在专业化差异。第三章探讨的新经济地理学模型说明了发达程度相似的经济体存在专业化差异的原因，因为某些地区的经济活动实现了规模化而有些地区没有，或不同地区生产的商品和服务品类不同但功能类似。

但是对发展的解释还有其他方法。例如，许多经济学家强调某个区域的人的能力，或者说它的人力资本。一些发展经济学家和经济地理学家将发展差异解释为一个地区偶然产生的独特的先决条件，如该地区出现了一种改变市场的关键技术，或者某位举足轻重的企业家启动并带动了一系列发展，从而形成了一个集群或集中发展的地区。这种观点可以结合第三章探讨的新经济地理学观点，即如果某个地方偶然出现了有利的发展苗头，就会出现循环累积的因果关系，表现方式为滚雪球般的共享、匹配和学习的动态发展。锁定在该地区的集聚发展，反过来又提高了当地原有的工资和价格租金，以及当地就业乘数。错过这一发展先机的区域逐渐落后于先行地区，从而导致整个城市体系的分化。

我们也可以把这后两种观点相结合解释发展。因此，我们可以说一个地区的特征，例如它的历史经验和不寻常的技能，使独特的奠基性事件（founding events）能够在那里落地生根，这个初始优势决定了集聚进程，但深层的初始优势本身并不是偶然的。实际上，如果沿着这个思路思考问题，会存在如下风险：研究人员会将把作为结果的赢家地区的特征当作原因。对于创新或有创造力的地区以及使其获得成功的生态系统时，许多当代的解释确实都是这样做的。

一种更复杂的方法是颠倒上述因果关系，认为有很多地方都存在着许多试图开创事业的“伟大的男人和女人”（主要创始发明家和企业家）。半导体、飞机和生物技术等产业发展的早期就是明证。但是只有某些地方具备使它们把这些初始条件转变为长期成功的资源；初始条件的偶然性并不能自动锁定集聚发展，后续的成功必须依靠培育。根据这种观点，沃尔特·鲍威尔，凯莱·帕卡伦和科耶斯坦·惠廷顿（Walter

Powell、Kelley Packalen and Kjersten Whittington，2009）说明，美国大约有 10 个地区是生物技术和生命科学行业早期的专利地区，但只有三个地区成为集聚发展区。由此看来，偶然性必须播种在肥沃的土地上才能生长。为此我们建立了一个两阶段的因果模型。

此外，正如产品生命周期模型以高度简化的方式说明的那样，成功不是永久的，也不是有保证的（Norton and Rees，1979）。在大多数产业的生命周期中都会出现一个时间点，在这一点上，它们的中间贸易成本下降，而这些产业所在地又没有足以维持其核心集聚发展的措施。因此某些地区的经济会遭受重大的岗位和收入损失，而在其他经济中，其日常生产活动的损失会因为本地正在升级的一些产业或创新创业产生的新活动得到补偿（Saxenian，1994，2000；Amsden，2001）。成功的调整或“韧性”，基本通过产业更替或创新实现，也就是抓住那些可以成为新的区域经济专业化基础的经济活动，加强该活动价值链某一部分的比较优势，或在本地区既有产业内提升其产品质量，保留现有专业化的可保留部分（Simmie and Martin，2010；Chapple and Lester，2010）。但是，由于存在许多具体的方式，每个地区也各有不同，我们需要弄清楚为什么有些地方调整得比其他地方好，其成功的专业化能够随着时间的推移有效地实现转变，而其他地方却以失败收场，并逐渐衰落。

图 6. 1 说明了这些与地区专业化相关的内生问题。

技能的地理分布

我们首先考虑许多发展和劳动经济学家支持的关于专业化问题的解释。在这个解释中，专业化是由技能的供给或人力资本决定的（Rosen，

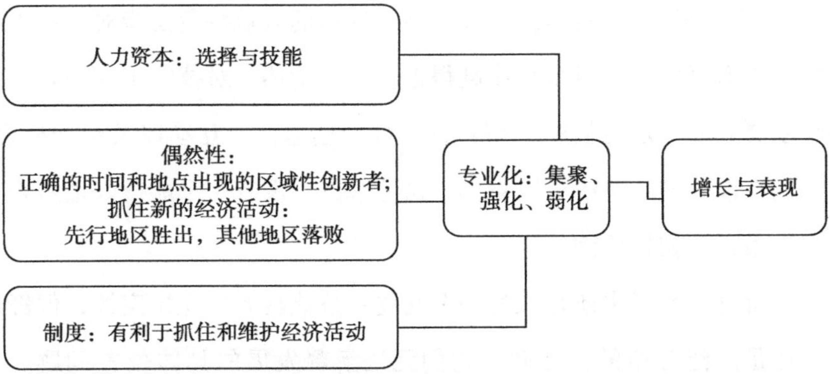

图6.1　专业化的来源

1983）。这是贯穿本书的“从岗位到人”的发展经济学框架。罗伯特·卢卡斯（Robert Lucas，1988）曾发表过与此观点一致的著名言论：在那些生活昂贵的城市中，高技能型人群会互相靠近聚集在一起。大都市经济的专业化受其劳动力特点的驱动。这一点可以进一步说明由于资本通常比劳动力更易流动，人力资本便成了决定专业化的要素。

但是，为了使这个观点能成为“从岗位到人”论断的令人信服的基础，必须要确定哪些因素决定了劳动力的地理定位。要解释清楚城市间的收入差异，我们就要知道为什么有些城市比其他城市更能吸引高技能劳动力，是什么导致城市之间有技能高低之分。特别是当一个国家内部的各个地区都对人口流动高度开放，甚至对国际人口流动也有一定开放度的情况下，这些问题就更令人百思不得其解。这意味着任何城市地区的知识存量都与全国的教育与研发密切相关，因为人们在某一个地区学习或获得经验后不必留在原地不动，而是可以带着技能聚集到他们选择的其他地区。

想保持这种人力资本的差异，区域特色必须在任何时候对区域性人力资本存量都具有一定程度的决定性，这里的区域特色是指对具有不同技能的人有吸引力，留得住或赶得走。如上所述，对技能工人而言，有四个主要方面决定他们的去留：舒适性、创造性、互动以及消费机会。但我们在前面的章节中可以看到，这些观点中没有一个能很好地解释技能工人聚集的初始原因。

所有这些解释中还存在另一个问题：技能具有行业特定性，但舒适性往往是广泛分布的，因此，它们无法解释发展的具体位置问题。例如，洛杉矶集聚着技艺高超的电影制片人、经纪人、娱乐业律师和电影编剧。纽约高度集中了擅长搬运金钱的人。但这两个城市都有很多餐馆、美术馆、博物馆和奢侈品商店。这些舒适性如何能解释为什么洛杉矶专事于娱乐业，而纽约专注于金融业？

显然，高技能工人会寻求与其他高技能工人的互动，原因在于如果我的工作要依赖周围其他人才能满足专业需求（比如得到信息），那么我就会与这些人聚集在一起。我也可能想在一个能力争上游的地方建立自己的职业生涯，这与我能否在这个过程中获得学习机会息息相关，因为学习本身就是一种互动形式。然而，仔细研究一下，这是否意味着纽约金融服务业集群实际上源自股票交易员之间的互动，而投资银行则是紧随其后？显然，如果发展过程顺利（也就是说存在需要高技能人员的专业化产业集群），人们就会被吸引到既有的同类人群中，或至少被吸引到同类工作岗位。更难理解的是互动的欲望如何有可能是一个初始原因。既然某个地方之前不存在使高技能人群集聚的发展过程，其他具有专业技能的人为什么会为了互动想去那个地方？

如第三章所述，推动集聚的三个主要力量之一是工人与就业机会的匹配。这一模型显示，当工人在一个人员流动率高的行业工作时，就会聚集在一起，因为他们想要靠近大量潜在的雇主，这样会在经历裁员后提高其获得新职位的概率，而裁员在高度创新或“年轻”的行业是经常现象。同样，雇主聚集在一起是为了能够容易地获得大量的劳动力，使他们不必在经济不景气时囤积劳动力（Jayet，1983；Combes and Duranton，2006）。这样的模型分析得头头是道，但问题又来了，这样做的动力源自何处？又是什么机制在一个特定的地方启动了这两个动态发展？许多对劳动力需求不稳定的企业聚集在一起可能会通过劳动力迁入或区域性的干中学，造成区域性的劳动力聚集，于是这两者之间的因果关系就会相互强化（Scott and Storper，1987）。但我们对此的解释就不再是以下表述形式：“这座城市的发展是工人寻求互动的结果”；相反，它的表述应该是：“这座城市的发展是因为企业的集聚。”

图 6.2 给出了与劳动力供给角度相关的内生问题。

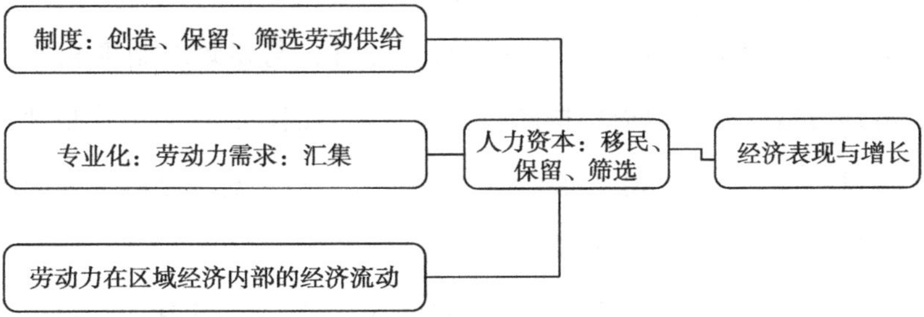

图6.2　区域人力资本的来源

制度导致城市专业化？

发展理论的第三个主要分支认为，制度影响长期经济增长（Rodrik、Subramanian and Trebbi，2004；Glaeser et al.，2004；Acemoglu、Johnson and Robinson，2004；Acemoglu and Robinson，2012）。制度这个术语可能有很多解释。制度可以是正规的组织，也可以是非正规但在实践中反复出现并相互作用的组织。法律上正式的政治制度广泛影响投资水平、创新、投资水平以及对市场发挥作用的方式。非正式制度形成事实上的治理，涉及公共机构、私人团体以及个人如何形成并应用自己的规则，这些规则如何影响人们之间的交易，如何选择或排除参加活动的人，以及在执行规则的过程中如何动员信念和推行规范（North，2005）。在解释区域经济发展的总体难题中，制度领域也许是最复杂、最少被探讨的领域。现在我们来比较一下专业化可能起源于地区制度的这个观点与其他观点。

各地区的正式制度

正如第五章指出的，谈到大都市区时，正式的政府制度是指地方、准地方和区域性政府机构的复杂组合。此外，与州政府制度相比，地方、准地方或区域性政府机构的权力很有限，因此，许多正式制度对城市区域发展的影响实际上是在其他地理范围的正式制度之内，因为那些制度已经确定了大多数的经济政策问题。

大多数大都市区没有统一的或联邦式的结构以发挥其拥有的有限权力。[②]造成这种情况的原因很复杂。城市规划者喜欢抱怨说这是历史遗留问题，即各个小的地区被吞并成越来越大的大都市区，但由于没有统一的权力机构，用他们的话说，这些地区就成为“无法治理”的地区。对于这种“碎片整合”的说法有一个令人信服的理由，这个理由当然就是人们希望在他们日常交往的范围内，对各种事务有发言权，而这些范围并没有多大改变。那些抱怨这种不可治理性的规划者还经常倡导以地方动员和参与的方式将各种空间异质性偏好与快速反应型政府进行匹配。在一些民主国家，大都市受困于这种拼凑式治理不能自拔。

虽然各地方当局各自为政，但他们拥有相当大的权力。地方和（许多地方的）区域当局最明显的影响经济发展的正式权力，就是对土地用途以及基础设施等重大公共投资的管制。正如我们在第二章所见，一些经济学家认为，对土地利用实施更多的限制会抬高房价，反过来也对劳动力有选择效应（选择高技能、高工资的劳动力），这可能会以定价的方式纳入某些专业化而排除另一些专业化（Saks，2007）。但似乎更有可能的是，管制主要影响存量房在区域内的分布变化（因为现实中的监管几乎涵盖城市的所有地区），而不是影响整个区域之间增加住房的能力（这是因为所有的城市地区都拥有广泛的本地边缘，即郊区）。第二章提供的证据表明，美国各城市地区的实际工资有所不同，因此高工资地区的房价不足以消除实际工资差异。其他的计量经济学检验也进一步说明，正因为各行业要素比例在不同区域缺乏弹性，所以是区域经济的岗位结构造成了住房价格差异（van Niewerburgh and Weil，2009）。因此土地用途管制并非决定区域整体增长或收入水平的根本因素。

我们再来考虑一下这些支离破碎的制度结构的另一个层面，即如果它们真是如此支离破碎，使它们是否有某种方式广泛影响区域政治进程，并决定其重要政治事务和政策议程（Jones and Baumgartner，2005）？政治经济学家认为更大辖区规模带来的效率与损失之间存在替代关系（Alesina and Spolaore，2006）。单位越大（例如一个城市、地区或国家），其所在地区人群具有更强异质性偏好的可能性就越大，其中许多偏好遇到冲突时也越有可能遭到“淘汰”，在大辖区内必须妥协的可能性就越大，或者至少会提高决策的交易成本。在国际发展研究中，各国表现的好坏可能部分取决于它们能在多大程度上成功地发挥规模优势又不产生矛盾的偏好从而导致无法做出明确的决定（Alesina and Spolaore，2006）。[③]例如，一个庞大而同质的国家，就有可能既规模大且决策冲突又小；一个很小但异质的辖区则会因为规模小且内部难以达成一致而陷入瘫痪状态。规模大的异质辖区则可能位于上述两者之间的某个位置。

这一推理可以应用于大都市拼凑型的正式制度：在不同的大都市地区，辖区的规模结构可能会影响发言权、偏好加总、联盟的形成以及决策（或政策议程的定义）等问题（Carruthers，2002；Kenyon and Kincaid，1991；Kenyon，1997；Peterson，1981）。在一个有许多小辖区的地区，地方上会有更同质化的偏好，辩论和妥协的成本较低，能出台更多的举措。但是，要实施那些需要规模的举措，必须建立交叉跨辖区的联盟，这些联盟交易成本高，更有可能强制达成那些令人不满的妥协。碎片化程度较低的地区（辖区规模较大、内部异质化更强）在达成决策和创新方面可能存在问题，但是一旦做出决策，这些地区实施大规模项目可能就更容易。这一推理得出的一个假说是：从法律上的决策结构看，“最糟糕”的情况是既没有促成共识的条件，也没有实施大规模区域项目所需的集权（参见 Rose-Ackerman，1983；Stiglitz，1982）。这种类型的正式结构可能会导致僵局或停滞不前。

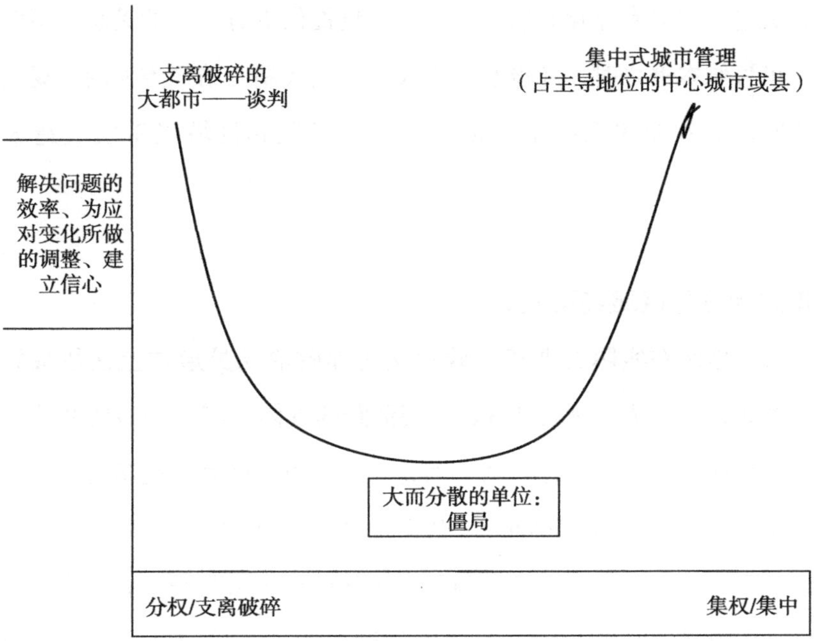

图 6.3　区域制度的正式结构

除上述情况之外，全世界大多数大城市和城市地区的管辖权都有复杂的内部结构。如菲利普·阿吉翁等人（Philippe Aghion、Alberto Alesina and Francesco Trebbi，2002）所示，随着城市变大和内部异质性增强，人们越来越倾向于将政治权力分解到各行政区或选区。一个大城市或国家（或国家、省或地区）在其职权范围内行使“权力”的能力部分取决于它组织其内部决策的方式。这反过来又部分取决于其地方政府的形式（比如市长的强弱）、将行政区内具有相似偏好的居民组织起来的程度，以及地区之间投票联盟的组织程度。

因此，城市地区的正式组织结构令研究者望而生畏。然而，对这方面有更好的理解会让我们对区域政策议程的形成、决策模式以及更深入地了解这一切对专业化和收入的长期影响提供更有希望的见解。不幸的是，在写作本书之时，还没有关于大都市正式制度结构方面的大规模详细数据，也就无法系统地评估它给议程设置和区域经济发展造成的影响。

非正式制度与区域经济发展

城市地区在实际的非正式政治文化和政治动员形式上往往截然不同。例如，一些城市地区具有较长期活跃的群体经济活动传统并建立了政府—企业—群体的合作模式，而另一些城市地区则有更多自上而下的政治文化（Logan and Molotch，1987）。衡量这种参与模式的社会资本指标表明，一些城市地区的参与程度比其他地区参与程度要高很多，但是这个现象对政治结果的意义尚未得到可靠的证实（Putnam，2000）。例如，用几乎所有社会资本衡量，1980—2005 年旧金山湾区均高于洛杉矶大都市区。这是否与前一地区的卓越经济表现有关？如果有关，影响其表现的精确机制是什么？

另一种观点认为，经济发展的区域政治结构，更多受狭隘的产业利益影响，而更少受公民广泛参与度的影响。具体企业或公民精英可能影响某一地区的政策形成过程以及思想政治市场（Dahl，［1961］2005；Cox，1993）。强大的土地利益群体，也可能通过基于地方（place - based）的土地所有者政治和开发商群体（城市增长机制）影响城市发展，特别是土地用途方面的选择（Molotch，1976）。因此，某一群体的偏好可以通过游说、兜售兴趣（interest peddling）以及主导资源分配和政策制定过程的其他手段得到广泛的表达。这两个关注点汇聚成一个有趣的问题：广义的制度结构和一个区域的政治进程是如何与基于产业的特殊利益集团和制度相互作用的，如企业协会等（Jaher，1984；Persson and Tabellini，2006）。

图6.4描述了制度在影响区域人力资本、专业化和表现方面可能发挥的作用。

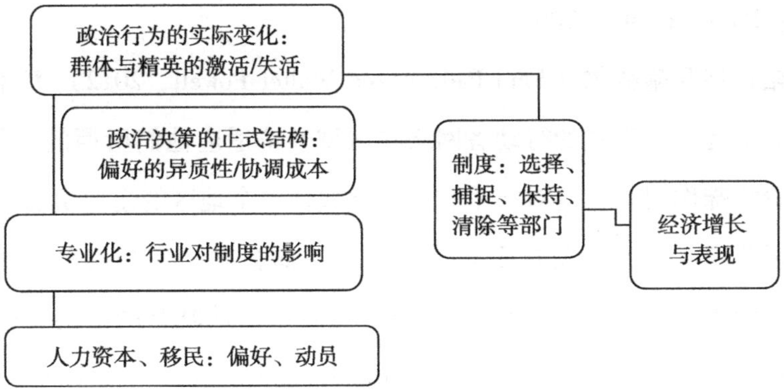

图6.4　区域制度来源

非正式制度：行动者网络和区域性“社会”

影响议程设置的精英网络在本质上是非正式制度。非正式制度涉及复杂分散的集体行动过程，这些过程大多是隐形的。此外，他们关注的不仅限于涉及刻意使用公共权力获取租金和影响土地开发的精英过程，而是要多得多，包括许多领域的行动，既包含精英领域也有普通领域。

非正式的区域制度可以最有效地定义为行动者网络。这样的行动者网络对大都市区的经济发展和表现产生许多方面的影响。其中最重要的是调动并广泛传播知识；将企业家、知识、资本和人力资本组合在一起；把地方和地区政府的政治关注组织起来，并确保从其他公共部门

（尤其是国家政府）各渠道获取资源；为经济活动创造象征性的政治合法性，消除政治交易成本以满足某些具体需求。这样的行动者网络可能是特定的群体或“社群”，或者称为捷径结构，包括群体间的非正式连结或正式联盟。了解区域经济表现和变化的关键是要了解影响经济发展的行动者网络是如何形成、维持、重组或消亡的（Padgett and McLean，2006；Powell et al.，2005）。

帕吉特和鲍威尔（John Padgett and Walter Powell，2012）等经济社会学家认为，非正式的行动者网络在区域经济适应他们所谓的“换位”中有着特殊作用。为应对技术和市场挑战，一个地区的主要贸易活动必须不断演变。在一个大的活动同源区内（如金融、高新技术、机械工程、保健等），这样的演变取决于技能是否可以从既有的活动换位并应用到新的活动中（Owen-Smith and Powell，2004，2008a，2009b）。此类例证在历史上比比皆是，如 19 世纪末美国中西部农业机械和自行车产业转变为新兴的汽车工业。但换位不会自动发生，需要行动者网络的推动才能实现，因为适应这种转变需要的知识和技能在匿名市场机制中并不系统也不可转移。用马克·格兰诺维特（Mark Granovetter，1985）的话说，它们是“嵌入”的。

无论是网络的正常运行还是换位似乎都依赖于某些特定类型的行为人，这些人往来于网络之间或网络内的关键行为人之间。它们构成了经济系统基础的具体行动者网络之间搭建桥梁。对这些桥梁的理解既可以是广义的也可以是狭义的。不同的人属于不同的网络，就这一点来说，社会学家认为一个网络影响另一个网络的议程或调动对方参与自身项目的可能性会增大（Safford，2009）。因此，区域行动者网络有两个主要组成部分：现有的核心社群和它们代表的利益，以及核心社群之间重叠或互连的程度。换言之，它们之间的互连就是连结。

区域网络的深层次非正式结构对各地区能否成功地赢取、维持和改变决定了区域收入水平和人口变化的经济活动（即动态专业化）有重大影响。各种行动者网络大部分是隐形的，而且很多时候是非正式的，如果强调这些网络及其相互连接的作用，那么为区域经济发展而有意地开展正式或有组织的机构行动又有何意义呢？有组织的行动反映了更深层非正式网络的力量，从这个意义上说，它只是冰山一角。例如，美国许多城市区域的都市交通委员会在正式结构上基本相同。但它们的表现差别很大，一些委员会积极推动区域议程，而另一些只是作为接收州政府和联邦政府资金的“空壳”制度（Woeffray，2012）。反过来，这种更深层网络会阻止有组织项目的成功运作。洛杉矶在20世纪90年代初经历了一场经济危机，不仅造成了内乱并导致航空业受损，那些为重建经济而组织起来的正式组织（即重建洛杉矶运动）并没有取得任何进展。在巴黎，复杂的地方政府经常使区域范围内的项目焦头烂额，导致区域一级的各个委员会（Conseil régional，其本身由中央政府建立）建立了合约式的区域协调结构（例如，法兰西岛运输联合会）。有时中央政府直接参与实施具有国家意义的大都市项目。“大巴黎”项目就是这方面的一个例子，这个项目将环绕整个巴黎大都市区建设郊区“超级地铁”（super - metro），包括建设65个新车站以及各车站周边大规模的开发。这类项目的出炉与其说是因为国家正式权威强制推行（因为实际上这在正式的层面是非常有争议的），不如说是因为有可靠的精英网络一致赞成，这些网络涵盖所有主要政党以及全国和区域的精英人群。

哪里会有行动者网络

因此，我们在思考如何解释城市区域发展的地点问题时，整整绕了一圈。用于解释的三个主要因素正是发展研究使用的因素：专业化、人力资本和制度。专业化的最初产生可能会有偶然因素，但一定也有循环累积的集聚过程。但从长期看，一个地方成功地赢取、创造或再造专业化需要有行动者网络，因为他们是都市政府和都市治理的正式制度运行的基础，而它们自身却是非正式制度，在不同时间、不同经济领域进行技能和能力的动员和换位。这种非正式的网络本身由基本群体和群体之间的连结构成。以下两章将详细探讨非正式制度的双重性质：团体或社群，以及它们彼此间的连结。

第七章
社群与经济

城市及其社群

在20世纪初的美国，“进步”运动试图通过打击宗族和黑社会性质的政治网络“俘获”城市政府并利用城市政府牟取私利的行为，对城市政治机构进行改革。这些团体并没有消失，但在目前最发达的民主国家，通行的做法是对城市政府行使公共权力进行有限的制衡，但制衡的执行力度差别很大。

然而，对城市经济生活而言，团体或非正式网络何时能发挥有益作用，何时会起到阻碍作用，关于这个问题实际上人们没能达成一致看法。洛杉矶的非裔美国精英创建鲍德温山苑业主协会（Baldwin Hills Estates Homeowners Association），被视为公民权以及公民意识提高的积极表现。在我任教的大学（洛杉矶加州大学）周围，富有的白人房主阻止了威斯伍德区（Westwood Village）的高楼建设项目，能否把他们的行为也视为这种积极表现呢？这些团体是否表达了更广泛的社会偏好，从而是以他们自己的付出，制衡了利益狭隘的开发商、麻木不仁的官僚和政客的狭隘利益？在经济问题上，城市工会、提高生活工资的运动、公寓业主协会或建筑行业协会，是否以相同的方式对经济治理做出了贡献？一个无组织的民间社团能通过减少利益集团的权力促进改变吗？还是一个代表更广泛利益的有组织的团体更能积极地促进和形成改变？

在本章中，我将首次尝试深入分析促进经济发展的非正式制度。这些非正式制度的基本组成要素是团体或行动者网络。在下文中，我把团体或行动者网络这两个名词与社群（communtiy）这个社会学术语当做同义词使用，都用来指非正式制度。

社群应该有坏名声吗？

社群在经济学和制度理论中名声很差。它的名声不好是因为人们对团体与个人、团体与整个社会之间的关系一直持悲观主义。在经济学中，公共选择理论、信息经济学和合同理论都强调加入团体会妨碍个人满足其偏好的尝试。根据这些理论，一旦我们加入一个团体，就会发现该团体的立场往往与我们的个人偏好相去甚远。其领导者永远不能完全代表我们每一个人的利益，相反，他们往往试图做出令人不满意的妥协（这就是所谓的委托－代理问题）。团体的本质就是排除一部分人，从而产生内部人与外部人的区别。如果经济体分成了不同的团体，它们就会维护自己的狭隘利益，那就更难以对市场和企业进行重组以应对竞争、新技术和不断变化的需求，因此也就更难以维持增长。换句话说，团体会导致僵化（Olson，1965）。

消极的观点认为社群是阻碍效率的社会结构，因此许多经济学和政治经济学研究更倾向于那些执行广泛的游戏规则、为市场提供秩序和稳定的正式制度。这些制度减少了非正式的或利益团体通过诸如产权、法治、行政约束、个人权利以及限制垄断权力等行为造成的损害。良好的正式制度会保护市场和个人不受非正式或利益群体网络的蹂躏。

但社群在其他学术领域具有较好的名声。他们认为社群有时可以使交换更有效率，而之所以如此是因为它们“赋权”给个体根据自己的偏好采取行动，此种观点驳斥了将社群视为“阻碍力量”的看法。如果我们知道自己的偏好，我们就会调动自己的力量为满足偏好而努力，因而促进了发展和效率。

尽管知道了关于非正式制度的这两个公认的观点，我们仍然困于团体生活是应该更多还是更少的争论之中无法得出结论。建构这个问题的一个较好方式就是我们希望非正式制度，即行动者社群执行哪种任务。

相互：　人际关系与非人格化交换

21 世纪，地中海地区的马格里布（Maghribi）贸易商遇到了一个问题。这些 10 世纪逃离巴格达地区的犹太人后裔组成了一个组织严密的社群，但他们从事商业交易需要为自己寻找远离家园的代理人，而他们不可能直接监控这些代理人。阿夫纳·格雷夫（Avner Greif，1993）指出，这个社群按照“商人法”（lex mercatoria）行事，任何有欺骗行为的代理人在很长一段时间内都不会被任何本社群成员再雇用，而这种潜在的排斥行为大大减少了此类代理人可获得的选择。

从经济学的观点看，任何使单位产出的交易成本最小化的行为都会提高潜在产出。这样的成本可能与收集信息、评估和确定信息的可靠性与关系方面的潜在道德风险相关。群体成员的身份可能会以声誉效应、信号传递以及监督或筛选参与者等方式，助力于交易的各个方面。

按照这些思路，弗朗西斯·福山（Francis Fukuyama，1996）认为，具有更普遍或非人格化信任关系的经济体更容易建立大型企业，比人格化（老板）控制时更能扩大交换范围。非压制性国家是我们与陌生人之间的“最大信任圈子”。但是我们同意与陌生人开展交易，因为有足够多我们的熟人接受这些陌生人加入被信任者网络。从这个意义上说，马格里布这样的社群也能加强非人格化信任。最近的一个例子是，世界高科技经济从硅谷一直延伸发展到中国大陆、印度、中国台湾和以色列，就是通过安娜尼·萨克森尼安（AnnaLee Saxenian，2006）称之为“新冒险家”的族群，即非人格化交易的延伸实现的，而如果没有界定社群准入的基本人际关系网络，这些非人格化交易就不可能实现。

格雷夫（1993）提出的问题是：一个社会如果缺乏稳定而又广泛延伸的制度确保交易的进行，商人法是不是一种次优解决方案？[①]在实际的经济生活中，范围较广的制度似乎常常始于以社群为基础的相互交往。因为高度的不确定性和非正式性，技术和组织创新几乎总是需要基于信任的小范围互动才能启动。这些活动有时最终将自己制度化了；它们将自己的成功实践“不断放大”，或随着规模的增大实现重组。它们这样做的同时，开始使用正式制度的语言并使用正式制度的司法权力。

比如，在以色列高科技初创企业中，有很大一部分以前属于“以色列国防军8200部队”（Israeli Defense Force's Unit 8200），这个部队隶属于以色列军方信号情报部门：

> 该部队的另一位前指挥官雅尔·柯亨（Yair Cohen）认为

“在以色列要找到一家科技公司，其成员中没有原 8200 部队的人几乎是不可能的，在许多情况下，其老板、经理或为企业出谋划策的人可能就是从 8200 部队出来的人。(《金融时报》，2011 年 12 月 1 日，第 14 页)

8200 部队的战友遍布高科技行业，这一现象很大程度上是因为他们的人际关系网络。许多以色列的新企业在雇用新工程师和程序员时，就会把目光转向他们以前的部队，因为他们知道军队在选拔和训练新兵方面投资巨大。该部队是对人才的非人格化筛选，但成员之间存在人际关系。与此相反，如果非人格化关系的规模没有扩展，就会阻碍经济发展，20 世纪 90 年代第三意大利纺织品生产区以及洛杉矶市中心的珠宝生产商身上出现的情况就是明证。

发现偏好：　了解我们的需求

加入某个群体会帮助还是阻碍个人实现自己的偏好?这个问题可以分为几个部分：知道我们想要什么（形成或发现偏好），根据我们的需求采取行动，加总我们想要的选择（做出选择）。

直到最近，经济学没有兴趣分析人们想要什么。社会选择理论声称，我们无法得知别人的偏好，也就不能指望采取任何有意义的方式来协调我们的行动，以实现共同的目标（Robbins，1938；Arrow，1951）。公共选择理论认为，仅仅对别人想要什么感兴趣（除了自我兴趣之外）可能会使我们扼杀自己的偏好，因为这需要顺从他人并限制我们自己的抱负而致力于我们认为要共同实现的有限目标。

然而，认为找到我们的个人偏好与加入社会网络之间存在根本冲突的想法是错误的，因为各种偏好本质上是相互关联的。[②]行为经济学表明，个人的决策是基于我们以情境形式体验到的地方影响（local influence）。社群（团体或网络）成员身份是一种为我们自己提供情境的策略。如果团体能给我们提供情境，并以非强制的方式帮助我们了解我们想要什么，那么团体成员身份可以向我们说明我们自己的欲望（参见 Bowles，1998）。[③]

例如，提供情境可能只是个人最大化行为的一个参数。如果我的邻居全都是某个种族主义团体的成员，那么我成为种族主义者的可能性就会上升。另一方面，如果该地区有一个反种族主义团体，这种情境的存在就会改变我不成为种族主义者的收益。加入反种族主义团体可能会给我提供作为种族主义者无法获得的信息，从而改变我对种族的看法。然而，一个更细微的区别是，团体内部和团体之间的相互作用不只为我提供更多的信息，它也为我提供不同的经历和实例，让我从不同角度认识自己，并因此影响我定义自己的偏好（Young and Durlauf，2001）。标准的情境理论，不会考虑这种自我发现的过程。在德国，高质量工程长盛不衰并没有形成工匠和工程师身份，对此很难给出一个充分的解释。在德国工匠和工程师身份有某些全国通用的定义，但也带有强烈的区域化和本地化色彩，比如巴伐利亚地区就与斯图加特不同，有自己独特的附加标准（Storper and Salais，1997）。

提供情境的另一方面体现的是我们对福利目标的界定（Akerlof and Kranton，2000）。阿马蒂亚·森（Amartya Sen，2002）区分了以自我为中心的福利（指对别人既无同情也无反感）、自我福利目标（其最大化可能包括也可能不包括重视他人的幸福）和自我目标的选择（不受限于其他人追求他们的目标）。这三个要求一般在有关选择的经济学模型中共同起作用，但在现实中是相互独立的。例如，一个人可以违背以自我为中心的福利（别人的不幸影响我们的福利），但这并不能告诉我们他们的自我福利目标是否包含这个标准。人有主观差异（处理信息的方式）以及他们的情境差异（接触的信息）。两者结合便会使自我福利目标在考虑他人生活现实的倾向时有极大的差异。

成员身份并不是一个简单的共情工具，使我们意识到他人福利并将其结合到我们自己的福利目标之中。它也可以是学习和了解自己的一个工具，从而定义我们的偏好，不管这些偏好是极为自私还是比较慷慨。森（2002，第215页）认为，“不同情境下，我们会有许多不同身份……这些身份对我们的自我认识至关重要，因而对我们如何看待自己的福利、目标或行为义务也至关重要”。罗纳德·德沃金（Ronald Dworkin，2002，第227页）认为，一个允许并帮助个人自主参与自我发现的自由社群，不是一个“超人”，（它）包含了一个人的生命的所有特征和维度。从自由主义者的观点看，社群是自我发现资源的重要来源，但它不是一个碾压一切的全面社会化的机器。如果社群是局部的，就能促进自我发现，因为那样我们就有可能成为许多社群的成员，也就有退出的可能性。

如果团体成员身份有助于行动者了解他们想要什么，那么更大的制度发展模式会根据团体生活的基本组织而有所不同。“委托人”会有不同的机会了解他们想要什么。例如，消费者对于设计、性能和质量方面的需求可以“拉动”创新，而这一切他们只有通过社群（获得信息、沟通和身份）才能学习和维持，然后通过网络外部性实现经济上的可持续。生产者的实践群体也可以“推动”创新，例如，时装设计师或工程师群体中会存在规范、资格以及惯例和监督。这些实践群体有助于我们发现偏好，从而强有力地影响为偏好集聚的城市和地区。我在第十章会将此作为城市禀赋的来源进行讨论。

城市和地区发展的一个关键问题是区分哪些实践群体有助于发现以及哪些群体会起到阻碍作用。换句话说，对一个城市地区的群体生活进行探讨，我们想了解的不仅仅是这些团体如何发挥其利益捍卫者的作用（这是政治经济学中的典型做法），而且要了解他们如何能够允许或促进其成员自我发现，致力于哪方面的发现以及这么做与地方个人、企业和政府的能力发展之间有何关系。

得到我们想要的：代理和发声

任何想要通过帮助个人发现其偏好达到经济效率目标的做法都必须权衡群体成员做出选择带来的成本。学者们对作为成本来源的委托代理机制展开了最好的分析，在这一机制中委托人须将自己的偏好与他人可能不尽相同的偏好相结合（聚合），并找到一个代理人来代表他们。即使在没有此类“代理问题”的理想情况下，也存在集体定义“好结果”的成本，在采取某种集体行动或集体决定以便保证任何个人的需求能得到满足的情况下也是如此。一系列重要的现实案例，尤其是高层次的社会集聚（大团体和大机构）都属于此列。

但是，当我们把缩小范围聚焦于规模较小的团体时会发现，它们较少可能描述实际福利损失，而更有可能描述实际收益。一个关键的问题是，经济体如何影响此类情境的供给（supply of situations），特别是如何通过团体成员的交易成本结构来施加影响。在不同的经济体中，情境供给的不同会导致偏好集聚以及偏好的满足度方面存在巨大的差异。那么偏好又有哪些类型呢？

第一，某些产出是不可分割的整体，没有供应的聚集就无法生产。公共品，如公共交通，就属于这一类，几乎所有具有强大网络外部性的消费品也属此类。通过代理权（民意调查或选举）或各种组织（游说团体）可以探明偏好。但是，组织只在某些情况下才会出现，所以就需要有聚合和表达偏好的代理人，而如果交易成本很高就不会出现这种情况。

第二，某些偏好很模糊，即使是具有这些偏好的人也不太清楚，只有通过团体成员身份和代理人，即前面所说的"发现偏好"过程，才能明确。模糊的愿望变成现实需要个人加入团体过程，并与有类似愿望的人接触或者获得代理人的帮助。对公共服务或某些特定文化商品的需求并不是由个人偏好自发产生的，某些工作方法、道德标准或质量标准也是如此。

第三，某些严格保密的偏好被视为可耻或受到诟病。少数派的许多权利或嗜好属于这一类。20 世纪 60 年代，当"黑人权力"（Black Power）作为一个文化主题出现在美国时，从外表或行为断言一个人的黑人特征，或者黑人与白人结婚都是可耻的。直到前不久，嗜好色情还是可耻的，一如许多现在已经被认为合法的生活方式。这些偏好只是从分散的个人欲望逐渐聚合之时才被表达出来，而且往往是代理人首先打破了这种公众禁忌。

第四，某些偏好因为地理或社会原因而呈分散状态，使持有这些偏好的人无法沟通。这些偏好过于罕见，在任何有效市场区域的边界内都无法得到满足。但是，如果这些偏好产生了强有力的联系，那么有这些偏好的团体可能会给予这些偏好足够的重视以弥合时间和空间距离，从而克服障碍以达到集聚，从而使这些偏好能在公共空间中获得一席之地。用社会组织术语来说，这相当于为罕见的偏好创造了一个“中心位置”。

在这些情况下，集聚的另一个方面要回到我之前对发现的分析上。某些偏好可能会在较小的群体中发现，这些偏好既强烈又同质化，风险较低。如果这些偏好在社会中广泛而稀疏地分布，则存在一个先集聚到让较小的群体能够发现偏好，再聚集到更大规模的双重集聚问题。这种情况屡见不鲜，比如少数民族刚开始迁移时，规模小，地方性强，然后结为大联盟，最终变成大的社会身份类别。最近的一个鲜明例子就是同性恋权利问题。

成员身份也可以通过拥有发言权的内在价值来促进偏好的表达。森（Sen，2002，第159页）认为选择行为本身有其根本的重要性。人们对于自己能否拥有选择非常敏感，而且他们做出选择往往不是为了印证那些确保自己经济利益最大化的权利，而是为了印证自己的选择权，因为人天生就会受到诸如公正、荣誉和责任等标准的吸引（Appiah，2010）。如果选择意味着完全独立于社会约束，那么团体就起不到作用，但如果它意味着能够表达作为个人无法表达的偏好，那么加入团体对个人就会有内在价值。

群体的这些代理人和发声维度与大都市区复杂的日常生活直接相关，因为这些城市地区充斥着精英、社群、劳工团体、民族团体、职业团体、社区团体以及文化团体之间的冲突。我们需要更多地了解哪些类型的偏好因为达到了最低限度的必要集聚阈值而得到了表达。这如何影响不同地区的整体偏好的表达，以及每个地区总体上“更偏好的偏好”是什么？虽然近年来关于各地区政治和偏好的数据有了很大改善，但我们仍然远远不能对这个问题有足够了解。

选择的出现

詹姆斯·索诺维尔基（James Surowiecki，2004）认为，在某些条件得到满足的情况下，才会出现良好的大规模选择，这些条件包括多样性、独立性、分权和集聚。他从经济学家的“群体智慧”（wisdom of crowds）概念得出这个结论。这种智慧的出现，是因为即使许多行动者都在某种情境下是理性的或者并不完全知情（以前一节中讨论的方式），他们的偏好也会随机分布。只要这四个条件成立，群体做出的选择就会比个人更好，因为随机分布的个体错误会被大量抵消。

对于索诺维尔基的观点，有两个主要的异议。首先，正如我在描述偏好发现时指出的，仅有独立性不可能解决情境行为的所有问题。群体智慧理论基于如下观点，即多样性、分权和集聚抵消了情境的影响。然而，如果我们承认偏好的发现可以在某种情境下得到改善，这就意味着我们对多样性和分权的影响知之甚少。此外，群体的标准定义似乎只是指帮助抵消独立自主的个人选择者的非理性，因为这样一来就不会出现棘手的委托－代理问题、团体思维、社会压力以及受影响的信息（impacted information）。但在涉及规模经济和沉没成本的选择中，许多独立自主的个人的互动可能是短视的；他们不知道自己更偏好什么偏好。在这些情况下实践社群（pommunity of practice）就具有优势，因为它们具备格兰诺维特（Granovetter，1973）所说的“弱连带优势”。

基于市场的高度分权决策的一个优点是，它允许反复试错。试错的机制是主动的、具有无意识模仿（mimicry）和有意识模仿（imitation）的特征性。信息级联（information cascades）提供序贯的有意识模仿，但这也充满了许多问题，尤其是滞后、羊群效应以及超调（overshoot）等问题。在许多市场，这不是一个长期问题，因为这些失灵可以事后得到解决，但是宏观经济或金融方面的失灵，可能会产生巨大的不良后果，变得让我们更难以承受。

在两种城市情境下，群体成员身份有助于避免成本巨大的事后“修复”方案。其一是，群体成员身份可以加快反馈，采取纠正措施，消除新出现的坏信息级联，避免系统走错路径。信任、规范和惯例、元信息以及一般来说能促进信息快速透明交换的任何事物都是弱联系的结果。在技术变化涉及高沉没成本或可逆性成本的情况下，这样的反馈可以提高良好选择的概率。群体成员身份带来益处的另一种情境是，有时候坏选择实际上是观察不到的，等观察到的时候为时已晚，其后果被放大以至无法修复。我们没有足够的机会获得这些选择的结果，因为获得或观察它们的成本太高。在这种情况下，与做出选择的人建立联系并因此对结果进行观察会使反馈更有效。所以，20 世纪后半叶在美国城市重建中出现的许多错误事实上是可以避免的，只要有效地组织抗议群体，让开发商和城市规划者听到他们的意见即可。同时期在市中心修建高速公路的问题也属于此类。

请注意，这两个特征在多元化的专家社群，例如医疗保健领域，可以相互结合。允许这些实践社群聚集可以满足这两个条件，但理想的情况是这些社群应该是内部弱联系的，具有多样性，这样就能在达成决策的过程中保证有一系列的意见和思想争锋。这与为解决城市地区的经济发展和调整等问题而建立的精英网络直接相关。那些好的精英网络，比如旧金山湾区理事会，都有这种粗放结构和弱联系的特点；有效性较差的网络常常受到行业或专业社群的狭隘束缚，从而无法实施技能和能力的换位工作。

俱乐部产品和捆绑问题

团体从本质上说就是俱乐部产品和服务（club goods and services）的提供者，不论这些团体是基于兴趣的（如奥尔森团体，Olson groups），还是协会性质的（如普特南团体，Putnam groups），抑或是包括按地理界定的社群在内的行动者网络，都是如此。为了获得加入俱乐部的好处，成员必须接受彼此的互动以巩固自己的地位。④所有这些互动可能都有预期的目标，并要求我们为了达到目标而承担相应的成本；但这些互动也可能带来成员意想不到的成本和后果。换句话说，人们可能从事团体阻碍（group blocking）行为的主要原因之一不是因为他们想这样做，而是因为他们认为这是为团体成员的好处支付的价格。我没有参加阻碍大学的变化而建立的教授社群；毕竟，这样一个社群实际上可能会阻碍一些积极的变化，而这些积极的变化有可能与潜在的不良变化捆绑在一起。那些不是基于兴趣（非奥尔森团体）建立的游说者和其他各种寻租者团体正是如此。此外，选择者可能并不清楚或很难预测捆绑的这些后果，以至于对团体外的其他人而言，加入团体的决策和有关团体成员身份的规则也将变得模糊不清。

行动者网络为个人提供社会关系（因此赋予他们权力），但它们也会排除非网络成员和可能有“资格”加入的人。因此，进入网络的大门受到该网络的核心行动者构建的制度化权力的影响。如果该网络在某种经济过程（例如，大规模建设具有高沉没成本的基础设施）中占据战略地位，那么它在人们做出选择中的作用可能不包括前面提到的最优弱联系过程。这种行动者网络可能出现严重的委托代理问题和奥尔森式的特征。一个实践社群（如职业团体）的惯例也可能有同样的问题和特征。这也适用于社区团体，这些团体可能会强制将各种更适合分开的选择捆绑在一起，从而造成一种对立：一方面为了确定偏好和发表意见需要集聚，另一方面则希望保持“利维坦”式的社区。

我们现在可以看到，在第五章中讨论的捆绑问题，不仅关乎实物，而且关乎人。人们捆绑在一起部分基于他们的物理位置（例如我的社区），部分基于其他利益，这些利益在不同的空间并由此产生空间之间的不同的交易成本。不同的捆绑排列可能不那么规则。即使以本章扩展后的观点看，团体成员身份也不是在所有的情况下都只有益处。

社群的福利效应

我们可以用一个简单的方法将上述讨论总结如下：

$$\text{社群的福利效应} = \sum\{\text{互动/偏好/选择增加}\} + \{\text{赋权/交换增加}\} - \{\text{阻止效应}\}$$

其中：

$$\text{互动/偏好/选择} = \text{增加的非人格化交换/生产率} + \text{发现/激励} + \text{增加的代理/激励} + \text{出现的选择/生产率}$$

$$\text{赋权/交换} = \text{社会资本} + \text{信任} + \text{较低的交易成本} +$$

更好地验证合作伙伴质量 + 低成本制裁

阻止 = 更高的交易成本，协调困难 + 委托 - 代理成本 +

狭隘的本位主义 + 抽取租金 + 捆绑

这就是社群可能产生的广泛影响。不幸的是，我们并没有现成的工具能够精确测量社群的影响。但如果我们开始有了这方面的思考，我们就迈出了第一步，开始去理解城市地区的（region）协会式组织或行动者网络如何有效（或低效）地得到调整，以改善个人效用和促进集体努力，而个人效用和集体努力正是福利的两个主要成分。

政治经济和制度经济学的标准文献并没有考虑社群或行动者网络，因为它们几乎只研究阻碍因素，如利益、寻租以及社会选择的不可能。经济社会学和行为经济学最近的研究使我们可以在一定程度上理解非正式制度如何能影响偏好和偏好的发现，而且这些影响并不一定是负面的。近年来经济发展的制度理论表明，制度对经济发展的结果的确至关重要，但涉及的大多是正式制度，因此对城市区域经济发展来说可借鉴的经验有限。我们这里的分析表明城市和区域研究领域需要描述城市地区的非正式制度，并测算这些制度如何使行动者能够发现偏好并做出好的选择，以及这些制度又是如何阻碍了行动者。

第八章
强效的行动：社会、社群与发展

社会还是社群？

一些分析人士把加利福尼亚的硅谷，这个世界微电子和互联网产业的心脏，描述为紧密交织的社群，诚如我在前面章节分析的那样，其经济表现取决于企业家和技术达人构成的非正式网络（Saxenian，1994；Piore and Sabel，1984）。但另一些人则把它描绘成由研究型大学、政府融资、风险资本家、律师事务所、股票期权、劳动力的高流动性、残酷竞争及其商业网络背后的“责任”（声誉）等构成的一系列交叉市场（Cohen and Fields，1999）。按照后一种描述，硅谷将美国的商业文化发挥到极致；按照前一种描述，它是高科技型的非正式网络社群。

经济发展文献中那些失败的事例都有这些对事物的不同描述方式。我们经常发现（至少在西方新闻界）有关于亚洲“裙带资本主义”的描述。以家庭为基础的生产网络，显然是“裙带”关系的一种形式，在中国台湾有效地运行，但是，当这种“裙带”关系的形式像意大利南部地区那样变成了排他性的帮派以后则备受诟病（Gambetta，1988；

Leonardi，1995）。相比之下，在洛杉矶的服装、玩具和珠宝行业中，小公司的种族和家庭网络似乎并没有带来这些行业的长期发展，而是陷入廉价产品、低工资和不稳定的恶性循环（Scott，1993）。一些经济史学家认为，法国经济现代化之所以成功，是因为这个强大的国家（state）有能够坚定有力地"驯服"以家庭为导向的地方性资本主义（Grémion，1976；Kuisel，1981）。但是也有人抱怨这个国家留下了制度空白，自生自发的结社能力差，使法国很难有一个充满活力的创业型经济（Algan and Cahuc，2007；Reynolds et al.，2001；Levy，1999；Rosenvallon，2004）。

从马克斯·韦伯（Max Weber，［1921］1968）开始，社群日益被视为阻碍了受规则约束且透明的距离型正式社会联系（市场和国家）的扩张，而这种社会联系是构建成功的市场经济和工业社会的前提条件。从涂尔干（Émile Durkheim）以后，也有人担心社会太大而社群太小，可能对个体甚至对社会本身的发展构成问题。欧洲的保守主义和浪漫主义对现代社会持怀疑态度，它们认为现代社会是极端个人主义的，因此是不可持续的。[①]从20世纪40年代到60年代，社会科学界始终存在着关于社群重要性的警示，而且并不仅限于其阻碍进步的功能失调（Polanyi，1944）。在这些声音中，丹尼尔·贝尔（Daniel Bell，1976）的观点最突出，他提出了关于疏离和过度匿名的警告。因此，人们至今仍在争论，大范围的理性官僚主义原则，以及看似由此造成的个人化、转瞬即逝和流动性、是否已经走得太远以至于对社会秩序来说有必要削弱各种形式的社群（Putnam，2000；Sandel，1996；Etzioni，1996；Bellah et al.，1985；Coleman，1990；Douglass and Friedmann，1997；Giddens，

1990；Fogel，2000）。

一个世纪之后，大多数与“发展的社会基础”有关的理论仍然依赖于社群（礼俗社会，gemeinschaft）和社会（法理社会，gesellschaft）、机械团结（solidarité mécanique）和有机团结（solidarité organique）这两对基本的社会学概念，前一对概念来自韦伯和斐迪南·滕尼斯（Ferdinand Tönnies）的经典阐述，后一对概念源自涂尔干认为的人与人之间具有两种不同纽带的同源概念（Durkheim，[1893] 1984）。从19世纪末到20世纪中期，社会学家使用社群这个词表示各种集体生活，在其中人们通过传统、人际关系、非正式关系和特殊的亲缘关系相互联系在一起。从那时起，经济学和政治经济学一直都集中在这个问题的社会方面。在大多数情况下，社会是正式制度，不会依赖人际关系的熟络，比如国家。典型的社会制度是市场，在其中发生的是基于非亲缘的交换，以正式的博弈规则、财产权利和私利为前提。

在第六章中，我指出对于各地区赢得专业化，以及它们在面临外部挑战时是否有韧性来说，非正式制度和偶然性必不可少。在第七章中，我们看到非正式制度基本上就是各种社群，它们既可能有效地促使行动者执行经济发展的任务，也可能起到阻碍作用。在本章中，我给制度分析增加了另一个层面：当社群与社会力量达到平衡时，社群就会赋能行动者，促进经济发展，所谓社会力量包括连结各个团体并将个人纳入总体社会秩序的广泛规则和程序。因此，如上述例子所示，关于经济发展有两派相互争论的观点，其中一派主张社会对经济发展至关重要，而另一派则认为社群是经济发展的关键因素，与此不同，我坚信无论是社会制度还是社群制度都对经济发展不可或缺，而最重要的是这两者之间的相互作用。

社会和社群：黏结与连结

利用对社会理论的长期研究，帕特南（Putnam，2000）认为，人与人之间有两种类型的关系：一是在相同类型的人（阶级、种族、背景以及利益）之间形成的“黏结”，二是在不同团体或他所说的“不同于我们的人”之间形成的“连结”。因此，黏结对应于我在前一章中定义的群体，连结则指的是构成社会结构的非正式网络。

然而，所有论述黏结/社群和连结/社会问题的文献事实上都把它们看作对立面或互不相容。因此，在有许多黏结或团体成员关系的地方，自愿加入的人数和公民参与度就会上升；但根据帕特南的观点，在同质化较强的社会中，这种团体成员关系最强。因此，黏结与连结呈负相关，那些高社会资本的地方实际上只是一些有许多单一组织，即黏结的地方。对于团体问题的研究大多数集中在公民结社上，大多数研究结社的学生一直关注的是社会融合问题而不是经济学问题。然而，自愿结社在社会及经济发展中的作用一直是长期受到关注的问题，福山和帕特南是最近加入的重要研究者。例如，托克维尔（Alexis de Tocqueville，［1830］1986）认为美国人的结社能力不仅造就了他们生机勃勃的民主，也使美国具备了创业优势。[②]这些文献对于社团生活与经济发展的关系仍然没有定论。首先，包括法国、新加坡、英国、加拿大和澳大利亚在内，有许多例证说明弱社团的社会在经济发展中也能做得很好。同理，某些社团形式可能会阻碍经济的发展，例如，家族和秘密政党因为建立了内外有别的组织结构，阻碍了广泛信任和信心的形成，从而提高了整体交易成本。这些看法说明了两点：一是在某些情况下，一个社会在组织经济过程中的其他强制度可以补充弱团体之不足；二是如果强团体不能嵌入合适的更广泛的制度结构中，就可能不利于发展。换言之，团体之间的连结密度以及这种连结的结构才是重要的（Granovetter，2001；Lin，2000）。最好把社会与社群的关系看作黏结和连结之间不确定的动态紧张关系。

此外，帕特南关于黏结的观点太狭隘。普特南等人（Rutnam、Robert Leonardi and Raffaella Nanetti，1993）在其“第三意大利”的研究中认为，体现在当地家庭网络和市民社团等团体生活中的社会资本，是在长期的历史过程中形成的。行动者彼此信任是因为他们有共同的文化背景、共同的价值观，以及来自密集人际网络的强大声誉效应。这个见解也可以在其他区域经济发展的许多实证研究中发现（Becattini and Sforzi，2002）。

但是，这些定义似乎过于严苛，因为团体可能以许多其他形式存在。例如，专业社团是基于共同的专业行事规范，而不是共同的历史或人际信任。同样，奈斯利汗·艾多安（Neslihan Aydogan，2002）也表明，尽管由于劳动力的高度流动使硅谷现有的企业文化没有深度，但其专业文化使高科技产业的发展，以及地区特有的社会资本积累成为可能。在硅谷有大量的黏结，但由风险投资家、技术专家和其他人构成的网络与第三意大利那些基于信任和传统的群体毫不相干。社群成员之间的黏结可以通过多种不同信号和筛选机制被激活。因此，社群不应等同于机械团结或礼俗社会的经典概念。此外，团体或社群也不一定非要通过各种组织、专业社团或通过“托克维尔式”的公民参与来表达自己的意见。

詹姆斯·科尔曼（James Coleman，1990）试图通过区分“原始”社会资本和有组织的社会资本解决这个问题。但他认为前者一定要比后者更强大。[③]在我看来，并没有令人信服的理由让我相信，例如，后天获得的职业身份就不会与一个地区或民族的身份一样强大。[④]此外，强大的职业身份的体现形式也不一定是有组织的公民结社主义或团体成员身份。它可能是强大的组织过程的产物，如学校教育的结果，而随后表达意见的方式可以多种多样而不仅限于正式组织。因此，社群这个词从此将被用来指各种各样的行动者网络，包括彼此分享部分身份、期望和利益的人。

帕特南和科尔曼做出的这两处重要修改，即黏结和连结，是两种独立的力量，而黏结具有广泛而复杂的起源，且有许多不同的表现形式，当我们思考团体和大都市经济发展之间的关系时，它们的重要性体现得最明显。

团体之间起连结作用的发展联盟

连结在政治上的对应概念是联盟，有不少学者认为联盟有利于经济发展（Lipset，1963；Przeworski et al.，2000；Rodrik，1999；Lindert，2004；Easterly，2001）。大量详实的研究表明，明智的发展战略带来了东亚、爱尔兰和以色列（直到最近），甚至毛里求斯等国经济长期的螺旋式上升发展，而这仅是其中几例而已（Wade，1990；Evans，1995；Amsden，1992，2001；O'Malley，1998）。根据当地条件和起点的不同，这些国家在许多战略细节上都有差异，但他们的共同之处在于对包容性政治联盟的依赖。

这些联盟被认为对发展是必不可少的，因为它们提供了一个情境，在其中好的想法和政策可以得到实施、问题和冲突能得到解决、特殊利益政治榨取租金并拖累效率的倾向可以受到遏制（Easterly，2001；Grossman and Helpman，2001；Acemoglu and Robinson，2012）。最近的研究致力于为好的"发展主义"联盟的出现构建理论，主要研究连结的结构，即能鼓励正式行动者加入联盟的潜在非正式行动者网络的不同类型研究。[5]

许多作者强调，潜在的黏结模式为社会连结问题设置了基本参数。这些模式包括相关的种族、民族、语言、经济和地理同质化程度或多样化程度。伊斯特利（2001）指出，一个社会中的民族或种族分化越厉害，发生寻租行为的可能性就越大，从而破坏发展政策和对外来援助的高效利用。艾丽斯·阿姆斯丹（Alice Amsden，2001）认为，收入不平等现象不那么严重的社会，在实施成为重要的制造业大国战略方面做得更好。这是因为个体之间的平等超越了团体界限，并使占主导地位的团体更难于剥夺其他团体的权利，从而使它们更容易受制于主导团体的获取租金的行为。如阿吉翁（Aghion，1998）指出的，这样也消除了极端的不平等对战略实施可能造成的阻力，这一观点与森的观点（1999）不谋而合。另一方面，亚历山德罗·皮佐诺（Alessandro Pizzorno，1980）等社会学家强调，成为一个"中产阶层"社会，既是获得共同价值观带来的结果，这与上一节关于民主作为一种社群形式的论断一致，也是因为中产阶层的习惯连结了具有不同原始黏结关系且拥有一套共同行为实践和共同语言的人。[6]因此，连结的可能性部分取决于黏结的潜在模式。黏结和连结是相互作用、相互转化的过程。

在前一章中，我们看到团体可以促成行动，但也可能阻碍团体间的合作。通过上述讨论我们可以知道，这些阻碍作用受制于团体间连结的性质和类型，缺乏连结会加大阻碍，但它的存在可以使联盟成为可能，从而使集体行动或社会选择成为可能。

网络间的连结

杰森·欧文－史密斯和沃尔特·鲍威尔（Jason Owen-Smith and Walter Pawell，2008a，2008b）认为，两个代理人之间开展商业交易的背景条件由他们的社会关系和业务关系的更广泛的制度情境构成。对他们来说，“关系是多重嵌入的，而使经济交换成为可能的社会关系是网络和制度共同作用的结果”（2008b，第8页）。他们所说的制度是指由常规和公认的做法构成的组织领域，它们本身就嵌入在那些“参与相同活动并受到相同声誉和监管压力制约”（同上，第6页）的代理人网络之中。网络对于那些同时作为“循环系统和意义建构机制”（同上，第23页）的领域来说必不可少。但每一个特定的活动领域也会对代理人的理性和策略造成影响。因此，制度逻辑影响一个领域内的网络形式，从而影响该领域内的个人行动。这意味着，每个地区既有的制度逻辑（例如，行业团体和主导的技能团体）虽然不能完全决定但可以强有力地影响其代理人形成新的网络或重塑旧有网络的能力。

与我们的区域经济发展问题最密切相关的是连结如何有助于技能、能力和关系从现有的一组活动转移到另一组活动，或者鲍威尔等人（Powell、Packalen and Whittington，2012）所称的“跨域换位”。如前所论，连结有可能以多种形式呈现，包括正式网络之间的系统性连锁关系，以及在不同世界经济体系中自由切换，并为激励新的合作架构、创业和组合提供激励的关键交易撮合者、经纪人和企业家等（Feldman and Zoller, 2011)。

黏结、 连结及经济表现

现在我们可以通过思考经济发展的某些先决条件,以及黏结和连结对这些条件的促进作用来探讨上述分析框架。表8.1的第一列列出了实现经济增长必须满足的三个主要制度领域中的某些一阶条件：保证微观经济效率、确定这种效率的社会政策基础，以及鼓励有效解决问题的条件（也可参见 Rodrik, 2003）。[7]第二列和第三列分别显示了每个条件及其制度形式在微观经济方面的重要性；第四列和第五列描述了黏结在培养自主能力方面以及连结在加强责任方面的作用，前者对发展的每一个特征都具有促进作用，而后者执行对团体潜在的负面影响予以制约的责任。

要具备此处所列的第一个特征，任何一组能系统地减少交易成本和道德风险的力量都可以产生一种微观经济环境，从而可以对个体行动者发出让他们对经济过程有信心的信号。这一环境可以体现为贴现率、风险认知和信心增加，因此给行动者带来更高的期望使之更加努力。[8]如第三列所示，这反过来又会鼓励行动者参与有利于经济发展的各项活动。这些活动包括鼓励与创新有关的创业，同时带来各种企业的成长并伴随着经济的丰富产出（Casson, 1995; Kirzner, 1973; Schumpeter, 1991)，与此同时改善企业间交易的协调。这两点都有助于更复杂的连锁经济结构，即整个经济范围内的劳动分工，这正是长期发展的标志（Young, 1928; Stigler, 1951）。

信心与当代增长理论的核心机制直接相关，而这个核心机制就是知识积累与应用（Romer, 1986）。社群促进了选择性亲和力，为知识溢出提供支持，因而促进了知识应用的雪球效应。同时，如果知识在这些社群内保留得太多，即当社群之间彼此不信任时，这些知识的传播就会受限和不均衡。因此，要设法给更多的知识社群提供信心，使他们的知识被其他社群的成员很好地利用。

信心可以通过精心设计的方式得到加强。例如，在硅谷面临严重危机的时刻，成立了"硅谷领导集团"，其主要功能不是直接实施具体政策，而是向硅谷重要的行动者显示，只要团结起来他们就有合力，就能够克服20世纪80年代源自硅谷的解聚冲击波。20世纪90年代，墨西哥哈利斯科州（Jalisco）的地方领导人组成了一个有效联盟，通过持续致力于改善基础设施、培训工人，尤其是持续实行良好治理等措施，克服了关于该地区是否有能力继续吸引外来投资者投资于电子产业的悲观情绪（Pike、Rodríguez-Pose and Tomaney，2006）。

发展的第二个特点是有效的社会政策环境，反映在增长收益和成本分配方面。如果有一些社会力量能产生可接受的分配安排，这些安排就可以在经济不可避免地遭遇冲击和挫折时鼓励必要的牺牲（Rodrik，1999）。[9]阿莱西纳和罗德里克（Alesina and Rodrik，1994）以及佩尔松和塔贝里尼（Persson and Tabellini，2002）认为，理论上说，高水平的不平等会阻碍增长，经验证据也表明，表现优异的亚洲经济体都是以有限的不平等为特点。适度不平等可以提高对技能养成（skill creation）的整体投资，提高充分参与正式经济和创业的激励（从而提高参与率和水平），提高纳税和投资意愿。帕斯特等人（Manuel Pastor、William Lester and Justin Scoggins，2009）曾从经验分析的角度对美国的城市地区提出了这一论点。

表 8.1　黏结、连结和发展

长期发展的基础	各基础的主要微观经济效应	各基础的制度和常规形式	连结在创造自主性和能力中的作用	黏结在加强负责任行为中的作用
微观经济：信心 ↓	降低交易成本	鼓励熊彼特式的企业家	声誉效应，共同约定，身份：（取决于团体的形成过程）	提高透明度和限制寻租的总体规则，帮助完善市场 ←
	减少道德风险	促进公司间交易的协调		
	提高期望和努力 ↓	提高投资水平 ↓→	以低成本（但可能鼓励寻租）的方式克服某些信息问题 →	
社会政策：有效和可接受的分配权衡 ↓↓	面临冲击时鼓励持续“牺牲”的先例（Rodrik）	提高技能投资	发言权和忠诚	对抗法团主义和分配阻力
	克服参与和努力的障碍（Aghion） ↓↓	提高工作和创业参与率	“同舟共济”提高接受度	以公平与效率标准约束团体需求

（续表）

		提高缴税意愿（投资） ↓↓	成员身份可能涉及团体内部再分配的实际形式 →	团体间流动（退出），对团体的约束 ←
解决问题	增强团体参与度	更好地调整创业和劳动力市场的治理规则	保证团体鼓励联盟的形成：意见被听到（但会有委托代理的风险） →	对团体鼓励妥协的权力进行限制
解决持续冲突	法团主义寻租的最小化	明智的观念更容易获得支持而成为公共政策		退出选择，背叛，使其他联盟的形成成为可能，因此动态地限制委托代理问题 ←
		联盟能够形成，避免无序的不稳定 →		

→↓：累积和/或单向因果关系

→←：双向相互作用与反馈

没有任何制度安排能一劳永逸地解决所有问题。随着经济在发展过程中经历结构性变化（即在某个阶段运行良好的制度形式在其他阶段已不再适用）以及外部环境的变化，与投资、创业和劳动力市场监管的治理规则需要不断调整（Bremer and Kasarda，2002）。因此，在我的模型中，第三个维度是解决问题。

表8.1的第四列和第五列，展示了黏结和连结分别对信心、分配和问题解决方案等经济发展的基础所起的作用。广泛存在的信息问题、参与者的道德风险、所有现代经济体存在的市场失灵问题减少时，尤其是在最具创造性和创新性的活动和行业中的这些问题有所减少时，人们的信心才会普遍增强。团体通过建立信任、声誉效应和共同约定，成为解决这些问题的一种低成本方式，就像欧洲生产高品质消费品的工业区一样，从意大利时装和名牌产品到德国工程无不如此。但如果社群一味寻租就会损害经济发展；因此，他们必须与提高透明度、推动进入和退出机制以及限制寻租的各种力量建立微妙的动态关系，帮助完善那些可能会遭到社群扼杀的市场。换句话说，普遍的信心需要黏结和连结的双重作用。

实现有效和可接受的分配权衡也是如此。这些权衡不可能由社会管理者单独创造出来，也不会从不同社群之间自发的相互作用（肯定也不会从各个代理人之间自发的相互作用）中产生。团体建立在忠诚的基础之上，团体可以把意见转达给代理人，否则市场就会对他们的要求不予理睬。[10]而且，团体成员身份的一个优势就是彼此间有“同舟共济的”感觉，那些已经在这条船上的人能彼此感觉到公平（以及不公正和愤怒）的立在。在前者的情况下，任何分配权衡的可接受性都有所增强。相关的访谈表明，巴西东北部的公司在为出口市场提供优质产品时遭遇的困难都是由于缺乏信心造成的，企业家对自己的工人缺乏信心，反过来工人对企业家也没有信心，认为提高自己的技能是不值得的（Storper、Lavinas and Mercado，2006）。

对于持续冲突的解决方案至少应包括调整与企业家精神、劳动力市场和投资相关的治理规则。如果团体难以从事过度的法团主义和寻租行为，而且相关团体之间建立了解决问题的连结，有效的问题解决方案和制度调整就会出现。这种基于社群的社会黏结为各个团体提供了一定程度的安全，使他们能够“平等参与讨论”，他们的意见也能被正式或更广泛地听取。然而，因为社会力量对团体权力有所限制，所以团体的地位没有那么安全，不能保证其他联盟的形成。许多不同团体的参与阻止了既有的利益相关者在解决问题的过程中消极退出（辞职或赢家通吃）。这有助于避免以下双重危险：一是以非发展（寻租）联盟形式存在的“糟糕的”稳定，二是极端的不稳定（Alesina et al.，1996）。由于主要利益集团没有太大的能力和激励固守完全自利的立场，明智的想法受阻碍的危险也不大。与先前提到的“硅谷领导集团”的正面例子相反，洛杉矶的“南加州政府协会”和“洛杉矶商会”都没能调动那些主要经济主体参加学习并解决问题。20 世纪 90 年代，该地区的航空航天业裁员，接着是 60 万工程师外迁。虽然面临这些重大挑战，但该地区除了含糊地呼吁人们创业之外，基本上没有人想到要恢复这些人的知识储备（Engel，2007）。与其了解一个具有高生产率和要素成本的区域会面临什么竞争挑战，不如把传统策略，如扩建港口的基础设施（这可以吸收就业，但工资并不高）作为首选，因为这样的项目通过小范围的联盟就可以实施，不需要广泛而有深度的团体连结。

社会与社群的制衡

黏结和连结之间的相互作用究竟是什么？请注意，在每一个地区，上述积极结果的出现都是基于一种平衡，其中，黏结和连结既使各自能产生积极效应，也制约了彼此潜在的负面影响。我认为无连结的黏结或无黏结的连结都会导致表 8.2 中左上部分和右下部分描述的不太理想的结果，而且如果黏结和连结都比较弱，发展就会因为自主性不足和普遍的不负责任而受到阻碍。我这里举的大多是国家层面的例子，因为极少有好的制度研究是以大都市区为单位展开的。

我们来看一下表 8.2 表示的完全相反的两种理想类型。如表所示，如果黏结和连结都极弱，经济发展的基础就无法保证：信心会很低，那些暂时强大的人采取赢家通吃的行为使分配关系不受欢迎，为持续解决问题建立连结缺乏基础，而只是便利了人们战胜或夺取邻人。那些弱势或几乎不具备国家形态、受氏族和部落之间不稳定关系困扰的社会，就属于此类。一个常见的错误是认为他们是由过于强大的团体组织起来了，却没有形成稳定的规则把团体凝聚在一起；如果他们真的很强，或至少有足够的数量，就会达到某种包容性平衡，虽然不完善，但也能避免因为所有群体都很弱而无法维护真正的秩序，进而导致混乱的局面。

表 8.2 右上部分表示的是大多数发达经济体的情况。所有发达经济体都是黏结和连结的混合体，满足了长期成功发展的基本条件，而在表

中右上部分的不同位置都可以看到这些“资本主义的不同类型”（Hall and Soskice，2001）。法国长期以来被视为强国的典范，在长达两个世纪的时间里，一直试图通过法律和行政机构限制团体（les corps intérmediares）的权力，不仅集权程度很高，还利用“普遍性原则”（priciple of universality）侵蚀地方及其附属的社会经济组织。[11]当然，法国从来没有消灭公民社会，公民社会与这种以社会及经济管制为特征的强“社会”模式之间的关系堪称“猫和老鼠”的游戏（Rosenvallon，2004）。尽管如此，遍及全法国的官僚主义和理性主义的行政机器也完成了其他社会中大部分的黏结工作，有时做得很好，有时付出了沉重的代价。从这个意义上说，法国是位于表8.2右上部靠近左上缘的位置。交易成本高、代理人之间缺乏人际信任，解决问题的方式带有对抗性且颇具官僚主义色彩，这种倾向是法国式黏结与连结混合体的“模糊”特点（Crozier，1964）。一些分析人士认为，这导致法国进入了代价高昂的不信任持续积累的恶性循环（Algan and Cahuc，2007）。

法国的隔壁邻居意大利，经常被引用为一个国家很弱但团体很强的例子，至少在其北部2/3的地区是这样。意大利位于表8.2右上象限偏下方的位置，因为其团体之间的关系紧张（包括家庭和地方社群），意大利经济的优势和协调性以及寻租和封闭倾向都来源于此，如果没有足够的竞争和流动性，寻租和封闭的倾向就会出现。当这个体制与某些行业和某些活动（尤其是那些与小企业以及相对人际化的企业治理模式和相互关系相容的行业和活动）相适应时，运作效果最好（Storper and Salais，1997）；但是，在涉及大企业时就不太成功，因为大企业需要更加透明和匿名的治理模式，这也是建设“意大利式大资本主义”的薄弱环节。有趣的是，没有足够强大的连结制衡强大的黏结这个问题使黏结力很强的团体起到非常不同的作用。有时候，这些团体是赢家，如当今的金融业；但有时，具有强大黏结力的政治上的输家可以阻碍政治体系中的弱势多数采取有效行动（Acemoglu and Robinson，2000）。

表 8.2　社会—社群结果

连结 \ 黏结	低	高
高	没有自主权的责任：单个代理人但为集体和个人代言不充分 § 公共产品不足 § 信心较低，交易成本较高 § 长期不可接受的分配权衡 § 高代价的冲突解决方案，对抗性的社会	有责任的自主权：代言和代理的良好平衡 § 提高信心 § 促进可持续的分配权衡 § 有利于冲突的解决 § 强大的社会使社群现代化 § 强大的黏结降低匿名带来的成本
低	既无自主权也无责任 混乱 丛林法则	无责任的自主权：集体发声，但存在代理权问题 “原始”形式的社群盛行 团体之间存在等级关系 寻租团体 信任度低，信心缺乏 租金和等级制度造成不可接受的分配结果 永久冲突

这个体制运作得较差的地方是意大利南部，在那里，强大的团体受到连结的影响比较少，无法要求他们采取负责任的行为。在表 8.2 的右下象限中，我们看到了寻租行为和制度僵化的典型表现。在南欧和拉丁

美洲，在其他无责任自主权的情况下，在发达国家的地区或行业中也有此类案例。但在公共选择理论看来，这些都是个案，不是普遍存在的情况（Acemoglu and Johnson，2012）。

最后，在保持强大连结而没有多少黏结的情况下，既要压制团体生活，还要保持一个负责任的社会秩序简直就是梦想；这是某些形式现代行政理性（administrative rationality）或专制国家背后的理念。事实证明，在现实中即使有这样的实例也寥寥无几。这也是市场原教旨主义者的梦想，其中只存在个人与社会秩序，二者只通过流动和竞争建立直接联系。哪里有对团体的激进压制，哪里就会有强大的氏族和团体统治，就像表 8.2 中右下方的情况。我们在这里可以提出一个问题：从某些方面来说，美国的经济治理是否一直在走向削弱团体面对竞争和责任时表达意见的制衡力量。工会权力被剥夺、志愿团体普遍衰落，或者地方政府面临经济发展的投资流动问题时谈判能力减弱等，可能都是黏结弱化的明证。与此同时，收入差距扩大，以及通过游说和政治竞选捐款等对决策起主导作用的企业团体寻租行为的加剧，正在削弱连结的基础。因此，某些行业团体逐渐强大的政治力量，可能会朝着表 8.2 中右下方的方向发展。

换位、社群与社会

如何用本章的这个框架思考城市地区的经济发展制度?在某个区域经济中，为响应技术和贸易的力量，以及随着之前活动的消亡或离开，开展或吸引新的活动（产业更替），变化必然集中在既有产业的调整和演变上。开展工资和价格较高阶位的新活动，即创新活动的一个关键之处就是锁定它们的集聚过程。

鲍威尔等人（2009，第 4 页；2012）在描述生物技术集群形成的早期阶段时指出，在美国有三个地区表现出看似有相同潜力能够成功地发展为生物技术集群：旧金山、圣迭戈和波士顿。每个地区都有各自不同的起源和创建模型，但这三个地区有别于美国同样具有新兴集群的其他地区的共同特点是，“相似的组织多样性模式和支持持续区域活动的网络关系”。这些蓬勃发展的生物技术集群成功的核心要素就是换位，即“最初的参与者带来了他们在某一个领域获得的经验和地位，并在另一个领域将这些资产转换成能量”（同上，第 6—7 页）。这些核心要素分别是组织形式的多样性、按照开放式规范运营的“主力租户”（anchor tenant，即那些初始的成功企业），以及跨域网络关系。

例如，洛杉矶是安进公司（Amgen）的大本营，这家公司是世界上最早取得商业成功的生物技术公司之一。这个早期的产业有大量包括加州理工学院和加州大学在内的区域性科学资源可供利用。然而，这些研究机构未能与该地区的各大企业保持长期联系。在那三个成功的地区，那些初始的“主力租户”激发企业和其他行动者发展更广泛的网络，他们自己虽然还在这些网络中，但失去了核心地位。在洛杉矶，安进公司没有止步于这种催化作用，而是与其他地区的企业建立了大多数研发合作和供应关系。今天，洛杉矶的各个生物科技企业之间并没有建立紧密的关系，随着时间的推移以及供应企业的搬离，该地区的企业网络已经日渐松散。然而，在成功的集群中，其地方内部关系形成于外部关系之前。一旦这三个成功的地区出现转折点，这种在特定地区定位、投资资源并建立技术群体的决策，就会随着追随者的增多而产生越来越多的回报，发展出有利于引导互动的本地规范，随后详尽展示这些做法。通过互动行动者得以认清身份并建立利益团体，从而产生有利于增强相互依存关系并在各参与者之间达成共识反馈机制。(同上)

社会和社群的长期变化

有关制度和社会资本的大多数研究认为，这两方面对发展的影响是长期作用的结果，具有深层次的结构性根源。[12]例如，普特南(Putnam、Leonardi and Nanetti，1993）的著作《使民主运转起来》(*Making Democracy Work*）就表达了这样的观点，书中把公民参与追溯到中世纪，而公民参与被认为是意大利北部地区经济活力的根源。由于变化极其缓慢，在意大利，那些未能发展出合适的社群和社会制度组合的地区，例如意大利南部地区，几乎没有回旋的余地(或者说没有希望)。尽管帕特南（2000）对美国社会的后续研究指出社群主义价值观的变化速度加快了，但是仍然很慢，会延续几十年。

社群和社会力量的变化既有外部根源也有内部根源。外部变化是指与相关团体的内部动态无关的事件造成的结果。战争、自然灾害、全球化、技术变革，或者将新的团体置于先前的环境中，这些因素很可能会打乱以前的问题解决方案。它们的影响可能是有利的（新的公民贡献）也可能是不利的（例如新的道德风险或权力失衡)。与之相反，内部变化则源于居住在某一地区的团体内部和团体之间的各种新生事物。团体内部的演变往往会改变或打破以前的网络配置、权力和妥协。革命，即由具有新政治主张的某一团体或政党夺取政权，对社会规则进行重大改变

（如重大权力下放等）或出现（民族、宗教或政治的）内部冲突，可能显著改变社群和社会力量的平衡。

社群和社会力量的相对强度变化产生了一个可以被称为“制度迁移”的过程，其维度、范围和结果将取决于下列因素：起始点（无论既有的情况是最优、次优还是最坏）、每一种力量的相对变化量以及先前环境解决冲突的能力。下面我将列出主要的潜在变化路径。

在图 8.1 中，假设某一个地区 n 有一个社群和社会力量的起始点，分别由 c' 和 s' 表示。x 轴代表社群力量的强度，y 轴代表社会力量的强度。在这个起始点上，黏结和连结都很弱，如表 8.1 和表 8.2 所示的最坏情况。假设另外一些外生或内生事件或过程改变了社 P 会和社群力量的相对强度，导致 n 点的位置发生变化。起始点 n 的变化方向由这两种力量的相互作用决定。我们可以设想会出现以下几种情况：

1. 如果是社会而不是社群得到加强，位移会遵循矢量 1 的轨迹，这可能会导致社会的过度供给，弱势利益的意愿会因为社群的脆弱而得不到充分表达。位于 n 的这个地区将从最坏的情况移动到较好但次优的制度环境，在此环境中较强的社会秩序会降低某些交易成本，提高信心并加强合同的可执行性，从而强有力地推动某些人力资本和物质资本投资。事实上，这是许多富裕国家和地区经历的典型困境：对长期强化的社会秩序带来的体制中较弱代理人之间的紧张关系进行管理。这个趋势如此强大，以至于现在大多数这种国家和地区刻意协助各种团体进行自我组织，并参与各种“治理”过程，希望这些“公民社会”的团体能以正式官僚机构无法做到的方式，帮助熨平经济和社会的发展过程。

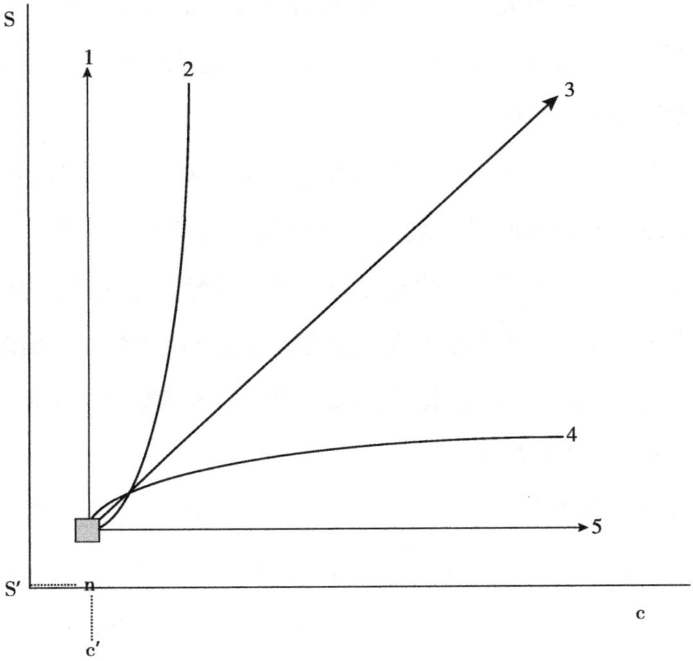

图 8.1　社会和社群相互作用的变化路径

2. 如果结果就是社会和社群两种力量都得到加强，但前者的加强力度大于后者，制度安排 n 会沿着矢量 2 移至新的位置。在这种情况下，社会力量和社群力量最初可能会平行发展，但到中期时，社会力量会占上风。这可能是由于社群建设中固有的或后来的弱点造成的，抑或由于国家制度在某一点之后得到更大发展所致。在这种情况下，社群仍有可能制约社会力量单独作用时可能产生的经济负外部性，由此导致比上述第一种情况下更好的经济结果。许多成功的大都市区因为创造了社会的“超级代理人”而实现了这一结果。例如，纽约地区的港务局在 20 世纪 30 年代取得了这一结果，而巴黎地区实施的各种基础设施建设计划和“新城镇”计划，是中央政府直接要求的任务（在很多方面越过了地方和区域政府），在发展的关键时刻，这么做无疑起到了克服潜在发展障碍的关键作用。

3. 如果这两种力量变化的强度相等，在地区 n 的制度安排沿矢量 3 移动，最终会出现类似于“最优”制度安排的结果，其特点是有责任的自主权，同时达到代言和代理之间的良好平衡。这些潜在的优势可以表现为许多不同的具体制度形式。由湾区委员会代表的旧金山海湾地区的区域性力量，以及环保团体在区域治理中的热情参与，代表了两种力量平行增长的一个有趣案例。

4. 如果社群力量的增长大于社会力量的增长，变化将遵循矢量 4 的轨迹，其结果将是社群占上风，但社会安排的适度强化成功地注入某些制衡力量，使社群潜在的消极因素受到约束。以这个观点衡量，南加利福尼亚从 20 世纪初到 70 年代就是一个非常成功的地区，体现为该地区有能力在其人口增加数百万的同时保持人均收入的提高，进入美国最富有的大都市区的行列（其中大部分大都市的同期增长都比洛杉矶缓慢）。在二战后的大部分时间里，洛杉矶的发展活力建基于强社会和相对较弱的社会团体与氏族团体的结合。截至 20 世纪 90 年代，洛杉矶的所作所为更像一个城邦，强大的半自主的发展机构和一个有凝聚力的商业阶层共同制定有远见的战略规划。但近年来，社群和环境阻力显著增长。这些以社群为基础的组织管理得更加完善，而政治制度则落于其后，形成了众所周知的冲突加剧的情况，企业治理问题和经济负外部性日渐增多（Erie，2004）。自 20 世纪 80 年代以来，洛杉矶的人均收入已落后于以前与它不相上下的各个大都市，与纽约、华盛顿和旧金山等此类大都市区的差距则更加显著。

5. 最后，矢量 5 描述的是社群有所增长而社会没有增长的情形。社群较强会带来更多的自主权，使行动者能够集体发声，并促进他们的联合行动。但是，诸如高交易成本、广泛的寻租行为、不平等和缺乏信任等代理问题也可能会更加严重。苏联解体后的俄罗斯就是这一不幸轨迹的典型代表。

粗放的行动：事件、偶然还是结构性决定因素？

在《粗放的行动和美第奇家族的崛起（1400—1434）》一文中，约翰·帕吉特和克里斯托弗·安塞尔（John Padgett and Christopher Ansell，1993）认为，只有穿透那些正式制度、团体以及目标的表层，“深入到与各民族实际生活相互关联的底层”，才有可能理解新制度的形式，他们指的是文艺复兴时期的佛罗伦萨城邦。他们用极为详细的档案证据表明，科西莫·德·美第奇（Cosimo de Medici）能够建立新的佛罗伦萨城邦是因为他通过各种途径给既有团体（其中的某些团体当时是竞争关系，某些则面临着艰难的外部形势）设立了互动的新规则。这些纵横交错的既有网络遭受外部事件（战争或财政危机）的连续重创，也慢慢地由被它们排除在外的各种新行动者（新人）吞噬。由此产生的结构漏洞给科西莫提供了空间，使他能够把一些旧元素与一些新元素编织在一起，建立了一个长达三个世纪的王朝式城邦。帕吉特和安塞尔认为，科西莫在做这一切的时候并不是很确切地知道他在做什么，城邦的建立是他个人目标的副产品。从这个意义上说，他的行动可以说是粗放的，因为他虽然很清楚自己的利益和其他参与者的利益，但这并不是他宏伟计划的组成部分，也没有经过优化演算。

硅谷的发展为这些问题提供了一个引人入胜的例证。在 20 世纪 50 年代后期，当时还不清楚，旧金山南部的这个地区最终会成为世界信息技术中心，提升整个旧金山大都市区在美国收入排行中的地位。起初美国的半导体生产是非常分散的模式，如果说该行业最初有地理重心的话，那就是从波士顿到新泽西的东北海岸地区；信息技术产业的主要前身（即收音机、电话、电视设备行业）都集中在那个地区。但由于半导体产业太新，缺乏明确的生产流程和商品链，因此没有明确的要素需求甚至连接模式。在美国的加利福尼亚从北到南再到东海岸，甚至西南等许多地区都有大量工程师在从事这个未来新技术方面的工作。这就是我们以前所说的“区位机遇的窗口”（Scott and Storper，1987）。20 世纪初的电影业或 20 世纪 20 年代末美国的飞机工业也曾出现过这种开放发展时期。在生命科学行业中，这样一个窗口似乎正以波士顿、旧金山和圣迭哥为中心形成合围之势（Powell、Packalen and Whittington，2009）。

往往有许多地方可以满足某一行业初始的要素要求。也许当初有许多地区与硅谷一样有条件成为未来世界信息技术产业中心。但是这些“候选地区”中只有一个比其他地区稍微提前了一步。这是因为在那个地方有些行动者碰巧第一个想出了突破性的“杀手级应用”（killer application），通过占有市场份额将集聚经济引向那个地方，使供应商涌进硅谷以满足新的需求，使网络效率得到提高，从而把在这个转折点之前同样具有优势的其他地方甩在后面吗？把此事归因于偶然或特殊原因的极端说法认为，芯片的发明人威廉·肖克利（William Shockley）搬到硅谷，是因为他母亲住在门洛帕克市（Menlo Park），他想与自己的母亲住得近一些。于是集聚动态就固定在该产业的区位结构中。这类“历史偶然说”现在纳入了新经济地理学基本的核心——外围模型（Fuchs and Shapira，2005）。它非常适合用来解释20世纪30年代航空业的情况，在美国或其他国家的许多地方都具备成为主要航空制造中心的良好条件，但洛杉矶能抢先一步就是因为一件事：唐纳德·道格拉斯（Donald Douglass）在圣莫尼卡（Santa Monica）发明了DC-3型双引擎客机，该型飞机随后占据了商业航空市场的很大份额，其结果就是道格拉斯生产体系在加利福尼亚南部得以扩展，这使飞机生产在该地区占据了地理优势，吸引了其他生产商，他们都想进入其供给结构以及由知识渊博的实验员构成的富有社群（Scott，1993）。认为独特事件极大地影响了城市发展，决定了为什么在30—50年的中期发展中有些城市的发展方向与其他城市不同的这种想法，对于那些制定城市政策且想要预测自己的努力和付出会有什么结果的人来说很难接受，因为这意味着经济发展带有运气的成分（Boschma and Kloosterman，2005；Rigby and Essletzbichler，1997）。[13]就此而言，经济发展的演化理论更强调未来演变的前提条件，而非发生革命性变化，即发展路径变化的可能性（参见Boschma and Martin，2007）。

这些事件或冲击是否可以作为完全外生的偶然因素加以分析呢（Sewell，1996）？答案可能是，哪怕只是为了使恰当的突破有可能发生，也必须满足一定的前提条件，这样才能锁定该行业的地理区域。这些必要的前提条件可能有统计上的规律性。对于高科技来说，这类必要的前提条件有一长串，例如，有大学的存在或一定的工程师人才储备等。就像过去发达国家为建设制造业中心需要创造前提条件一样，今天对于建设金融中心来说，则需要创造一系列不同的前提条件，对创造性城市来说，这个前提条件的清单又会有所不同，如此等等。但这个规律性更类似于“气候”而非“今天的天气”：如果很多地方都具备前提条件，但只有一些地方得到发展，那么在广泛而深刻的结构性条件和结果之间，或者在这种发展所需的必要条件和充分条件之间，就一定存在导致差异的原因（Hodgson，1993）。因此，我们很难估算出连接这些必要的前提条件与精确结果的结构参数。

这些规律可能更多的是与制度环境有关，而不是与精确的要素清单有关。创新的历史上有许多例子可以说明因为找不到这样一个有利的环境，卓越的创意无法变成现实（Mokyr，1991；North，2005）。因此，如果潜在的聚集种子在不同的城市地区出现，在某些地方它们可能会生根发芽，但在其他的藤蔓上就会枯萎。一些针对硅谷的著名案例分析（例如 Saxenian，1994）认为，正是硅谷的制度，即商业半导体生产商构成的行动者网络及其公开竞争的文化，使硅谷抓住了这个行业，由此生成了它至今仍拥有的专业化，因为该县在世界上最富有的经济体中拥有最高的人均收入。但我们再一次落入内生性的陷阱：波士顿和菲尼克斯都是早期的半导体生产中心，只是后来硅谷跑在了前面。不能说最初是由这些行动者网络将半导体产业引入硅谷的，因为它们是作为该产业本身成长的一部分同时出现的。事实上构成今日硅谷制度环境的两个关键要素，即风险资本行业和专攻技术法律的法律事务所，显然是硅谷发展的产物；在信息技术集群出现之前，它们根本就不存在。人们给出的另一种制度解释是，斯坦福大学的主要行动者（尤其是斯坦福商学院的院长）建立了斯坦福大学创业园，并通过这一制度创新使硅谷比波士顿或菲尼克斯做得更好（Saxenian，2000；Kenney，2000）。按照这个说法，摩托罗拉在菲尼克斯的早期大规模投资没有找到一个有利的制度环境，或摩托罗拉只是做出了错误的战略选择，菲尼克斯的产业集群因此走向衰落。然而，波士顿的情况似乎并非如此，它的许多不同行动者看到了形势的变化，他们在硅谷试图抓住信息技术产业的同时也在这样做。萨克森尼安（Saxenian，1994）认为，他们在波士顿没有做好，是因为波士顿制度化的企业文化没能很好地适应商业半导体产业，这一观点令人信服，但它并没有回答硅谷的制度是先有“鸡”还是先有“蛋”的问题。

如上所述，现有的行动者和实践网络通过换位，就有能力创造、抓住和供养新产业、新产品或现有产业的分支产业。但是在上述所有例子中，不仅存在结构问题也有粗放的行动。因此，弗雷德·特纳（Fred Turner，2006）认为，硅谷得益于湾区独特而重要的反建制（antiestablishment）的对抗文化，将它与工程和商界精英相结合，在这座最前沿的城市中产生了一种新的混合力量。理查德·沃克（Richard Walker，2008）在分析湾区精于技术的大规模环保人士网络时提出了一个类似的观点，这些人构成的网络某种程度上与进入硅谷的新工程和创业团体有所重叠。史蒂夫·乔布斯（Steve Jobs）在斯坦福大学2005年毕业典礼的演讲中，明确提到了该区域反主流文化的影响，尤其是《全球概览》（*The Whole Earth Catalog*）杂志对他的激励作用。这些行动者网络，即由不同的反主流文化、企业和工程团体构成的组织，需要粗放的行动者在它们之间建立连结。这些粗放的行动者是威廉·肖克利、弗雷德·特曼（Fred Terman）、斯图尔特·布兰德（Stewart Brand）、阿尔夫·海勒（Alf Heller）、史蒂夫·乔布斯、施乐公司帕洛阿尔托研究中心（Xerox PARC）的人以及其他许多人（Brown and Duguid，2000）。我们还能想到的例子是第七章提到的 8200 部队对以色列高科技经济的重要作用。粗放的行动者创建的 8200 部队实现了一系列目标：信号检测和分析方面快速且经济成效显著的发展。他们的行动也对强大的创业和技术机器（entrepreneurial – technology machine）产生了影响，而这并不是他们最初的目标。

值得庆幸的是，长期的经济发展过程并不完全由先行者优势主导。经济本身也提供了大量的二次创业机会。随着产业的成熟，它们的内部分工越来越复杂，产业内部的交易成本趋于下降。这带来了产业和一些经济活动在地理上分散化的可能性。也许更重要的是，随着一个产业的成熟，它开发出各种各样的产品，并使生产出现了许多复杂的中间环节。产品差异化和质量等级化是空间分化和竞争的基础，其作用相当于一个强大的机会创造装置（Grossman and Helpman，1991）。结果通常是二级集群的建立。在硅谷开发了个人计算机之后，得克萨斯的奥斯汀便发展成为一个信息技术产业重要的二级集群，而奥斯汀集群的发展正是因为迈克尔·戴尔深谙消费品差异化和升级之道。他在自己的公司和供应结构中创造了规模经济，因此能成为二级集群的“主力租户”。随后，该集群持续实现质量升级。

结论：与事件和结构相关的专业化

前述几章从一般意义上探讨了会对地区发展产生影响的各种力量，

以及那些在更广泛的系统中选择某些特定地方扮演特定角色的力量。正如我指出的那样，大多数经济研究关注的是结构和普遍的模式，避开了对具体地方的研究。它们的正式模型以及归纳性的实证方法是结构性的，它们的目的是搜寻与许多城市的增长相关的参数。但提到一些特定经济体的中期发展趋势时，即使这些模型最终也会考虑起决定性作用的事件。例如，底特律的衰败是“因为”美国汽车业的重组与衰落；洛杉矶人均收入增长缓慢是“因为”20世纪80年代低技能移民的大规模涌入和20世纪90年代冷战时军工复合体的裁员；华盛顿市越来越富有是“因为”高工资的游说行业迅速增长。

这种模糊性对于由集聚产生的专业化影响很大。集聚理论表明，本地化经济具有结构化特征，因为一旦开始，它们就可以自我强化，但正如本章指出的那样，解释它们的起源可能既需要对一次性事件也要对结构性因素追本溯源。因此，在本章建立的分析框架中，我们可以将人力资本和制度清楚地定义为结构，但专业化可能既受到结构驱动，也受到事件驱动。事件也包括关键代理人非有意为之的粗放行动，他们的行动是在网络黏结和连结的相互作用之中，以及该地区的社会和社群的相互作用之中。

第三部分
社会互动与城市经济

第九章
技术、全球化与地方互动

创新与地方互动

全球化与地方互动互为补充。在重要的创新活动中比在其他方面更能充分说明这一点。信息、技术和技能在全球范围内的传播变得更容易、更全面，而且速度前所未有。我们还可以找到充分的证据证明城市地区对创新极其重要。专利和发明大部分集中在大的城市地区，其比例远远高于其他地区。城市地区的技术发展也高度多样化，各城市地区致力于不同领域的创新。科学和工程是全球性的，用的是世界通用的数学和统计学语言。然而，讲这些语言的有才华的科学家集群在地理上分布并不均，他们的商业项目都集中在少数几个著名的地方。我们需要知道在这样一个知识自由流动的世界里，那些互动行为为什么具有地方性。

这里的技术可以从两方面理解。一方面是指经济的产出。但作为一种运输和交流形式，它也是所有贸易和生产的基本推动者。从一个地方运输货物到另一个地方的成本在过去至少一百年里持续下降。爱德华·格莱泽和珍妮特·科尔哈泽（Edward Glaeser and Janet Kohlhase，2003）

指出，20 世纪美国交通运输行业在其 GDP 中的份额已经下降了一半。他们还指出，美国铁路运输每吨英里的实际美元成本在一个世纪内下降了 10%。法国的数据也显示出相同的趋势。皮埃尔 – 菲利浦 · 库姆斯和米伦 · 拉富尔卡德（Pierre – Philippe Combes and Miren Lafourcade，2005）指出，从 1978 年到 1998 年这段时间，道路货物运输成本下降了近 40%。因此，国内单位运输成本明显下降毫无疑问。对于国际运输成本证据的评估无疑是比较困难的（Anderson and van Wincoop，2004）。戴维 · 胡梅尔斯（David Hummels，2007）指出，至少自 20 世纪 70 年代早期开始航空运输成本大幅下降，而海上运输成本从 1985 年开始显著下降（1970 年至 1985 年之间使用集装箱运输，提高了运输质量和效率，导致价格升高）。

运输成本的急剧下降使许多分析师预测“距离在消失”（例如 Cairncross，2001）。但距离没有消失，甚至还安然无恙地存在着，证据比比皆是。罗素 · 希尔贝里和胡梅尔斯（Russell Hillberry and Hummels，2008）用更系统的证据表明，在美国，6 千米内的运输量比这个距离半径之外的运输量高出 3 倍。在运输成本降低的情况下，这种地方互动何以保持如此重要的地位，并可能变得更加重要？关于距离的生命力有很多逸闻趣事。21 世纪初，印度等很多地区经历了离岸服务中心和数据处理的最初浪潮以后，许多企业不得不至少部分地将它们的消费服务链重新定位为在岸，因为质量下降太多。波音雄心勃勃地（也有人称之为自大地）希望通过外包和离岸全球生产链生产 787 梦幻客机的想法，造成了从 2008—2011 年长达四年的延迟交货，而失去市场又会造成数十亿美元的损失。早些时候，空客公司在较小的地理范围内制造 A380 巨型客机的过程中出现了严重问题，因为在德国制造的线束（wiring narhesses）与在法国制造的机身不匹配。这两个主要问题都是因为同一个公司内的远距离协调没有做好。

沃尔玛和宜家等一些公司离不开全球供应链。但全球其他成功的公司，如扎拉（Zara），在设计和制作上一直保持着强大的地方产业集群（Ghemawat and Nueno，2003）。在德国慕尼黑，大汽车公司和其供应商，即德国一些著名的中小型企业，构成了一个核心集群。这是巴伐利亚的保守落伍，还是生产和创新的成功典范？以原始意义沟通的可能性（廉价和便捷）并不意味着实际的沟通很容易跨越长远的地理距离和文化边界。因此，伦敦打到诺维奇（Norwich）的电话要多于打到纽约这个大西洋彼岸的另一个主要金融中心的电话，而纽约人打到迈阿密和多米尼加共和国的电话比他们打到伦敦的电话要多得多（Reades，2010）。

创新和贸易成本：悖论

维护地方互动不足为奇；从历史上看，每一次运输革命都会提高城市化和城市密度（Pred，1973）。[①]造成这种看似悖论的主要原因是，降低的运输成本可能导致贸易成本上升。之所以出现这种情况，是因为使本地和远程活动有了更多互动。这反过来又增强了经济对产品进行组合和再组合的能力，并开辟了制造更多品种、更复杂的产品，以及更频繁地重组投入和设备的可能性。因为涉及更多的互动，所有这些后来出现的经济特征往往有较高的贸易成本。这种反馈关系在将高技能人才和创新型企业纳入新城市化浪潮的同时，也剥离和分散了某些（更墨守成规和公认的大型）活动。我将在本章研究生产与技术使用中引人入胜的地方和全球动态的不同方面。

典型案例和模型

我们用一个典型的例子开始对这个问题的研究。这个例子选自梅里克·格特勒（Meric Gertler，2004）对机械产业的距离和交易成本的研究。在这个产业中，设计、开发、定制、安装、启用、维修和更新复杂的设备需要生产者和最终用户之间频繁互动。

机器必须从机器生产商处购买。机器的质量越高，机器使用者生产最终产品的边际劳动生产率就越高。机器制造公司可以用更高的（劳动力）成本生产更高质量的机器。每台机器都是针对特定的最终用户，都需要大量的维护和调整，以获得预期的质量和生产率。这会给机器的消费者带来风险：虽然机器质量不如意，但因为投入了大量成本和时间，无法事后毁约终止交易。如果国家之间没有开展机器贸易，最终生产者就得在国内购买所需的机器。

但是，如果我们允许国际机器贸易，就可以从国外买到更好的机器。然而，为了购得更好的机器，总的贸易成本就要提高。贸易成本之所以提高，是因为它们涉及用户和生产者之间的关系。机器生产商必须为他们的客户定制机器，安装并培训工人如何使用机器。当机器出口时，所有这些步骤都需要多次往返于两国之间。因此，运输成本的降低导致更高质量的机器得以出口以及进口国的工资提高，因为如今它可以打破以前的壁垒进口更好的机器。

这就解释了格特勒（2004）的例子，即在20世纪八九十年代，加拿大和美国的制造商无法使用主要产于德国的最新一代的机械设备。美国和加拿大的制造商一方面要使自己的设备现代化，另一方面又面临缺乏竞争力的本地机械生产商。而德国生产商被认为能提供卓越的定制产品。然而，从德国生产商手里购买机器又因为上面提到的所有交易成本而变得非常困难。美国和加拿大的制造商通常只能使用低于他们预期的机器，但是机器安装、培训和维修费用不菲。德国机器生产商也不满意，因为尽管他们付出了努力，但他们的机器在北美洲的使用情况比德国本土制造商的使用情况糟糕得多。所有这一切都表明，跨大西洋的机器交易成本随着时间的推移并没有降低而是有所上升。②

因此，如果运输成本（即装运货物的物理成本）和贸易成本（即货物送达用户过程中发生的所有成本总和，包括在这期间生产商和最终用户之间重要的往来沟通成本）之间存在明显差别，运输成本的下降并不意味着贸易成本的降低。③因此，交易成本可以看作内生的，不会随运输成本而单调增加。特别是，降低运输成本可能会起到刺激货物生产的作用，导致整体贸易成本升高，因此贸易更昂贵。④这意味着，一种形式的技术创新，即运输，可以产生提高贸易成本的一种反馈效应。

但这还不是全部。上述差异最终会导致本地服务行业的发展，为更优质的进口机器提供维护保养。因此，长距离和短距离并不是线性替代的，而常常是互补的。

针对这些问题，戴维·胡梅尔斯和亚历山大·斯基巴（David Hummels and Alexandre Skiba，2004）对美国和五个拉美国家进口的不同货物做了大量实验性研究。他们主要研究了运输成本（可以使用海关数据测量的那部分贸易成本）。运输成本既有从量（per unit）成分（例如，所运货物的能源成本）还有从价（ad valorem）成分（例如，关税或保险费用）。有趣的是，胡梅尔斯和斯基巴发现较高的每单位运输成本与较高质量的产品相关，这个特点与阿门·阿尔钦和威廉·艾伦（Armen Alchian and William Allen，1964）的预测一致，即“好苹果”运走了，质量差的留在国内消费（Hummels and Skiba，2004）。相比之下，较高的关税（即较高的从价成本）与较低质量的混合产品相关。

反映这种矛盾的另一个例子是葡萄酒业。过去欧洲消费的大部分葡萄酒都是直接用罐子运输的低质葡萄酒。那时低质葡萄酒的贸易成本可能很低。今天，葡萄酒质量要高得多，用瓶子而不是罐子运输。这加大了葡萄酒运输的难度，因为必须严格控制温度和贮存条件。对消费者来说，随着葡萄酒的品种数量大大增加，选择也更加困难，这种情况很可能同样适用于许多其他的商品和服务。与机械业一样，葡萄酒的贸易成本也随着产品质量的提高而增加。还有一个例子是服装业。西班牙的Zara公司已经在世界各地的许多城市开设了门店。它的政策是每10天更换1/3的产品组合，并根据当地市场的不同，每个商店更换的产品不同。因此，Zara市场门店的贸易成本相对较高。此外，为了持续快速地对产品组合进行创新，该公司在西班牙的巴斯克地区集聚了大量的供应链。这种集聚促进了新服装款式的快速决策，因为Zara可以与设计师和供应商面对面接触，而且该公司是依靠声誉选择供应商并与他们建立合作关系，快速推出新款服装的测试版。

安妮-希丽亚·迪斯迪埃和基思·海德（Anne-Célia Disdier and Keith Head，2005）以及库姆斯和拉富尔卡德（2005）都指出，贸易对距离的敏感性有所增加，而马蒂亚斯·贝尔特隆和卡洛琳·弗洛因德（Matias Berthelon and Caroline Freund，2004）发现，这种演变不是国际贸易集中转向距离更敏感型产业造成的，而是各产业内部的产物。[5]与这些观点相一致的是，有一些经验证据表明，整体贸易成本确实在过去的30年中上升了；我们可以认为这证明了动态反馈可以适用于许多不同领域。例如，戈登·汉森（Gordon Hanson，2005）在一个估算贸易成本参数的新经济地理模型中显示，1980—1990年，美国国内贸易成本有所增加。这些研究结果都与更廉价的长途运输、更高的单位贸易成本、更多品种和质量的投入品可供选择，以及某些用户和生产者对距离更敏感之间的反馈关系在逻辑上是一致的。

地理和技术的七个C

贸易成本上升的作用最明显地体现在创新本身的地理分布，即经济中产生新创意和新实践的地方。[6]某些地区因为变成技术中心而富裕起来，并产生第四章分析的经济效应。奇怪的是，这种结果产生的时期，正是我们被技术全球化的各种逸闻趣事和指标包围的时期。我们不断听到关于中国的崛起、其科学家团队的发展及其与西方跨国企业研发合作的增多、全世界各国研发与科学部委数量的增长、国际流动性以及研究科学家和工程团队之间协作的明显快速提升，以及东亚新兴经济体中科学出版物的增多（Archibugi and Iammarino，2002；WIPO，2007）。这些情况与学术文献的四个主题呈对应关系：①现在技术在全球各地均可获得；②技术可以由全球各地提供或在全球各地开发；③重要的创新中心正在新的地方出现；④创新在全球的传播速度比以往任何时候都更加迅速。

这些观点可能对城市地区具有多重意义。例如，技术来源的彻底全球化可能与创新主要位于城市地区并行不悖，但这些城市地区彼此之间的差别会变小。例如，旧金山和上海都会成为创新中心，但它们从事的创新并不是互补关系，而是直接的竞争关系。不仅如此，如果更多的地方想要进入创新行业，它们就应该进入我在第四章中描述的能获得马歇尔-阿罗型租金的经济体阵营。那些这样做的城市地区，在其国家和整个世界城市体系的地区收入排名中，位次将提高，这是一种追赶效应，表现为城市地区收入的β趋同。

关于创新中的距离消亡有一个更为激进的观点，那就是各城市地区的竞争环境趋同。在这种情况下，我在第四章分析的收入地理会经历剧烈的变化。由马歇尔-阿罗型租金驱动的地方创新收益将全线下跌，我们将见证城市地区之间的收入差距的大幅缩小（σ效应）。这将切断高收入地区超越模仿者的能力，从而导致它们的实际收入下降。第四章描述的时空扩散过程将被彻底改变。

目前，我们尚没有一致的方式来衡量不同经济体的整体技术水平。近年来，最先进的方法使用产品的单价作为衡量其质量和嵌入式技术或知识的代理变量。汤姆·凯梅尼（Tom Kemeny，2011）发现世界各国的技术不均衡程度整体上是稳定的，正如其基尼系数、变异系数和其他无因次变异指标显示的那样。这种稳定性掩盖了两个重要的动态变化。一方面，从极端落后中兴起了一个相当发达的经济体阵营，从而提高了世界技术的绝对平均水平。另一方面，由于那些最初的最发达国家远远领先于其他国家，世界技术也存在正偏态（positive skew）分布（Castellacci and Archibugi，2008）。因此，我们既可以将这些事实解读成全球技术分布的等级结构令人悲观，也可以将它们视为技术扩散的乐观趋势，它正在给更多的地方带来更多的产能。由于我们不知道技术能力是不是线性的，所以我们无法说清楚过去几十年的技术扩散是否推动了某些发达地区的最终起飞以及全球技术开发和使用的等级结构发生剧变。

一个合理的推测是整体的技术扩散会带来国家和城市地区之间极不平衡的发展。莫雷蒂（Moretti，2012）认为，北美大都市区出现了新的“大分化”（great divide）——具有独特模式的创新中心将其他地区远远地甩在了后面。这一模式对应于我在第二章至第四章使用改进的新经济地理学框架分析的大都市收入动态。世界主要地区之间还存在一些其他差异。在美国，大都市区不仅在其产品和创新方面高度专业化，而且地区间彼此引用专利的比例近年来实际上也有所上升，而近年来这个比例实际上也已经上升（Sonn and Storper，2008；Ács，2002；Feldman，1994）。与美国相比，欧洲区域经济的多元化以及技术上的专业化都不够强（Crescenzi、Rodríguez-Pose and Storper，2007）。在加强城市体系和整合创新的地理格局方面，中国似乎与美国更相似，而印度似乎更像欧洲（Crescenzi、Rodríguez-Pose and Storper，2012）。远距离长期贸易成本下降强化了经济的前沿活动日益布局在城市的趋势。在这种创新持续城市化的普遍模式中，有的地方成了赢家，而有些成了输家，创新的形态也各不相同。

这些创新的地理模式受许多力量的影响。接下来我将探讨其中的七种力量，或七个“C”（英文以字母 C 开头的词）：规范与交流、渠道、集群、社群、情境、协调以及竞争。

规范与交流 （Codes and Communication）

技术依赖于不同的知识，不同的知识与距离的关系也不同。长期以来基础技术依赖于已被简化为易于复制和使用的知识。与此相反，新的基本技术通常不能通过投资使其包含的知识得到广泛传播。因此，当谈到交流或使用技术的成本时，我们会把知识区分成规范的明确知识和因为不能完全规范化而具有很强默会程度的默会知识（Polanyi，1966；Balconi，2002；Gertler，2003）。使用或交流默会知识时，为确保所交流的信息得到正确领会和使用，知识生产者和使用者之间或不同使用之间需要有更多的时间投入、更强的认知能力、更高的知识接近度，以及更多次反反复复的努力（Johnson，Lorenz and Lundvall，2002）。野中郁次郎和竹内广隆（Ikujiro Nonaka and Hirotaka Takeuchi，1995）认为，在一个企业中，通过隐性知识关联在一起的各个部分，相比于大部分使用规范化知识实现企业内部互动的那些部分，协同定位程度往往更高。如同第三章讨论学习作为集聚的微观基础时指出的那样，集聚会使更多的活动依赖于默会知识而非整体经济。

有些人认为，在全球网络中行动者使用隐性知识交换规范化知识，二者之间的关系不是抵消，而是互补（Faulconbridge，2006；Strugeon，2003；Balconi，2002）。也有人认为，知识的发展过程同产品的生命周期一样，必然导致规范化（Cowan、David and Foray，2000），或者即使存在默会知识，也可以通过更多地投资于促进交流的基础设施，有意识地促成远距离的联系（Amin and Cohendet，1999；Malmberg and Maskell，2006）。

所以正式=规范化=远距离=大企业以及非正式=隐性=局部=小公司这样完美的对应关系可能并不存在，相反，存在的是这些因素在地理上和组织上的复杂组合，以及不断与学习和组合的过程。然而，这种区别的启示在于：远距离传播规范性较差的知识更困难且成本更高。在某些情况下，这意味着它是一种协同定位的力量；在其他情况下，它作为知识传播的渠道带来人们之间的相会，而默会知识则可能是远距离应用规范化知识的关键工具。城市不是默会知识的唯一所在地，组织和商品链也存在默会知识。但是，在使用默会知识和人际关系方面，城市是一个重要的地理范围，对此，我将在第十一章详细分析远程和面对面这两种接触方式。

知识的传播渠道

当我们发现知识远距离或非远距离移动时，可能就与知识的移动渠道有关。例如，一条新的公路就是货物或人们跨越距离移动的通道。知识的移动会通过什么渠道呢？互联网是信息移动的渠道。货物或人跨越更远的距离移动时，不仅需要新的渠道，而且还要有在渠道内通行的交通工具；更好的公路最终需要更好的汽车或卡车，以最大限度地发挥其潜力。它们的生产力相互作用。互联网是一个覆盖面广且低成本的大型信息渠道。但是在网络中穿行的车辆或渠道是什么？对于弱编码信息、高度复杂的编码信息以及相当简单的编码信息，渠道都会有所不同。

简·雅各布斯（Jane Jacobs，1969）颂扬密集城市街区中的不期而遇（unplanned contact）和机缘巧合，并提出了城市即渠道的经典观点。然而，自那时以来，对知识传输的研究发现了许多其他可能的渠道。对戴维·莫厄里和阿尔维兹·齐多尼斯（David Mowery and Arvids Ziedonis，2001）来说，市场是渠道，但它们是企业之间特别地方化的渠道。琳尼·朱克、迈克尔·达比和杰夫·阿姆斯特朗（Lynne Zucker、Michael Darby and Jeff Armstrong，1998）界定了明星科学家及其合作企业构成的市场，但这些市场都不是完全匿名、在空间上分散的标准理论意义上的市场。其他人将不同于市场的有组织网络作为主要渠道（Almeida and Kogut，1999；Anselin、Varga and Ács，1997；Cowan，2005）。在有关劳动和创业市场的这类著作中一个始终交织的问题是，知识的传播更多的是通过合同等正式过程还是非正式网络过程（Dahl and Pederson，2004；Gorden and McCann，2005），甚或通过更加微妙的人际关系，也就是那些共享型“知识社群”的成员之间的关系（Håkanson，2005）。

人们的远距离迁移，不管是临时的还是永久性的，也都是技术扩散和知识传播渠道（Edler、Fier and Grimpe，2011；Saxenian，2006）。这不仅包括移民还包括参加会议和贸易展销会这样的活动（Bathelt and Schuldt，2008；Maskell、Bathelt and Malmberg，2006）、聘用外国专家（Markusen and Trofimenko，2007；Görg and Strohl，2005）、工人的临时长途流动（Fosfuri、Motta and Rønde，2001），或有组织的协作网络（Hoekman、Frenken and Van Oort，2008）。地方流动可能也发挥了作用，如当地劳动力市场内的跳槽行为（Fallick、Fleischman and Rebitzer，2006；Klepper，2005）、企业内部和企业之间的工作流动（Lunzi，2006），还有另一种形式的人员流动，即创业，表现为企业家在体制内的“流动”，改变角色，并将其他人、资本和思想聚在一起，从而产生知识传播（Ács et al.，2009；Feldman，2005）。

学者的另一个疑问是这些知识传播渠道在产业内更强还是在产业间更强。如果知识传播的地理成本高，如果某些行业间的成本比较高，那么创新型城市就会有多元化的压力；如果创新的行业内成本较高，那么这样的城市就会高度专业化（Glaeser et al.，1992；Puga and Duranton，2001；Duranton and Puga，2000，2005；Feldman and Audretsch，1999）。

这背后的关键问题主要涉及本地与远在外地的权衡以及渠道的地理范围。有观点认为"全球管道"可以替代当地联系，因此知识传播的地理在发生变化（Bathelt，2007；Bathelt、Malmberg and Maskell，2004）。但是，我们不太了解这些管道的形状、何时、如何以及在什么情况下可能替代地方交流。全球管道和地方渠道在其正规程度、市场、网络，以及依赖于劳动力市场与企业间关系的权衡方面有所不同吗？两者都与默会知识和规范化知识的融合有系统性联系，抑或全球管道消除了默会与距离的高成本之间的关系？

与渠道能否产生新的传播模式和创新的地理格局这一问题相关的是，它们是否也在以微妙的方式改变创新。互联网搜索引擎是互联网渠道的新工具，但它们有选择偏差（主要是网页排名算法）。与其他手段和渠道相比，它们也在增加和减掉信息。因此，对信息的处理不是横向管道式，而是"纵向上升式"（或主题归类式），这是使用这类引擎的一个意外的后果（Lanier，2010）。全球渠道改变了，但这些渠道在其传播的内容方面也有选择偏差。

其中一个方面是明星科学家与企业的匹配。这些科学家可以加入世界各地的合作者网络并获得信息来源。但与之匹配的大多数企业都是家门口的企业，具有高度区域化（Zucker et al.，2007），而且学术研究溢出一般都是高度本地化的（Adams，2005）。经纪人和交易商（deal marker）的存在与集聚的规模和集聚内企业的数量呈指数关系（Feldman and Zoller，2011）。因此，尽管有全球渠道，它们仍然是带有选择偏差的累积循环的匹配过程，而这继续在不同区域的创新产业之间造成分化。

集群

技术开发和使用呈地理上的群聚。基于专利地方化（patcnt localization）的原创研究包括贾菲（Jaffe，1989），贾菲、图拉真伯格和亨德森（Jaffe、Trajtenberg and Henderson，1993），以及奥德斯和费尔德曼（Audretsch and Feldman，1996）的研究。⑦除了上文提到的关于规范和渠道如何影响之外，我们对理解技术创新和集群之间的关系仍然严重缺乏了解。利用城市经济学的说法，如果这种集群主要是城市化的结果，那么同等规模的所有城市都应该有相同的创新活力。但并不是所有城市地区都有同样的创新活力，即使相同规模的城市也是如此；而且，城市的创新活力体现在不同的领域，所以它们的创新与它们的可交易商品和服务的生产一样，也是专业化的。换句话说，创新是专业化与城市化的结合。

一些学者认为，世界上多元化的大城市由于产业间的溢出效应在某些类别的创新活动上具有优势（Glaeser et al.，1992）。也许大城市仅仅是看起来高度多元化，这只不过是反映了一个事实，即我们并不了解哪些活动在技术上是“接近”的，或者相关。若果真如此，我们就高估了多样性，低估了在城市集聚中活动的相关性（Frenken、Van Oort and Verburg, 2007)。也许，大城市的交流过程具有超可加性或“人气”(见第十一章)。在所有这些情况中，我们对大城市经济的“吸附力”仍然知之甚少。创新与集群很可能互为因果（Braunerhjelm and Feldman, 2006)。而且，至少在一定的条件下，它们是相互加强的，并可以累积和增加。

社群

但是，即使论证了存在创新的地理集群，我们仍然不知道创新是在一个（包括几个集群的）多元化经济中，一个集中发展某个单一产业的专门化经济中，还是在一个活动领域内才能得到加强。经济基础较为狭小的好处可能包括，在范围较小的活动中聚集代理人、企业和劳动力市场的过程可能会带来更多的社群主义运作模式，从而加强了代理人之间的知识和社会资本的流动以及相互信任。

从事创新的社群既可能包括有高度信任的非亲缘网络，也包括基于亲属关系、出身甚至种族关系的网络。最正式的职业社群都有高度信任；但许多社群是部分开放的半信任“实践社群”，它们基于知识，而且加入者要经过筛选（Brown and Duguid, 1991, 2000; Amin and Cohendet, 2005)。他们创建的渠道在这两种情况下会有些不同。究竟是这些网络内涉及人际知识的“强关联”，还是涉及对他人有些许了解的“弱关联”能够更好地促进创新，存在着很大争议（Granovetter, 1973; Rost, 2011)。即使充满信任的社群最终也需要有某种程度的非匿名的人际网络筛选出具有资格和“真正”技能的人，并为创新的艰苦努力扫平道路（Bunnell and Coe, 2001; Cooke, 2006)。而且，在许多组织环境中，包括世界和学术界，都会形成这种网络（Balconi、Breschi and Lissoni，2004）。

这并没有人告诉我们，此类社群是在空间上局限于某个地方还是可以远距离扩展。这个问题的关键之一是“世界性”创新社群与基于亲缘关系的传统网络之间是否存在差异，或者它们是否可以相互替代。国际科学网络越来越普遍（Edler、Fier and Grimpe，2011；Hoekman、Frenken and Van Oort，2008；Lorentzen，2008）。但正如前面讨论的，朱克和达比（2006）指出，即使具有世界学术声誉的明星学者绝大多数也是与家门口的企业合作。国际科学共同体不直接对应于国际创新社群。此外，本地化的社会资本会提高本地生产商利用某些研发关系获取本地知识和远处知识的能力（Laursen、Masciarelli and Prencipe，2011），当然离开社群会将一些在本地建立的关系带到远处（Breschi and Lissoni，2003）。

在第六章至第八章中，我讨论了技能和能力从一个主要活动领域到另一个活动领域的换位。如果那些习惯于在信息技术领域工作的风险资本家开始充当经济中由生物技术和生命科学驱动的各相关领域的天使投资者，换位就必然涉及既有网络之间的连结。这一工作由谁来做？鲍威尔、帕卡伦和惠廷顿（2009）认为，能够把两个群体联系起来的是那些特定代理人，即玛丽安·费尔德曼和特德·佐勒（Maryann Feldman and Ted Zoller，2011）所谓的“中介”。当交易成功后，在制度化的过程中一套新的做法和关系就会扩散到更广泛的行动者群体，有效地形成另一个网络（Porter、Whittington and Powell，2005；Powell、Packalen and Whittington，2012；Powell and Owen-Smith，2012）。这样的联系是否在某些地理范围内更可能建立并取得成功？朱克和达比（2006）以及费尔德曼和佐勒（2011）都认为，如果在既有网络的连结更可能在区域范围内建立，则随着时间的推移、网络和实践的制度化，随后的换位也许就会扩大范围（Powell、Packalen and Whittington，2012）。

流动的科学家和企业家来自更本地化的节点或网络（Filatchov et al.，2011），这些连结型代理人可能散居各地，或者参与复杂的循环式迁移和回流式迁移（Saxenian，2006；Mayr and Peri，2008；Saxenian and Hsu，2005）。这会有效地将创新中的远距离优势和本地化优势相结合，从而提高本地化的收益（Saxenian，2006）。

情境还是“本地天赋”

许多决策和行动都受到情境限制。行动者对信息的接受、感知和解释，以及对其他各种方案的排序是高度可变的；他们根据具体现状对未来进行贴现；他们经常赶超与自己有联系的那些人。这些都是经济的“动物精神”（Akerlof and Schiller，2009）。知识社群或实践社群所处的情境不同。情境是综合性的行为“体验”要素，通常被归入文化差异的黑箱。[8]我将在第十章详细探讨情境，所以在此仅做几点评论。

情境受地理因素的限制，因为获取信息和人员以及设定追赶的对象和未来愿景都基于已有的信息和知识。我探讨过的与创新相关的一些力量，如规范、渠道和社群，也可能通过替代真实体验的标准做法为地理上的情境延伸甚至去情境化行动创造机会。例如，搜索引擎在开放信息来源的同时可能实现了去情境化，并重新定义搜索路径，从而远距离传播某些信息和世界观（Lanier，2010）。将所有与行为相关的创新都去情境化或使其扩散似乎是不可能的。但在考虑距离对创新影响的演变时，我们需要了解的不仅仅是与规范和渠道相关的各种信息的交流成本，也要了解创新嵌入情境的程度，以及情境的各种要素在不同地方可复制的程度。

合作

创新不仅涉及不同组织（企业、大学、实验室等）的参与者，还需要使用知识、不同的物质对象和人工制品。所有这些领域和来自经济中不同专业化领域的行动者之间的沟通，受到规范、渠道、集群和社群等制度形式的影响。

关于创新协调的许多文献都问到了这样一个问题：各种组织如何才能协调好更开放的、互动式快速变化的相互作用？这个问题有地理方面的因素：广大地理范围内协调创新行动者和组织。当系统的固定成本很高或需要组合专用零件时，就需要具备高度的协调性，但原则上，工程合作和生产规划可以降低成本，同时提高其可行性。这方面早期的尝试是 20 世纪 70 年代福特公司的“世界汽车”，这是一次失败的试验。如前所述，世界两大民用飞机生产商近期都试图通过全球工程合作和生产链来制造新客机，却遭受了重大挫折。这些例子表明，即使在某些自上而下或集中化工程管理的行业天然具有产出边界的特性，也会存在协调的距离障碍（Hart and Moore，2005）。

但是，在没有这种工程要求和高固定成本的行业，快速设计和生产方面的全球协调就比较成功。从 20 世纪 70 年代贝纳通公司开始，各公司开始使用新获得的信息技术以达到销售和生产之间的快速反馈（Camuffo、Romano and Vinelli，2001；Belussi，1987）。相比之下，Zara 和

H&M 等快时尚公司，似乎都有一个区域性的核心集群，它们用核心集群设计产品，生成样品，并在其集群内推出限量产品，然后再成功地在全球范围内大量提供，使全球和本地相得益彰（Ghemawat and Nueno，2003；Saliola and Zanfei，2009；Oxley and Sampson，2004）。

但是，我在本章的第一部分指出，较低的贸易成本（其本质上是一种协调成本）和创新的地理位置之间的关系是双向的。因此，就像上文描述的那样，即使对距离的协调能力不断增长，它们也会对本地化产生自己的递归影响。对于每一次因为协调加强而带来的扩展，都可能会有发明、产品差异化和产品质量变化，从而产生不能完全远距离协调的生产关系。[9]

竞争

理论指导我们寻找来自创新全球化（或更普遍地说，任何范围的地理一体化）的人类福祉提高，例如各国可以消除在昂贵而又多余的重复研发和实验活动。它们可以增加溢出，从而增加知识的重组和创造更大的罗默效应（Romer effects）（见第四章）。这样，他们就可以创造更大的规模经济和效率，提高创新资产和劳动的回报。

这也可能导致引人注目的赢家通吃的发展过程，即城市和国家赚取大量创新租金，并引起极大的关注。创新的全球化也涉及更多的企业、政府和区域之间在每个创新博弈中竞相成为赢家（Boldrin and Levine，2006）。这就会出现趋同式创新的过度竞争（Grossman and Lai，2011；Gilbert，2011；Lerner，2009；Jaffe and Lerner，2004；参见 Donahue，1997）。大多数贸易规则禁止对生产成本给予直接补贴，却没有权力阻止对创新的支持。

不过，我们不知道，这样的竞争是否会带来更快、更多或更好的动态创新（如目前不可见的学习效应或分拆），是否阻碍了地理上创新专业化带来的经济收益（如第三章和第四章所述），甚至是否会导致合理的创新地理分布。创新也会挤出公众和私人行动中不那么激动人心的任务，比如简单地提高生产率或改进老产品。这可能是提高整体创新产出的代价，但它们会如何影响区域经济尚未有定论。

创新与地方互动

因此，创新全球化的现实与“扁平世界”或距离“消亡说”展示的景象相去甚远。不仅有许多理由说明最高水平的创新活动是高度本地化的，还有许多理由说明全球运输和交流技术的创新产生了矛盾和迂回的效应，增加了经济的复杂度和时间依赖型的相互作用，而它们本身就具有很高的贸易成本并提出了本地化的要求。全球化和本地互动在这些方面是相互关联的。但关于创新地点我们仍知之甚少。

本章的分析使我能够提出关于互动和城市区域发展的一个重要问题：某些城市是否比另一些城市有更强的互动呢？对此我们难以找到确凿的证据。然而，前面的分析表明，高度互动的城市是创新的先行者，或者有能力重组并完善产品和服务，比如我提到的机械行业的例子。我在第一章中展示的数据表明，与互动较弱的城市相比，高度互动的城市会有更高比例的非常规任务并有较高收入。随着时间的推移，与那些在区际分工中专门从事互动较弱的例行任务的城市相比，互动更多的城市在收入方面会更具弹性（虽然人口方面不一定会增长更多）。

第十章
地方环境：城市的禀赋

“暗物质”问题：经济差异

德国和美国的汽车在质量、感受和性能等方面存在系统性差异。然而，它们都包含了大量技术并体现了工程知识，它们的设计含有许多通过模仿和相互学习获得的元素。经济学一直都难以解释具有相似收入水平和相似平均要素生产率的经济体为什么在产品质量上会存在差异。[①]当商品和服务可贸易时，而且制造它们的要素是流动的，找不到明确的原因来解释这种差异的存在。也许德国和美国在生产汽车方面存在微妙的要素禀赋差异。这些反过来又导致微妙的生产率差异，然后反映在两国汽车质量和品种（型号）的差异上，且各自都可以成功销售。贸易加强了这种自我选择；如果贸易成本下降，每一种质量或型号的细分市场的规模经济就会得到加强，从而使不同型号的汽车产量也会增加数量。但是，如果这些不是因为自然禀赋，那么我们就需要解释不同的要素禀赋。一种方法是从历史的角度解释，例如，德国更强调生产效率而美国更强调降低生产岗位的技能（Hall and Soskice，2001）。另一种方法是强调需求，比如，在此例中，两个国家的要素不同，因为与德国人相比，美国人对汽车有不同的偏好。请注意，我们的模型能更好地描述差异的内容和程度而不是原因。

制度会导致上述要素禀赋差异；教育、企业组织、产业政策以及研发的组织可能会在不同的地方产生不同的做事方式。但这种因果关系也可以逆转：制度可能反映了禀赋的初始差异；在每一个经济体中，稀缺要素可能需要集体行动去改善其供给或配置。例如，在劳动力稀缺的国家，这就意味着要鼓励教育，从而最大限度地提高稀缺要素的产出，或者可能鼓励制定移民友好型政策（Acemoglu、Johnson and Robinson，2004）。人类学家一直持后者的观点，认为社会之间的经济组织差异反映了初始资源禀赋的差异，从而导致不同的权力结构（Sahlins，1995）。

但是，这些说法都过于笼统，无助于解释上文提到的细微质量差异。因此很难解释即使在一个标准和信息可以交流，以及各地彼此之间有课程和代表团往来的世界里，为什么某些城市、地区和国家在某些事情上做得那么好，而相互模仿又会如此困难。在伦敦、巴黎、东京、纽约、香港、墨西哥以及利马都有优秀的餐馆。但即使做同一类民族菜肴，比如法国菜，它们也无法彼此完全替代。我们经常把某些最高端的产品与某些特定的城市地区联系在一起，比如慕尼黑和斯图加特就是德国汽车的代名词。在许多其他微妙的角度，从时尚到金融，甚至在我们这个高度全球化的世界里，各城市都有不同于其他城市的特定禀赋。制度和要素禀赋无疑有助于这种差异的产生。但是仍存在着缺项，也就是说在解释差异的过程中存在暗物质。

在下文中，我提出的观点是地方的互动结构是差异的一个来源。我将这种互动结构称为地方环境。

第十章　地方环境：城市的禀赋

地方环境的故事

我们来看一个轻松但分析上严肃认真的暗物质问题的例子。我的法裔美国教子从10岁左右开始就非常热衷于食物和烹饪（他现在20多岁）。21世纪初，他曾在洛杉矶、芝加哥、纽约等地的高档餐厅工作过，和巴黎一个优秀的餐馆老板以及一些美食评论家成了好朋友。像许多城市的资产阶级上层人士一样，我们总是在谈论关于食品质量、烹饪和食物体系的话题。他总是会得出相同的结论：虽然在美国最好的厨房有大量创新和卓越之处，但与法国相比，即使在美国最讲究美食的城市也难以吃到价格合理的佳肴。要在美国吃到这样一顿佳肴，通常要去高质量的"大餐"饭店。在美国不乏这样的饭店。不同的是，在法国有很多优秀而亲民的餐馆，不仅数量比美国多，而且价格也更合理。[②]换句话说，我们比较的不是不同地方的顶级餐馆；相反，法国和美国之间的巨大差异在于提供优质烹饪的并非最高水平的餐馆。日本和美国之间的差异也基本与此无异（不仅如此，东京的星级餐馆数量比巴黎多出不止1倍）。

我的教子很久以来就想尝试在美国开一家简单而优秀的餐厅，但他认为这会比在法国难，也许在经济上也难以为继。这其中有些什么不同之处呢？首先，有食材的供应链问题。第一，在美国找不到像法国奥利机场附近朗吉斯那样的大市场。也许更重要的是，除了该市场外，还有其他许多途径可以获得高品质食材，其中许多就是巴黎各食品市场中的那些合适的供应商。虽然近几年北美地区有一些类似的市场也得到了发展（比如西雅图、温哥华和哈得逊河流域），但最好的食材只供应给一些高端餐馆，因为在美国这些食材的相对价格远高于法国。这就导致了第二个差异。因为非星级厨师在法国得到这些食材相对容易，与美国相比，进入优秀烹饪行列的门槛自然就会比较低。于是就有了第三个差异，与法国同行相比，要利用这些食材盈利，美国的餐馆一般要通过加大餐馆规模进行补偿。[③]它们也因为美国城市结构的不同"颗粒度"（granularity）被迫加大规模，因为要想获取足够大的市场抵消它们面对的较高的固定成本结构，餐馆位置和规模是必备条件。第四，美国厨房往往有不同的生产过程。与法国那些优秀但规模不大的餐馆相比，一般意义上比较大的美国餐馆里，点菜的员工占比更大，层次差异也更大。[④]

关键是，一个相对简单、具有适度经营规模并提供优良菜品的餐厅，反过来又依赖于容易获得的外部投入、适度的经营规模以及厨房里适度的层级结构。这些特征使它能够保持菜品的集中、简单，因此能够控制成本。在美国，其激励正好相反，所以这种类型的餐馆十分罕见，迫使生产者和消费者走向"星级质量"的大规模餐馆模式。

第五个结果是餐馆的生产体系对两国的人才储备都有反馈作用。在法国，烹饪人才面临相对更大、更开放、更具竞争性的环境，这使"一般来说很好"的餐馆和高端餐厅成为人才辈出的"摇篮"。在美国，这种类型的培训环境更薄弱，更精英化。

在美国的意大利人是这种美国模式的完美例外，一个众所周知的例外。他们那些成功餐馆的平均规模虽然比意大利本土的要大，但还达不到星级餐馆的巨型规模。意大利人的成功源自宗族经营方法：几乎所有工作人员（通常是以家庭为核心，加上来自家乡的投资者）都来自意大利，有时（但很少）包括服务员在内，但往往包括建筑师和经营管理人员。[5]从根本上说，他们不遵从美国当地的环境，而是“进口”环境，但法国人一般不这么做。

第六个结果与美法两地的创新类型相关。我的教子说，美国顶级餐厅的创新体现在新菜肴的创造上，即将口味或食材进行新的组合。烹饪技术创新以及基本调味汁和口味的创新大多来自法国、意大利和西班牙。在大多数美国餐馆中，概念与执行之间的劳动分工对基本调味汁和口味的创新来说是一个不利因素，但非常利于创造出新的菜肴。这两种系统都有创新，但它们创新的方式不同。

考虑到烹饪和餐饮业存在强大的国际知识溢出，这种差异仍能持续存在令人不解。近年来，美食餐厅的全球环境已经形成，包括劳动力的流动（名厨）、知识的流动（烹饪学校、书籍、杂志）和资本流动（投资者和业主）。老练的顾客四处旅行、品尝美食，并做出比较。在这个行业，有远距离网络与协作，也有一些真正的跨国厨师和餐馆。换句话说，这个故事似乎不是一个知识极不规范因此不能传播的故事。知识逐渐通过越来越多的制度化渠道进行传播。这些渠道将相距遥远的领域连接起来。知识到达不同的地方时，利用知识的方式会有所不同。而造成这些差异的原因，也不能归咎于历史、文化和生活方式。通过学习、信息交换和要素流动可以改变做事的方式。从这个意义上说，法国和美国某些有鉴别力的厨师和食客的经历对彼此的影响很大。要素禀赋、基本偏好和生产系统的组织趋同程度相当之低。

这是一个有趣的故事，但同样的情况可以广泛适用于当代经济。即使在以产品可替代为目标的市场上，德国汽车也与美国同行绝对不同，而与美国的服务企业相比，法国的服务企业在提供集约化生产的消费和基础设施服务方面也存在系统性差异。在其他市场，产品质量和生产系统之间也存在如餐馆例子中所示的那种深层次递归关系，比如好莱坞相对于宝莱坞、米兰时尚与纽约时尚，或者丹麦食品加工与法国或美国的食品加工。

区域环境：行动主体的情境

研究经济的心理学家认为，差异不是一种简单的集聚现象，在集聚中各地区加上了禀赋或偏好的不同组合，而这些组合使它们看起来在文化上存在差异。实际上，它们可追溯到每个行动者的经验，是他们的经验造成了这种集聚上的差异。首先，差异挑战了认为行动主体具有普遍类似的理性认识的观念（Ariely，2008）。做出选择的时候通常是信息不完全并基于一套有限的标准，特别是本地的参照点或锚点。行为经济学的共同主题是情境决定论（situationalism），我们所处的位置对我们的所知所选十分重要（Ross and Nisbet，1991；Haselton、Nettle and Andrews，2005）。行动者的情境有五个重要的维度。

首先，有价值的专业信息不是所有人都能获得。获得它要付出成本，也存在障碍：一个人的社会和经济地位决定他能否以及在什么条件下，有时还会决定他以什么样的成本才能获得信息。在生产活动中，我们对信息的需求和对信息的获取是由我们在经济分工中的位置决定的。21 世纪的劳动分工之复杂令人眼花缭乱。很少有人能真正全面了解他们在其中工作的生产链，更不用说了解他们作为工人、消费者和公民置身其中并影响他们生活数以百万计的其他专业系统。这可能是分工之美，也就是说，我们不需要知道这些东西，就能从这些复杂的结构释放出来的生产力中获益。[6]这也意味着我们知道的只是其中一部分。因此，我们为自己定义的情境是局部或部分处境。[7]

其次，人们从事有限的搜索行为，并极其重视有限的参照点，即使这些参照点都是相当随意地选取的，而且转瞬即逝（Kahneman and Tversky，1979）。第三，社会和经济网络为我们获取想要寻找的信息提供了基础（Granovetter，2005；Powell，1990）。由于网络构建了我们一连串的机会和角色，我们在其中的成员身份影响我们成为什么人，因此影响了我们如何形成自己的偏好和选择。

情境决定论的第四个维度是行动者如何形成自己的目标。无论是完全主观的偏好还是合理建构的偏好，都有大量证据表明，目标会受到比较和效仿的强烈影响。地位的比较几乎会影响偏好形成的每个维度。荣辱之间的界限会随时间和空间的变化而不同，因此我们想效仿的对象也会不同（Appiah，2010）。我们要对比和模仿的东西不是求解全局最大化，而是取决于我们在劳动网络中的社会和地理位置、我们在劳动分工中的角色以及荣誉的标准（Frank，2001；Fine，2006）。有不少的研究表明，即使游历甚广的经济精英也会有不同的情感和偏好（Lamont，1992）。

第五，我们真正获取的信息一般是以相对狭隘的方式处理的。心理研究表明，人们大多在忽略某个狭小范围之外的事件和后果的情况下做出决定（Thaler，1985），且大多数情况下凭经验做决定，并没有经历最大化其收益所需的过程（Ariely，2008）。[8]如禀赋效应所示，人们在做决定时往往很保守；他们想保持已有的东西胜过几乎任何其他目标

(Thaler，1994)。他们也规避价值很小的高风险赌博，并且常常有很强的报复心理（Fehr and Gachter，2000)。这并不是说决策仅仅是情绪的释放，因为经济行动者可能会学习管理、解释和控制自己的情绪（Gul and Pesendorfer，2001)。但他们不能把自己孤立起来给自己构建一个无情境的世界（Gilovich、Griffin and Kahneman，2002)。

现在我可以给环境这个词下一个定义。劳动分工以及行动者所在的网络决定了环境的结构成分。这是给每个人提供的信息环境，因此也是其线索和参照点的“输入”结构。反过来，单个行动者致力于他们的搜索行为（探矿）和目标的形成（效仿/志向），产生选择和评估行为（受到经验规则以及网络和地理环境中展现的框架的强烈影响）。[⑨]

某些种类的商品和服务具有高度多样性、低标准化（codifiability）和不完全替代性等特点；这些都属于经济的创新领域。环境包括对这些活动配置投入品的行为或动物精神。环境涉及那些彼此之间以及与当地劳动力市场有大量交易的企业，环境不能在企业等组织内部完全内化。因此，环境有很强的地方社会乘数。它们类似于构成特定城市地区禀赋基础的深层禀赋和心态的“邻近效应”（Durlauf，2004)。

环境与调整

在某些类型的创新过程中环境发挥着特定的作用。拉尔夫·米伦扎尔和乔尔·莫克尔（Ralf Meisenzahl and Joel Mokyr，2010，第5页）定义了创新活动的三个层次：

> 第一层次是宏观发明和其他重大突破，解决了一个主要的瓶颈

并打开了一扇新的大门。我们会把这些发明者称为主要的发明者，他们大体上也是那些能进入经济史教科书的人。另一个层次是无数累积性的中小型微观发明，改进和调试既有发明，赋予它们新的用途，并在新应用中加以结合。从事这些发明的人会被称为“调整者”（tweaker），因为他们是对既有发明进行了改进。这其中一些比较重要的改进可能值得申请专利，但显然不完全如此。第三层次，也许是英国优势中最不被承认的，是大量熟练工人的存在，他们能够建造、安装、操作和维护新的复杂设备。纯粹的操作者需要掌握非常多的技能，但他们自身不需要具有创造性。我们会把这些人称为“执行者”。不用说，调整者和执行者之间的界限很模糊，但创造力的明确标志至少是有一项专利或获得某个创新奖。

在我举的餐馆的例子中，区分一个餐馆城市和另一个餐馆城市的关键行为方式是调整。地方禀赋正是以这种方式得以表达。环境指的是影响和加强调整的环境。

调整技能意味着拒绝复制或通过远距离管道传播。米伦扎尔和莫克尔（2010，第41页）认为：

然而，（工业革命）这一历史事件并不是全国性的，而大体上是地方性的：纺织业、钢铁业、采矿业、五金业和仪器制作等行业的创新只是其中几个例子，它们都是地方现象，主要依靠包括人才在内的地方资源。

通过调整展现的禀赋和环境是高度本地化的，其原因在于它们无法实现标准化：

> 我们既不应关注人口的平均属性，也不应关注“超级明星”的经历，而应关注这两者之间的群体。这个群体有能力灵活地调整、适应、组合、改进和调试现有的创意，根据规格要求把创意变现，还可以用知识填补蓝图留下的空白，这些对工业革命至关重要。(同上)

上面这几章为我们了解城市地区的创新模式提供了一些工具：集聚及其技术外溢（学习）的经济地理分布；技术全球化与发明和重组在地方上相互作用之间的复杂反馈；地方环境和调整行为；当然，还有交易撮合者和其他强大的行动者构成的本地网络如何使调整者实现其想法。

时间、空间与环境

经济体复杂的组织和地理结构影响着行动者与外部世界的关系。一些由此产生的环境比较专业化且相对同质化，而另一些则呈现多样化，有着更不规律的异质化关系。这些关系也具有地理维度：它们受地理位置影响，反过来又与生产性组织，也即生产性组织的不同部分之间的分工和贸易关系密切相关。一位在底特律汽车行业中工作的工程师（如今）可能与东京、斯图加特或慕尼黑有非常紧密的联系；好莱坞的某个经纪人可能与纽约有密切联系；门多萨（Mendoza）的葡萄酒商可能与波尔多（Bordeaux）和基安蒂（Chianti）有千丝万缕的联系。

在城市这样的地方性环境中，我们可以发现有许多企业都在使用各种算法和规则进行高层次内部沟通，建立了高度有组织的远程专业供应链关系，自发开展多样化的本地互动。这种情况下，行动者的环境架构就是远程供应链和本地互动的某种结合，到目前为止我们对此还知之甚少。同样，地理上分散但高度组织化的供应链环境，仍有可能泄漏本地或远程环境中的计划外信息。核心问题是，如何界定和传递信息和信号，这是行动者所处情境中的关键资源，然后这样的传递渠道又如何影响行动者建构事物的方式、模仿的对象、做出选择的方式以及要学习的内容。

现在我们来看看上述现象的一些实例。服装产业具有较高程度的产品差异化。相应地，这个产业内的市场结构和地理环境也各不相同，这表现在由地理上分散的产业链完成大企业内部的批量生产，以及服装生产集群或地区呈现高度本地化、专业化的特点。效仿、学习和创新的各个过程都因为这些环境而有所不同。技能很难在这些环境之间转移。但技能之间存在一定的溢出效应，因为大规模生产通常设法偷学和复制那些快速时装或高级时装，反过来高档服装又从城市、艺术和“街头潮流”等另类学习。德国、日本和美国的汽车制造商在组织及其核心活动的地域上存在显著差异；生产消费电子产品的公司也不例外（Sabel and Zeitlin，1985；Hall and Soskice，2001；Scranton，1991）。底特律和东京经过30年的竞争形成了各自独特的产品，而底特律甚至宣布打算亦步亦趋模仿东京，但未能做到。即使在一个技术大量共享和信息广泛流通的世界中，每个系统内的行动者也无法改变信息、效仿动力（emulation clynamics）差异、（时间期界）可能的贴现以及各种选择行为上的差异。行动者以不同的方式思考问题（Whitley，2004）。

第三种情况是世界上那些赢家通吃的系统，如伦敦、硅谷或好莱坞，或围绕独特的产品组合以及植根在地方体制中培育出来的地方性工艺而建立的各种工业区（Bathelt、Malmberg and Maskell，2004）。这些系统不仅存在于它们各自活动的技术前沿，而且这个前沿被一小部分系统占领。如此高度成功的集群服务于全球市场，并受制于各种远方的正式或组织性程序、专业和监管规范等等。每个核心区域都有一种环境，其各个维度可以在一定程度上被模仿。但复制整个环境是一个几乎不可能的集体行动问题，因为行动者的思考与模仿动机是相互依存的，因此这些方面的行为有强烈的相互影响和累积效应，这就是局部乘数效应。全世界都有硅谷的追随者，却只有一个硅谷。

分布式环境：又一个“大转变”？

如同我们在第九章看到的地理和技术的七个C，从组织和地理角度看，主要变化发生在分散生产的可能性方面。从地方环境或地方特定的集体禀赋看，如果地方与全球之间的关系发生一系列剧烈变化，那么对于地方禀赋和禀赋的地理分布来说，这可能意味着什么呢？换言之，推测地方与远距离关系会有什么巨大转变（Polanyi，1944）。

这种可称为分布式地理环境方向的转变，将包括几个主要的维度。首先，迄今为止，许多复杂的远距离关系必须被内化于组织之中，但简单的远距离交易则在开放的市场上进行，而中等级别的复杂关系则会采取合同的方式。那些复杂且难以标准化或常规化的关系都是地方性的。那些有助于远距离协调和监督的新技术，如果足够强大，就可以通过建立开放的市场关系，签署互动程度和复杂程度更高的复杂合同，帮助扩展环境。

其次，协调、订立合同和监督过程的正式和非正式之间的界限将有明显的改变。准正式化是有可能的，从而把目前在本地做交易或通过直接联系做交易的便利性与远距离和灵活性结合起来，即把正规交易和非正规交易的优势相结合。第三，各类重要信息、知识以及方法可通过全球渠道获得（Bathelt、Malmberg and Maskell，2004）。

因此，这种分布式地理环境与其说具有地理特性，不如说具有组织特性。它们的组织基础与以前的截然不同，从而可以通过广泛使用信息技术，管理极其复杂的互动。地理分布式环境就算不会完全消除我们现在体验的城市禀赋，也会改变这些禀赋。我在第九章指出，尽管在技术和协调方面有许多实验，但我们现在离消除城市禀赋还很遥远；我在第十一章会论证面对面交流仍然是经济协调的有力工具，而远程交流不太可能减弱面对面交流的作用。尽管有这些疑虑，但是在思考从地方或国家环境向全球环境的大转变时，这里的讨论仍具有启发意义。

分布式环境经济学：最优性和福利效应

贸易理论指导我们把分布式环境的出现视为经济发展的一个自然和不成问题的维度。如果地理上的分布环境取代扎根式地理环境，那么"全球禀赋"水平相对于既有的地方禀赋水平有所提高，会使世界经济受益吗？如果好莱坞是一个没有地方核心的全球生产网络，那么它的产业会与具有当前组织和地理情况的好莱坞的产业相同吗？它会成为更好的不同产品的制造商吗？从环境理论的角度看，我们可能会提出疑问：环境的变化何以会改变行动者的思考、模仿、选择和学习的行为，并因此决定了所在产业的发展活力？它会成为福利增加更少的更差产品的制造商吗？从这个角度看，全球化不仅仅是选择不同技术的问题，而且会影响人们掌握的生产知识以及其他知识（Martin and Sunley，2006；Boschma and Lambooy，1999；Jaffe、Trajtenberg and Henderson，1993）。

正如我在餐厅的例子中所说，当我们从地方环境走向分布式地理环境时，得到的产品是不完美的替代品。不仅生产技术发生了变化，而且产品的一切外在表现都发生了变化。在这种情况下，行动者使用的信息会通过全球劳动分工纵向传播。在模仿、认知和学习等关键的过程中，相对于来自网络（例如，地方或本国信息交换环境）外部的信息，这些信息将越来越多地得到优先考虑。异质性企业的某些正式贸易模型预测产品种类会减少（Baldwin and Forslid，2006）。换句话说，调整生产链的决策会导致“未选择的路”（Arthur，1989，1994；Hodgson，1993；Essletzbichler and Rigby，2004；Dosi，1998）。我们可以对选择的道路与既有的道路进行比较，但无法测算对于被当前的行为消除改变的环境下可能的产品质量以及数量。环境的创建或消除大多是生产的组织和位置决策的意外结果，这些动态影响并没有被纳入决策过程，也没有以任何方式给予成本核算。它们是全球化进程中的发展型外部性（developmental externality），与世界一体化进程中文化及语言的创造和消失同理。

因此，城市和区域的禀赋不仅仅是地方事务，正如在一些特定地方出现但被广泛使用的创新不是地方事务一样。地方禀赋不会自动得到保存或因为更大范围的整合而朝有利的方向改变，正如并非所有贸易都可以自动为所有地方带来积极的结果一样。思考地方环境或禀赋的未来并不是源于贸易保护主义或怀旧的动机；相反，环境和地方禀赋的概念让我们更好地思考什么时候应该培育这样的环境，什么时候让其他环境消失会使经济从整体上变得更好。

第十一章
面对面接触

面对面接触依然很重要

人口极为密集的城市中心使我们好奇不已：为什么所有这些人如此紧密地聚集在一起?[①]一般而言，人口的稠密状态会让经济学家不解，因为这会造成如此多与之相关的不便，包括拥堵成本和其他负外部性。密集的办公区、美术馆集群、各种夜生活区全都是互动持续不断地控制我们的表现形式。这不可能是因为运输费用，因为运输费用已经大幅下降。香港或曼哈顿对于密集发展模式的偏好，或巴黎和伦敦那种古老加密集加美丽城市的模式，似乎都无法解释发展，因为正如我在第五章所说，能够给人们提供愉悦生活和美感的建设环境多种多样。

确实，许多美术馆聚集在一起使艺术爱好者节省了搜索成本和时间，一个下午就可以参观其中许多地方，而时代广场附近的餐厅集群可以视为剧院集群的中转站。但它的作用远超过集群。虽然更加有效的电子通信方式得到了发展，但是经济还是为人们彼此会面留出了巨大的资源空间（Leamer and Storper，2001）。在过去25年中，长途商务旅行的增长速度超过贸易和产出（Hall，1998）。鉴于旅行的金钱和机会成本，无论是在本地还是长途跋涉，那些经济行为人依然要彼此会面，这一定有其强大的理由。

除了节省信息交换的成本，或寻找最好的电影或餐馆之外，人们密集集聚还有其他的特性。正如在第二章和第三章中讨论的，坚持城市化和本地化的做法背后，应该有三种主要的力量：企业之间的往来联系，包括进入市场；工人的聚集；本地化的相互作用，主要是在高技能型人才之间。所有这些力量的基础是促成交易、评估和关系调整，正如我们现在看到的，而所有这些目的的达成都强烈依赖于面对面接触。因此，如果不是基于面对面接触，对这些机制的分析就是不完整的。

面对面接触的具体特性

表 11.1 列出了面对面接触的四个主要特性：一种高效的沟通技术；使行动者共同投入，从而减少激励问题；能够筛选代理人；激发人们的努力。

表 11.1　面对面接触

功能	面对面的优势	环境
沟通技术	高频率	非标准化信息
	快速反馈	研发
	视觉和身体语言提示	教学
关系中的信任与激励	谎言检测	会面
	在时间上的共同投入	
筛选与社会化	非匿名	专业团体
	判断与被判断	同属一个“圈子”
	获得共有价值观	
冲动与动力	当面表现	演示

作为沟通技术的面对面接触

表 11.1 的第一行是作为沟通技术的面对面优势，特别是当传播的大量信息无法标准化时的优势。如第九章指出的，规范化的信息具有稳定的意义，无论是语言、数学还是视觉信息，都与其所在的符号系统有确定的相关性。这种信息的转移成本比较低，因为其依托的符号系统可以通过信息基础设施广泛传播，大幅降低单一信息的边际成本。获取这个符号系统（由于语言、数学技能等原因）可能很昂贵或很缓慢，建立这个传输系统可能也是如此，但使用它来传达信息的成本也很低。因此，标准化信息的传输具有很强的网络外部性，因为一旦获取了基础设施的使用权，新用户就可以加入，从而利用整个网络。

相比之下，非标准化信息与其所在符号系统的联系比较松散。这包括许多基于单词的语言表达（话语和语言之间的著名区别），或者特别是所谓的“复杂论述”（complex discours）（Searle，1969）。例如，一个人在不了解一种语言隐喻的情况下就能够掌握其语法和句法。对某些用数学表达的信息以及大量视觉信息来说也是如此。如果信息不标准，要想做到信息的成功传输，仅仅获取符号系统或具有物理基础设施是不够的。非标准化信息的传输可能只有有限的网络外部性，因为消息传输的成功与否取决于主要为某对特定的发送者和接收者建立的基础设施。格瑞利·贝特森（Gregory Bateson，1973）提到了默会知识的类比质量，即个体之间的沟通。这种沟通需要对一个问题的复杂性做某种对比处理，因为一个问题的不同方面只有在相互联系的情况下才能得到认识和理解。

面对面接触带来了其他沟通形式不可能达到的深层和快速反馈，从而提供了复杂情形下高效的交易技术。组织理论家尼汀·诺瑞亚和罗伯特·埃克尔斯（Nitin Nohria and Robert Eccles，1992，第292页）指出，“相对于通过电子媒介的交流，面对面互动的结构提供了一种不寻常的中断、修复、反馈和学习的能力。与那些大体上可称为序贯互动的互动方式相比，面对面互动使两个人可以同时发送和传递消息。在面对面互动中才有的中断、反馈和修复的循环如此之快，几乎是瞬时的”。

这与社会学家尔文·戈夫曼的研究结论不谋而合（Erving Goffman，1982）：“一个说话者在他传递信息的过程中就可以看到别人的反应，可以随时调整以得到不同的反应。”

但面对面互动之所以成为一种优越的沟通技术，不仅仅是因为很多信息的非标准化。面对面环境下的沟通是同时在许多层面上的沟通：言语、身体、上下文、有意引导和即兴发挥。这种多维沟通对于传递复杂的默会知识来说至关重要。社会心理学家认为，创造力是同时用不同的方式处理信息的结果，不仅包括标准的演绎方式，也包括类比、隐喻和对比的方法（Bateson，1973；Csikszentmihalyi，1997）。这些不同的沟通方式会带来不能通过严格的线性感知和推理带来的关系。雅各布斯（Jacobs，1969）所说的多样性和偶然性带来的全部好处，包括能偶遇名人等城市现象在内，只有通过这些多层次的沟通才能实现。语言学家如约翰·塞尔（John Searle，1969）和约翰·奥斯汀（J. L. Austin，1962）也强调了面对面沟通的重要性，认为语言是行为，而面对面的对话是具有社会创造性的复杂活动。同理，戈夫曼（Goffman，1959）和哈罗德·加芬克尔（Harold Garfinkel，1987）等社会学家表明，来自共同在场的互动就好比在舞台上扮演一个角色，其中的视觉和身体线索对于了解“说的”内容以及话语本身至少同等重要。

关系中的信任与激励

表11.1的第二行是指共同在场降低经济关系风险的方式。默会知识往往使一个行为人无法确定其他行为人的意思表达和意图，因此有可能导致一方搭另一方的便车或操纵另一方。有时可提高信息本身的透明度、清晰度，或者可验证程度，可以降低这些道德风险。但是，当这样做不可行时，就需要利益双方建立一种关系。建立足以接触彼此的近距离关系，会产生视觉上的交流和情感上的亲近，而这正是建立人际关系的基础。

例如，当代知识经济涉及许多项目，这些项目中的许多个体需要聚在一起获取和交换信息。这类项目的后期，即撰写报告、执行交易或是做出投资，通常会涉及标准化信息。早期阶段，信息才是更加不确定的。这个项目是一个好想法吗？应该遵循这种方法还是另一种方法？回答这些问题要求项目中的合作伙伴进行研究并分享他们的答案。通常这种研究的投入和产出都无法预见。因此，合作伙伴可能会认真对项目进行研究或干脆坐享其成，希望合作者来做这方面的工作。

在面对面的情况下最容易观察和解读合作伙伴的行为。知道另一个行为人的意图使我们能够解析他们向我们表达的内容的实际含义（Husserl，1968）。人类能够有效地感知彼此的非语言信息，特别是情感、合作和信任方面的信息。帕特南（Putnam，2000，第175页）指出，“看来，在人类的进化过程中，发现谎言的非言语符号的能力为人类提供了显著的生存优势”。心理学家阿尔伯特·梅拉比安（Albert Mehrabian，1981，iii）指出，“我们的面部表情和声音表情、姿势、动作和手势”至关重要；当我们说的话与“这些非语言信息中传递出来的信息不一致时，别人就会不信我们的话，他们几乎完全依据我们的行动做出判断”。

面对面接触有助于培养信任。信任取决于声誉效应或交易各方之间能够创造低成本执行机会的多层关系（Gambetta，1988；Lorentzen，1992）。信任也源于为建立关系付出的时间、金钱和努力。这些都是沉没成本，增加这些付出意味着愿意建立一种长期关系；没有第二次约会，第一次约会就没有价值。然而，要建立关系，成本必须是实质性和透明的。矛盾的是，高效的电子邮件竟能破坏信息的价值。电子邮件大大降低了发送消息的成本，也在某种程度上降低了接收信息的成本，但多数情况下其成本不透明。回执只意味着收件人已经打开了邮件，但发送者不能确定收件人对接收内容给予了足够的重视。在这个意义上，对于和环境相关的复杂信息来说，媒介就是信息。而直接的面对面接触是验证他人意图最强有力的媒介。

筛选和社会化

虽然面对面接触是一种高效的互动技术，但成本很高，这不仅仅是因为它十分耗费时间。我们没有奢侈到能够与全世界的人面对面接触，所以我们需要筛选出我们想与之互动的人。如何识别出这样的人？一种是正式的筛选程序，如考试和认证。另一种是发展非正式网络，在这个网络中，建立起有关成员技能的共享知识储备。

但是这种类型的社会和专业网络常常需要（尽管不总是需要）面对面的接触。它们需要以个体失去自己的匿名性为基础；该群体的成员不断地对彼此进行判断，并相互分享判断结果。在一些国际化的职业中，如学术界，并不总是需要同时在场（colocation），但是肯定要在各种会议中通过面对面的接触强化。在其他活动中，这些信息网络只能在有限的地理区域内得到维护。在时尚、公共关系和许多艺术（包括电影、电视、广播）领域，在顶部有一些国际网络，但是在网络中间地带，都是高度本地化且变化迅速的网络，而且那些网络成员使用的信息高度依赖于环境。在金融服务业和高技术产业中，本地网络与远程接触系统相互交叠。在几乎所有与政商关系相关的事务中，网络都具有强烈的民族国家性和区域色彩。

网络成员和潜在合作伙伴的筛选相当复杂，因为合作伙伴最有价值的地方大多与他们的默会知识相关，这些默会知识的含义高度依赖于文化和环境（Lakoff and Johnson，1980）。卡尔·波兰尼（Karl Polanyi，1966，第 4 页）认为，默会知识和隐喻知识深深嵌入特定的环境中。因此，潜在合作伙伴需要相互了解，或有广泛的共同背景。他们学着分享那些表明他们有一定判断标准的“准则”，这反过来又向他人表明他们属于同一社交圈（Coleman，1990）。[②]这给了他们成为圈内人的手段。社会化的最终实现很大程度上是通过面对面接触，这些接触发生在家庭、学校以及一个人所在群体和工作场所的社会环境中。

请注意，在经济过程中面对面接触在两个时间尺度上起到了筛选作用：从长期看，通过人的社会化；就短期而言，通过允许潜在的合作者在专业团体和网络中评估其他人的表现。

“冲动”：面对面接触带来的动力

表11.1 的最后一行显示了面对面接触产生的激励效应的另一个维度，它超越了口头或视觉交流。面对面沟通的丰富性和力量并不仅仅来自它使我们可以看到对方的面孔，然后通过这种视觉接触发现有意和无意的信息。根据戈夫曼的观点（Goffman，1959），面对面沟通是一种表演（performance），即信息生产的一种手段，而不仅仅是更有效的交流手段。在这种表演中，话语、意图、角色扮演和特定的环境都是为了提高可传输信息的数量和质量而汇集在了一起。此外，表演可以激发模仿和竞争，进而提高人们的努力程度。心理学家表明，寻求快乐是一种强大的动力，某些快乐与地位和职位的自豪感有关：我们模仿别人，努力比别人做得更好，并从成功中获得快乐。当我们做出努力，并走向成功之路时，就会产生一种生理冲动（rush），推动我们前进。但是，所有的快乐会随着它融合到之前的“正常”状态后很快消逝，只有再次改变这种状态，才能再次找到快乐；因此人们必须不断地寻求这种地位和职位自豪感（Scitovsky，1976）。面对面接触提供了最能体现这种愿望的最强信号，并能产生推动我们做出更大更好努力的冲动。因此，即使今天有先进的计算机可以用来监控员工的表现，工作场所并没有因此消失，而面对面接触基本上发生在工作场所。不仅是因为这样更容易监督在场的员工；也正是因为员工出现在工作场所本身就是一种动

力（Kahneman、Diener and Schwartz，1998）。

人们面对面接触的原因：　两种模型

认识到面对面接触的这些基本特性，我们可以明白面对面接触如何提高经济行为人之间的协调性。我现在可以描述一下斯托珀尔和维纳布尔斯（Storper and Venables，2004）就面对面接触构建的两个模型。非专业读者可能想略过这一部分。在第一个模型中，面对面接触克服了工作伙伴关系形成中的激励问题；在第二个模型中，允许行为人评估他人的素质，并导致内部小群体的形成，从而支持更有效的伙伴关系和动力增强。这两个模型都表明，面对面接触提高了生产率。

在第一个模型中，假设两个人正在考虑开展一个联合项目，但他们不确定项目的最终价值或质量。一开始，他们知道的就是这个项目要么好，会得到最终的回报 A；要么坏，回报为零；他们都赋予该项目相同的先验概率 p。我们可以对他们之间的博弈构建一个两阶段的模型。第一个阶段与获取项目质量的信息有关，第二个阶段涉及信息共享，决定是否开始该项目，以及项目的实施。

在第一阶段，两人各自进行独立研究，并获得该项目是好还是坏的信号。由博弈者 I 获得的信号可能是有利的，用 g_i表示，也可能是不利的，用 b_i表示。然而，他们得到的信号并不准确；一个好的项目可能会发出一个坏信号，反之亦然。通过付出努力，用 e_i表示，每个博弈者（$I = 1, 2$）可以提高接收的信号质量。

在博弈的第二阶段，两个博弈者都如实将自己获得的信号告诉对方。[3]使用标准的贝叶斯（Bayesian）技术，博弈双方将获得的信息结合起来估计项目为好的概率；获得的好信号越多，提高信号质量花费的努力越多，这种概率就越高。然后双方决定是否要继续该项目。如果项目被证明是好的，则继续进行的成本为 C，收益回报为 A，否则为零；我们假设 $Ap = C$，那么（在研究之前）项目预期盈利为零。

个人面临的激励和均衡结果如图 11.1 所示。纵轴和横轴表示两个博弈者的努力水平，OA 和 OB 两条线将空间划分成三个区域。如果处于 OA 和 OB 两条线之间，两个博弈者的努力水平足以使双方在第二阶段选择继续该项目，条件是他们都获得了项目良好的信号，$\{g_1, g_2\}$。然而，如果处在 OB 线之下的区域，说明相对博弈者 2 来说，博弈者 1 投入的努力太少（因此，1 的信号很不可靠），如果博弈者 2 获取的是好信号，1 获取的是坏信号 $\{g_1, b_2\}$，他们也会继续。同样，处于 OA 线之上的区域，他们获取的信号也是 $\{g_1, b_2\}$，同样会继续。标记为 EU_1的曲线是博弈者 1 的预期效用无差异曲线，向右延伸就会与 OA 和 OB 两条线相交。粗实线 $e_1 = R_1(e_2)$ 标出的是对博弈者 1 来说，对于每个努力水平 e_2的最优响应函数。我们看到，如果 e_2为低水平，那么博弈者 1 会忽略博弈者 2 的信号，并持续投入一定量的努力（在 OA 线左侧的区域）。相反，如果 e_2的水平足够高，博弈者 1 会搭便车，投入零努力（在 OB 线下面的区域）。如果 e_2处于中等水平，博弈者 1 会减少投入正的努力水平，同时 e_2 减少。粗实线标出的是博弈者 1 对博弈者 2 的努力水平的最优响应，而粗虚线（它们在 45°线周围的映像）表示的是博弈者 2 对博弈者 1 努力水平的最优响应。

如图 11.1 所示，该博弈有三个纳什均衡（Nash equilibriums），标

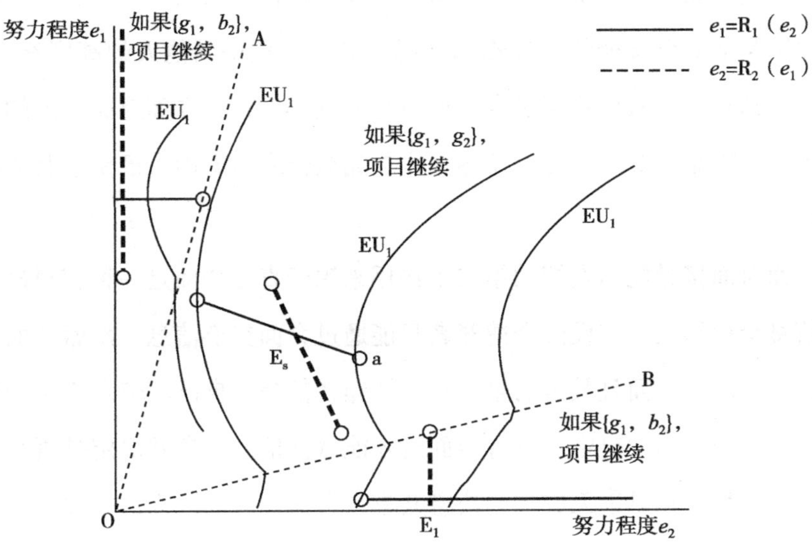

图 11.1　信息获取与共享博弈中的均衡

记为 E_S、E_1 和 E_2，在这两个博弈者的最优反应函数相交的时候出现。E_S是对称的，说明两个博弈者投入的努力相同。E_1 和 E_2 分别代表博弈者 1（或博弈者 2）的努力为零时达到的均衡；但在这种情况下，如果另一方的努力达到了图中所示的水平，便达到了非公开的最优结果。这种搭便车的做法意味着几乎没有获取信息，如果在这两种均衡下开展的项目比 E_S情况下的项目多，则项目的失败率就越大，总收益越低。④

多重均衡体现出此类项目中博弈者搭便车的激励。面对面接触如何才能减少搭便车。选择出对称平衡？面对面接触，即两个博弈者的会面，可以起到两种不同的作用。首先，两个博弈者在博弈开始前的会面可以使他们在这个均衡上进行协调。见面却保持不付出努力的决心，这非常困难。困难的部分原因是见面这种方式与生俱来的共时性，即两个博弈者同时处于一种谁都不可能做到不投入任何努力的情景中；还有部分原因是面对面接触的心理作用，博弈者都希望得到他人的高度尊重，而形成这种尊重只可能通过合作而不是冲突。因此，在面对面接触的情况下，就很难让其中一方保持零投入、完全依靠对方而自己坐享其成的立场。

面对面接触能够发挥的第二个作用来源于直接会面是一种相对昂贵的信息交换形式。假设两个博弈者只能通过会面交换信息。出席会面存在真正的成本，而且关键的是，每个博弈者都是以自己的信息为基础做出是否参加会面的决定；只有会面时才能做到信息共享并决定是否继续进行该项目。相对于无成本的信息共享，会面如何能改变情景呢？如果会面的成本足够高，那么没有做任何研究的博弈者（以及接收到信号的博弈者）就会觉得不值得参加会面。因此，什么都不做不再是私下有利可图的；每个博弈者都必须付出成本（出席会面的成本）才能获得合作伙伴的信息，如果有初始信息就不值得付出这种成本。

在图 11.1 中，每个博弈者的无差异曲线的形状都有变化。关键是，低于 OB 这条线时，如果他们得到的是坏信号，对于博弈者 1 来说就不再值得出席会面。在这种情况下，与 OB 上面的区域相比，OB 下面的区域减少了 EU_1，从项目中分享盈余的前景就不复存在。EU_1无差异曲线形状的这种变化意味着最优响应函数 R（e_2）从 a 点向右扩展。如果再延伸到一定程度，点 E_1（E_2也一样）就不再是均衡。两个最优响应函数现在只有一个交点 E_s，此时这两个博弈者都有正的努力水平。因此，会面将这组均衡减至唯一均衡，在这一均衡上博弈双方都会做出努力。

这一分析虽然高度格式化了，但是分析了会面可能具有的两种不同作用。一是作为一种预先沟通形式为达到某个可能的均衡进行协调。二是提高了搭便车的成本，一个不付出努力的博弈者会觉得不值得参加会面，因此也就不能从项目中获得正回报。[5]

内部群体的形成：成为圈内人

潜在合作伙伴的预先筛选或社会化，在某些环境下，可以通过正式的认证和制度化的筛选机制，如专业考试来实现。然而，在另一些环境下，特别是在创造性的活动中，能力很难评估，而考核标准也做不到规范化和制度化，这种正式的技术手段可能不起作用。相反，那些非正式网络（处于圈内或团体内部）可能会作为替代的筛选机制。从这个角度说，我们可以考虑第七章和第八章的例子，即以是否属于以色列8200部队可以筛选出进入该国高技术创业网络的人。

这样一个群体的信息基础是什么？如果对个体的能力或努力无法做到事先筛选和证明，某个群体就必须对所有人开放，当然不一定是免费的。然而，一旦进入，成员就不再是匿名的，大家都知道群体中有谁，成员之间会看到彼此的表现。此信息会用于维护群体的质量。最简单的情况下，失败的记录会被用作开除出群体的基本条件。因此，群体成员彼此间不断地判断和被判断，且非常清楚谁进入以及谁退出。

内部群体的形成过程以如下方式运作：

- 因为害怕被逐出群体，内部人士比外部人士工作更努力。
- 这种努力对比较能干的人作用更大，因为加入团体的潜在收益更大，这会影响对该团体的进一步重新定义：能力高的人工作更努力，更容易成功，因此留在团体内的概率也更高。

• 所有人都可以进入这个团体，但进入是有成本的：也许是在一个更昂贵的城市工作的成本，或通过面对面接触与该群体建立初始联系需要花费的时间。这一固定成本因人而异。

• 团体的初始成员中能力高者比能力低者比例更高。因此，入门成本起到了自我选择机制的作用，进一步扩大了内部人和外部人之间的能力差距。团体内部的人比外部人更努力。其结果是，随着失败概率的降低及团体规模的增大，内部团体中高能力的人的比例也得以提高。

因此，通过加入团体，能力高的人取得项目成功的概率更高，使他们更有可能在团体内生存。该团体的成员将（以其能力为条件）比外部人的收入更高，因为收入与（平均）素质比较高的人相匹配。该团体的成员也将比外人工作更努力；收入差异产生了留在团体内的动力，而努力工作提高了留下的概率。最后，虽然团体最初对所有人开放，但可能有入门成本，也许是以时间和精力的形式，这是大家认为加入团体值得投入的。即使不同能力的人付出相同成本，但是对能力较差的人来说，这个成本会有更大的阻吓作用，因为他们进入团体后的收入比较少。

在这个过程中谁会获益而谁又会受损呢？如果没有团体的存在，所有高能力的人都有相同的效用，所有能力低下者亦然。团体的存在造成内部人和外部人之间的差别，对高能力的人来说，这种差别要比能力低下者更大，如果努力是内生的，而入门成本对最初选择进入团体的人有影响，这种差别就会更大。局外人是大输家，因为对团体成员的精挑细选迫使他们更难与之匹敌。从内部团体获益的人都是高能力的内部人士。

因此，面对面接触消除了匿名性，使人们彼此之间进行判断和被判断。如果你的失败被别人看到，那就有可能被标记为一个局外人，团体成员将不再寻求与你匹配。在许多活动中，这个概率参数的大小本质上与空间相关。在一个互不认识的匿名世界里，内部团体不可能形成。通过消除匿名性，面对面接触提高了人们有更高的概率逐步形成对他人能力的良好的迭代判断（iterative judgement）的概率。形成一个产生和共享这些信息的团体，提高了工人的匹配质量，也强化了个人的成功激励，并增加了团体成员在工作中的努力程度。

远程呈现（telepresence）与面对面接触的未来

如今关于广义的远程呈现能否替代面对面接触有很多推测。[⑥]远程呈现将可能替代某些常规的接触形式，并在时空上扩展通过面对面接触建立起来的关系。我们不能完全预测未来的远程呈现，因为这不仅取决于远程呈现技术的质量（可能会大大提高），也取决于社会和个人的学习使用。远程呈现的未来将是一个双向过程的结果，会在经济上产生一些复杂的新功能，这反过来又会在经济领域内增强面对面接触的必要性，而能够在其他领域替代远程呈现（Charlot and Duranton，2006；Olson and Olson，2000）。这是我在第九章分析的单位交易成本较低、复杂性与贸易之间双向关系的又一个例子。

远程呈现这样的沟通技术可以在三个不同方面对分工产生影响：一是替代既有的工具，如远程呈现取代电话；二是补充既有的工具，如远程呈现增加了电子邮件的流量（因为远程呈现使互动会议成为可能，从而引发更多人使用电子邮件）；三是推动新事物的出现，如为更加流畅和计划外的社交网络提供便利。

信息技术在企业中已经产生了所有这些影响：随着电子邮件的出现，信息技术从简单地替代打字机和办公室内备忘录等，逐渐发展到秘书服务减少、自给自足的移动办公增加。表 11.2 从定性和定量角度评估了不同的沟通形式。为了简单起见，表 11.2 中只描述了成功实现沟通的情况，以及既有效率又有效果的互动手段。

第一列是交通灯的使用情况。这是一个复杂度低的窄带工具。消息发送程序设定交通灯从红到绿的变化，当信号由红变绿时，对接收者来说这个信号既清晰又简单。沟通是同步的，因为如果那一刻没有人在路口等待灯光的改变，信号就浪费了。

在第二列中，传统的邮政信件体现了异步沟通，因为发送者知道接收方过一段时间才会得到信息。一封信包含的信息量可大可小，完全与发送者和接收者的需要相关。然而，它的异步形式限制了可传输信息的数量和质量。

表 11.2　沟通关系的质量和数量

	交通灯	信件	讲座	会面
“复杂”度	低	中	高	最高
“带宽”	窄	中	宽	最宽

第三列是“一对多”的同步传播。虽然有许多异步传播形式，比如电视，但是教授的同步讲座与面对面交流一样，会包含非语言的线索和信任。因此，讲座者可以评估参与者的专注度和参与程度，而听众目睹的是一个包含对大量口头、身体和人际线索进行并行处理的现场表

现。最后一列是讨论项目或对某个想法进行集思广益的直接会面形式。

表 11.3 扩展了这一推理，详细列出了这四种类型的沟通形式与分工的变化和任务性质是如何相互作用的，其假设条件是远程呈现质量高、成本低、无处不在且得到广泛使用。

远程呈现通过替代、互补以及涌现效应（emergence effects）为分工的改变和新任务的创造开辟了可能性。替代包括被远程呈现部分取代的信件、演讲和会面方式。至于互补性，我们可以想象，人们通过远程呈现“看到”某人以后受到激发写信，或通过远程呈现参加某个讲座，然后寻求直接会面。对于仍在现有系统的逻辑和功能内的分工，远程呈现的涌现效应可能包括异步视频信（视频点播）；或者对“一对多”的讲座这种沟通形式来说，某些同步和异步远程呈现的结合，使多媒体传播出现了新的种类。至于和会面相结合的远程呈现带来的“内部涌现”效应，我们可以把它想象成进一步分拆的直接会面，例如，会面前和会面后的阶段，这样可能会完善面对面接触，提高效率，也给“实时的面对面”时刻添加意义和新准则。这一分析加上第九章的分析一起有力地说明了远程呈现并不会消除大量面对面互动的必要性。但是，与之前的交通和通信技术创新一样，它会改变远近互动的边界（Miller and Storper，2008）。

表 11.3　远程呈现对沟通的影响

	替代	互补	涌现	
			系统内	系统外
交通灯	无	适度：交通警察的核心信息	自动驾驶：遥控驱动	自动驾驶：新的供应网络

（续表）

	替换	补充	涌现	
			系统内	系统外
信件	适度：替代某些信件	适度：产生某些信件	异步视频信	新身份的形成，社群：信件视频表演艺术
讲座	由讲座内容决定：如果完全规范化则替代程度高，其他，则替代程度低	明显：产生面对面需求	视频播客与远程（信息）处理定制产品的结合改变产品和生产工艺流程	大众传播的终结？
会面	低：非常规会面	适度：后续会议	会面功能拆分，分工显著细化	虚拟现实中的远程呈现处理与信任、验证、身份等文化和社群形成的显著转变

影响力

面对面接触是一种高效的沟通技术；是在不确定的环境中克服协调和激励问题的一种手段；是社会化的关键要素，反过来又使人们能成为内部团体成员的候选人以及留在团体内；是心理动力的直接来源。这些特点的结合和超可加性效应就是影响力（buzz）。雅各布斯（1969）就提到过这些不同的互联网络，高度动态的意外接触系统，她凭自己的直觉认为，城市的多样性对某些种类的经济创新非常重要，因为意外和偶然的互联网络联系具有很多特定的优势。

影响力的例子不胜枚举。设计、娱乐和广告业在它们的内容开发上有强烈的交叉效应，这就是为什么像纽约、洛杉矶、伦敦和巴黎等地方会将它们结合在一起的原因（Pratt，2002；Scott，2005）。对精英的社会化以及精英联合项目的协调来说，高等教育、金融和政府可以强有力地将创意和联系网络连接起来。协同定位对这些过程尤其重要，因为它通过给新人创造便利条件，降低相关圈子内部人士的评估成本，为新思想和人才进入现有活动提供了低成本途径。相比于没有协同定位的情况，新关系的建立也因此变得更容易、成本更低，而且更有效。许多有影响力的城市今天仍然具有这样的力量，因为这些地方前所未有地通过面对面接触的方式解决了现代经济中关键的协调问题。

悖论的是，有影响力的城市往往是那些我们认为与全球化最密切相关的城市，因为它们是高度发达的国际商业和文化网络的重要节点，具有高水平的国际往来和会面活动，也是高技能与低技能移民高度集中的地方。它们往往还有许多跨国企业。国际业务要达到最高水平还需要与当地政府和政治网络有紧密联系以便高效地运作。全球化程度最高的城市似乎也有最本地化的影响力。

如何培育影响力

在思考如何使城市成功发展的新近政策时，各城市的领导人，一直崇尚一个观点，即吸引高技能工人并增加他们发挥创造力的机会可以促进城市繁荣，这是他们从观察香港或伦敦中倒推出来的。我在第二章至第四章了深入探讨了这些观点，我认为这些观点实际上颠倒了因果顺序：那些地区的发展壮大和繁荣是因为它们有吸引这类人的企业和岗位。但是，可以看出某些人强烈偏好以面对面接触的方式开展互动，并在更有可能出现偶然互动的地方定居，是相当合乎逻辑的。然而，要启动这一动态模式，各个企业必须先有最小阈值的协同定位，从而反过来产生又能提高面对面接触收益的人员临界质量（critical mass）。用“鸡”和“蛋”的关系做比喻的话，这个过程中的“鸡”就是对高技能劳动力的空间集中需求；而“蛋”就是互动、交易以及在互动中学习。

沿着这种思路，就存在一个学者找不到肯定答案的问题：为什么世界上的大城市在经济上是可行的（Combes et al.，2009）？在那些比纽约或洛杉矶小很多的大都市区可以满足的水平上，大多数产业的规模经济都气数已尽。在发展中国家，超大城市的发展集聚经济、技能储备和交通线路（transport links）不平衡和稀缺的结果；20 世纪 70 年代巴西的圣保罗独霸一方就是实例。但发达国家经济体并非如此，它们最大的城市地区不仅在经济上持续可行而且还在发展。一些跨不同但相关行业的相关技能似乎形成了维持影响力的需求结构。了解影响力在连接不同城市经济的不同活动中发挥的作用，也许可以解释在一个沟通成本不断下降的世界中为什么大城市能够保持自己的优势。

第四部分

城市的政治环境与区域发展

第十二章
退出还是发声？
政治、社会与城市系统

城市对人类发展有多重要？

城市真的那么重要吗？如果我们想一想对人类来说最重要的一些问题，如战争与和平、经济发展、宏观经济学、社会流动、教育、技术、环境，或者艺术和文化，并不能马上看出城市是产生这些问题很重要的原因。大多数战争似乎并不是城市存在的直接结果，现代战争也不是城市之间的战争。技术进步的原因主要是科学、工程、产权、市场和文化。文化和艺术无处不在，不一定非要在城市。

然而，至少从19世纪社会科学萌芽阶段开始，有些观点过分夸大城市对人类主要发展过程的重要意义。这种夸大其词既有消极的，也有积极的。根据查尔斯·狄更斯、埃米尔·左拉或卡尔·马克思的观点，城市如同地狱，但在格奥尔格·齐美尔（Georg Simmel）、爱米尔·杜尔凯姆和其他许多研究城市化与现代性之间关系的理论家的著作中找到的中世纪德语说法，城市空气给人带来自由（stadtluft macht frei）。当代社会科学更加凸显了这种鸿沟的存在。大量有关城市的文献认为城市就是贫困、隔离、暴力、不平等、污染、大众操纵和文化沉沦之地。也有同样多的观点认为，城市是社会和经济进步的主要发生地，与高于平均水平的教育、生产力、社会流动性、种族多样性、收入、创新和文化紧密相连的城市系统就是证明。

关于城市与社会经济发展过程有着怎样的关系论点不一。贫困、文化、生产力、冲突、识字率和流动性都可以由离散的组合原因确定。例如，造成城市贫困的原因，可能是把低技能的人分流到了城市，而城市化本身并不会提高总人口中的总贫困率。相反，如果低技能人口的协同定位阻碍其获取技能，并使他们得到个人策略的坏信号，因为他们只与其他穷人互动，那么贫困就会加剧（Durlauf，2004）。最后，城市可能既反映了人类发展的许多关键方面也是其部分原因，但我们很难精确地划出它们之间的界限，定义它们的相对重要性，并了解其发展的先后次序。

此外，无论城市是不是这些现象产生的原因，它们还是会你追我赶地继续集中在这两方面向前发展。地方政策，即城市或区域政策，不会消除隔离、贫穷和不平等；也不会激发产生具有繁荣文化成果的新时代，或大幅改变技术进步与经济增长的速度。但是，只有在城市居民的生活中才会出现由这些巨大变化力量带来的许多特征。因此，只有在城市里，我们才可能收获它们带来的好处，或者如果事情发展顺利，还能缓和它们的负面影响。

作为经济发展源泉的城市化

我只集中论述城市重要性的一个方面：经济发展。城市和城市系统不只反映了发展，还是发展的一种重要投入（Henderson，2010）。新经济地理学令人信服地论证了这些基本观点，世界银行的《世界发展报告》（*World Development Report*，2009）也对此进行了很好的概括。离开促使城市繁荣发展的基本进程，促进经济发展的所有其他动力都将受阻。正如世界银行所说的那样，距离（distance）成本太高、地区分割（divisions）造成的贸易壁垒、密度（density）不够等都会严重阻碍发展。这就是连接城市化和经济发展的“三个 D”。为了使某些类型的经济增长、文化成就、更好的教育和社会融入成为可能，城市化必须成为可能。

这份《世界发展报告》是在城市化和经济以及社会发展之间建立联系的另一系列长期尝试之一（Black and Henderson，1999）。还有许多这方面的著作不仅仅限于论证城市化与发展之间密不可分的关系，它们认为城市系统应该采取某种特定的形式。他们寻找城市规模的普遍规律，包括城市的最佳数量和规模。这些研究的结果认为适度稳健为好，因为城市单位的数量和规模相对于人口有一定的规律性。但也有许多明显的例外，如许多国家都有一个“超大”城市。巴黎、伦敦、布宜诺斯艾利斯和东京都在其国家人口和经济活动中占有很高的比例，而且它们与本国的第二大城市地区之间有着巨大的差距。这似乎并没有阻止这些国家的发展。此外，所有建设最优城市系统的方法，其理论基础都很薄弱，因为这些方法都没有告诉我们为什么这样的统计规律应该存在或为什么它们会有利于经济发展。正如第三章指出的，新经济地理学一直试图基于产业的规模经济解释城市的规模问题，但从企业到集聚再到城市，新经济地理学始终未能从根本上解释城市的规模问题。

对影响城市系统的不规律和形态差异问题，发达国家的典型反应是声称它们受“历史的影响”。因此，在长期统一的国家中，存在着历史悠久的大市场区域。这促进了企业和产业的规模经济，并使相对比较大的城市得以发展。在另一些国家，一般表现为政治分权的分裂和统一时间较短，使城市规模分布更均匀，阻止了特大城市的发展。这些历史影响解释了为什么不是所有城市系统都整齐划一地具有相同形态。

但是，对解释城市系统的差异来说，路径依赖很容易变成另一个黑箱。例如，每个经济体中企业规模的变化和它们带来的集聚重塑了城市单位的规模和数量。随着贸易成本下降和内部边界减少，市场区域之间的分割减少，市场区域变得更大。这反过来又使企业、集聚和城市变得更大。然而，历史似乎再次起到阻碍作用。在一体化之后的欧洲，这主要发生在生产同质化“商品”的产业，产品差异化较大的产业中则少得多（Midelfahrt-knarvik and Overman，2002；Midelfahrt-knarvik et al.，2002；Storper、Chen and De Paolis，2002）。如此一来，大多数城市经济学又回到了“摩擦”的论点：规模变化和城市系统的重新配置之间有沉没成本和某些类型的政治障碍，这导致了时间滞后。

此外，偏离这些最优城市系统会如何影响或是否影响一个国家及其各个城市地区的经济发展？关于这一点还没有定论。如果只是不发达国家拥有超大规模的大城市，那是一回事。但事实并非如此。富裕的经济体有相当广泛的距离、分割和密度组合。目前，我们没有工具精确识别出与最有效的整体经济发展兼容的城市系统范围，虽然学者和顾问倡导区域政策时，常会断言说这是发展的方向。

第十二章　退出还是发声？政治、社会与城市系统

城市系统与空间习惯

我建议用另外一种方式解释城市系统的广泛差异，它们是制度化的空间行为及其社会和政治反馈的结果。赫希曼（Hirschman，1970）为市场社会中的行为确定了三个选项：我们可以离开（退出）；我们可以留下来，通过发言或表达偏好（发声）尝试对事物施加影响；在某些情况下，我们可以将第二条与让别人知道我们不会离开（忠诚）的策略相结合。在与地理相关的行为中，企业和个人的流动就是退出，而退出水平与忠诚度成反比，是发声的替代品。

退出是所有市场经济体的重要行为，具有强大的地理效应。它影响许多地方的要素流动和相互匹配。退出不仅仅是个人和企业的自发计算。有很多大规模的政治、制度和文化力量影响企业和个人的选择、过滤在城市之间（在区域间层面上）和城市内部（在社区或所在地之间的区域内层面上）的自我归类。我把这些力量命名为“空间习惯”，空间习惯对工资、生活成本、工作机会和收入分配等地理模式有重要影响。现在我将从两方面研究空间习惯。首先，我用一个十分引人瞩目的技术性例子说明它们对美国和欧洲的创新有什么不同的影响。欧洲人和美国人的空间习惯在美国和欧盟的地理上造就了不同的创新地区。[①]美国的退出水平较高，导致美国对创新的投入比欧洲有更多远距离的地理组合和匹配，这影响了它们的整体创新水平。接下来，在本章的后半部分，我会概括性地解释退出在美国发挥的作用，这是对著名的“边疆学说”（frontier thesis）的回顾。我将结合美国的一系列政治、社会和经济结果以及这些结果与欧洲相比存在的差异，探讨其中的地理过程。

创新的地域动力：欧美比较分析

欧盟和美国的特点是具有极为不同的生产和就业的经济地理分布。平均而言，欧洲的城市地区比美国的城市地区更多元化，反过来专业化程度也更高（Le Galès，2004）。与美国相比，欧洲的一个产业或产出部门（output sector）大体上以更小的集群分布在更大数量的地区。欧洲从贸易和要素流动高壁垒的悠久历史中继承的这种差异性，甚至在欧洲边界开放和货币一体化的情况下也没有发生大的改变（Midelfahrt-knarvik and Overman，2002；Storper、Chen and De Paolis，2002）。此外，与此模式一致的是，在欧洲各地区之间有更多的“空间互动”，这意味着在人口和投入等要素存量中，与美国各地区之间相比，欧洲各地区之间有更大比例的短期人口和投入流动。这可能反映了欧洲在地理上的封闭性，但重力模型表明，这不只是距离近的缘故。相比于美国，欧洲由于工作和产出在地理分布上更分散，更不专业化，所以区域间联系更多是用来匹配资本、劳动力和信息，而美国的这些匹配过程更多的是发生在区域内，而且各地区的自给自足程度更高。

尽管欧美的结构性发展（structural development）水平相似，但欧盟 15 国（即欧盟 21 世纪初接纳几个东欧国家之前的 15 个西欧成员国）拥有的科学创新远不如美国。从科学活动的角度看，按人口加权的科学出版物数量和引用数［按 Dosi 等人（2006）披露的 OECD 的数据］来说，欧盟 15 国和美国之间的科学产出差距是显而易见的，1997—2001 年，美国每 1 000 人中有 4. 64 种出版物，而欧盟 15 国为 3. 6 种。如果按照文章的引用数（美国每 1 000 人为 39. 75 篇，而欧盟 15 国为 23. 03

篇)，或按照引用最多的前 1% 的出版物中的占比（在这 1% 的出版物中，美国每 1 000 人占 0.09，而欧盟 15 国占 0.04）评估科技产出的影响，那么两者的差距甚至更大。如果考虑技术产出，以美国在三大专利族（patent families，美国—欧洲—日本）的专利总数中所占份额来衡量，美国的创新表现最好（2003 年美国占 36.4% 而欧盟占 30.3%)。[②] 如果按这三大专利族人口加权计算，美国的专利强度比欧盟 15 国高 47%，几乎是欧盟 25 国的 2 倍（OECD，2006）。基于各国出口的产品单位价值的各种具体衡量指标的世界技术等级综合指数仍旧表明，在高单位价格的产品中，美国占有的比例较高，而高单位价格可以被视为原始技术含量的代理变量（Kemeny，2009)。

既有的分析主要探讨两个大陆之间在重大的创新投入方面存在的差异。因此，投入创新活动的资源总量差异非常显著。2004 年，欧盟 25 国在研发方面的支出占其 GDP 的 1.9%（欧盟 15 国是 1.95%)(Eurostat，2006a)，而美国则占其 GDP 的 2.6%（NSF，2006)。此外，这类支出的性质有很大的不同。美国的这部分公共支出中很大一部分是用于私人企业的研发，或者说是欧盟相应数字的两倍。与欧盟相比，美国私营企业不仅受益于一个更大的公共基金份额，也在研发上投入了较高比例的内部资源。美国产业资助的研发支出占其 GDP 的 1.9%(NSF，2006)，但在欧盟只占其 GDP 约 1%（Eurostat，2006a)。

第二，致力于研发的人力资源差距十分显著。2003 年，欧盟每 1 000人劳动力中的研究人员数量（全时当量）仅有 5.4 人，日本为 10.1 人，而美国为 9 人。欧盟与美国和日本的这一差距主要源于企业部门的研究人员不足（European Commission，2005，第 6 页)。美国在这个领域不仅存在数量优势也有质量优势，因为美国吸引并雇用了相当高比例的有重大影响力的研究人员；在 14 个科学领域内被引用最多的 1 222 个人当中，66% 生活和工作在美国，而欧盟国家加在一起只有 20% （Batty，2003）。2004 年，欧盟 25 国所有 20 岁的人口中，只有 34. 1% 接受了高等教育（欧元区为 33. 4%），相比之下，美国为 46. 2%（欧洲委员会，2005）。此外，美国的公共和私人教育投资也明显高于欧盟；2003 年，欧盟高等教育的生均经费（公共和私人支出之和）只有美国的 39. 3%，欧元区也只有美国的 41. 1%。[③]

这两个大陆在管理发明、开发和利用新技术的制度与政策方面也有显著差异。“美国主要在 1945—1950 年奠定了国家创新体系的基础，（那时）冷战的军备重整取代了战后的和平裁军”（Mowery，1998，第 640 页）。目前欧洲范围内还没有类似的体系，也就是说，还没有一个像美国那样可以补充和整合各国既有分权化的制度（Gregersen andJohnson，1997；Borrás，2004；Stein，2004）。美国的整合型创新体系（尽管是分权化的）主要是由联邦政府资助的大规模科研项目，由私营企业执行，并得到基础研究的支持。因此，美国的国家创新体系极为看重基础创新（Ergas，1987）。

此外，美国的反垄断和知识产权的监管体系，似乎为新技术的推广提供了有利的环境（Hart，2001）。[④]随着新兴产业中出现了新的市场机会，新的企业迅速成立，此种商业环境能更有效地调整经济的产业结构。在注重研发的产业中专业化程度较高，在全国市场上涌现的研发密集型中小企业（Smith，2007）既是美国在创新过程中具有应变能力的原因，也是其结果，而支持这个创新过程的是美国根本上有别于欧洲的创新环境系统。相反，总体而言欧盟企业的创业文化历来都较弱，组织变革面临的阻力也更大（Delmas，2002）。获得风险投资（美国创新的主要资金来源）的障碍和欧洲劳动力市场的规则也是主要的制约，这往往导致人员配置模式和真正的技能需求之间不匹配，因为它们阻碍了应对技术和市场变化的人员重组。所有这些因素都对创新表现有直接影响。除此之外，它们也导致两个大陆创新空间组织的不同模式。

以专利为代表的欧洲和美国创新产出的空间分布，只集中在几个地区，表现出明显的不均衡倾向。“在 20 世纪 90 年代，所有专利中的 92% 都授予城市地区的居民，但这些地区的人口数量只占美国总人口的约 3/4，地理区域大约占美国大陆土地面积的 20%”（Carlino、Chatterjee and Hunt，2001，第 1 页）。欧盟 15 国和美国大都市统计区（US MSAs）的记录显示，两个大陆的前 100 名最具创新性的地区占专利总数的总百分比基本相同，并且这两个大陆的前 20 名最具创新性的地区都占其专利总数的约 70%。

集聚和密度影响各种经济过程。即使在控制了人力资本、高技术产业结构和大学研发的基础设施等方面的差异之后，在美国（Carlino、Chatterjee and Hunt，2001；Sedgley and Elmslie，2004）和一些欧盟国家（例如，关于瑞典的情况，参见 Andersson、Quigley and Wilhelmsson，2005）都因为集聚而增加了创新产出。安东尼奥·西科恩（Antonio Ciccone，2000，第 214 页）指出，欧洲国家的“集聚效应（法国、德国、意大利、西班牙和英国）仅略低于美国，且不同国家之间没有显著差异”。

然而，密度并没有充分反映匹配和学习在地理分布上的潜在复杂性。匹配和学习是行为人迁移、发出信号并与其他行为人相匹配等许多方面的逻辑结果。这不仅意味着“身处”与其他行为人已有的邻近模式中，还涉及达到这样的密度和邻近程度的动态过程，以及随着时间推移他们如何做出调整。这些调整指的是匹配和学习的流维度（flow dimensions）。分析各种要素如何作为一个动态过程进行迁移和匹配，可以补充有关密度、邻近和创新等层面的文献。

在这方面，即使具有同样密度的经济组织也会因为邻近地区不同程度的知识溢出，可能在不同程度上接触到外部的知识流动。因此，对我们来说更有帮助的不是逐一考虑各种集聚，而是考虑它们之间的关系以及它们与其他地方的联系会更有帮助。在高密度集聚“核心”，对隐性和高度专业化知识的使用达到了最大化，但其中有些知识传播更广（Anselin、Varga and Ács，2000；Varga，2000；Ács，2002；Sonn and Storper，2008；Bottazzi and Peri，2003；Greunz，2003；Crescenzi，2005；Moreno、Paci and Usai，2005b；Rodríguez - Pose and Crescenzi，2008）。这意味着，各个地区都受益于和其他创新地区的邻近关系。

集聚间的知识流动在两个大陆有所不同。与美国（其大都市区彼此距离较远）相比，欧盟高于平均人口密度的主要大都市区相对距离更近，缓解了有用知识因距离造成的衰减程度。因此，创新溢出与其起点的距离平均为200—300千米，而在美国则衰减了80—110千米。所以，美国的知识生产和创新更本地化，与欧洲相比，一般更集中在比较大的集群中。而欧洲的集聚平均都比较小，这降低了其规模优势并减少了集聚内部匹配的重要性，但它们通过集聚之间的互动得到了部分补偿，因为与美国相比，这些集聚密度更大且彼此距离更近。美国的创新中心与欧洲的不同，它们更多依赖高度本地化的创新资源与很远距离关系的匹配；在欧洲，地方匹配较少，并且很大程度上取决于距离很近的中心之间的相互作用，但对整个大陆范围内知识与人员的交流没有那么依赖。

此外，集聚不仅仅是资源储备。人口流动有助于本地新知识的创造，提高其强度或改变其组合（Ottaviano and Peri，2006）。在最具创新的地方，伴随着技术前沿的演变，移民对知识的匹配、技能和能力进行更新。相反，集聚如果严格限制移民流入（可能是因为分工的原因），创新者可能会受益于传统的邻近关系，但发现新的技能和理念会比较困难。美国的劳动力跨区域流动程度比欧盟高得多，克劳斯·齐默曼（Klaus Zimmermann，1995，2005）、弗朗索瓦·万达姆（François Vandamme，2000）、帕特里克·普哈尼（Patrick Puhani，2001）和佩里（Peri，2005）从比较的视角对此做了广泛的研究，国外的移民流入方面也存在着相当大的差异。[5]

如果历史、制度和政治力量大范围地抑制流动，就会阻止集群进行调整，以保持这两种类型的外部经济体最有效的组合，从而阻碍创新生产力。欧洲可能就是这种情况，不充分的经济一体化、各国之间技术能力的过剩、经济结构的整体复制，抑制了专业化。

虽然美国在创新水平上表现出区域间趋同的趋势，但这主要是由于南方的初始发展造成的。这是基于初始追赶过程的一次性事件。从长远看，美国的创新地理更多的是基于较小数量的高创新地区在地理上的集中，与欧洲的城市地区相比，这些地区专业化更强。与美国相比，欧洲的长远发展趋势是特定类型的行业在城市系统中的更多城市有更多共享，因为它的城市系统在其经济和人口发展中动荡较少，中型都市区在欧洲发挥的作用更大。

还不能确定的是究竟哪一种系统对长期创新和经济增长确实更好。如前所述，西科恩（2000）表明，两个大陆在集聚经济的水平方面没有明显不同。我的研究结果表明，集聚对新知识生产的贡献不仅要看集聚的水平，也必须从过程的角度理解。把地理看作一个过程，让我们对不同地区如何捕捉或发展新技术产生了新的问题。例如，如果欧洲因为其要素匹配太慢和受到限制，因而无法在关键的先发创新阶段建立一个大集群，它会放弃生物技术发展吗？相比之下，中国建立庞大集群的能力会使中国的创新发展比较小的发展中国家（甚至发达国家）更快吗？如果较小的国家集中发展较少数量的产品，并且每一种产品都能达到世界经济要求的规模，那么其集群规模受到的限制可以得到补偿吗？

空间习惯和社会政治的发展：美国的情况

让我们在更大范围内看一下空间习惯的影响。跨越地理空间的退出、流动和匹配有许多后果，其中一些是城市和区域格局本身，而有一些是其他领域的社会和政治发展。要想弄清楚这一点，我们可以对美国地理过程的四个主要方面进行研究：一、创建新城市、区域当局和政府的能力；二、企业和人员在区域间的迁移率；三、土地和土地发展在经济中的作用；四、地区之间的劳动力管理和工资的差异程度。美国地理过程的这四个方面反过来又对各种经济、社会和政治结果造成了影响。在下文中，我将探讨其中三个结果：技术活力（technological dynamism）、政治联合体和联盟的形成以及收入分配。

第十二章　退出还是发声？ 政治、 社会与城市系统

有创新精神的美国人： 地理解读

对于19 世纪中叶美国工业革命的起源以及美国成为世界上最富有的巨大经济体的过程，研究美国经济增长的历史学家长期以来一直争论不休。但是对于技术进步在其中的核心作用，大家却无异议（Mokyr，1991；Rosenberg，1982）。这一进步的一个主要特征是，美国一开始是一个不发达的农业经济体，但与其 19 世纪的竞争对手英国相比，它最终走上了更侧重资本密集型的工业化道路。而英国大多数行业的资本密集程度早已经超过了其他欧洲国家（Allen，2009）。

"哈巴库克理论"（Habbakuk thesis，1962）的支持者认为，美国的劳动力稀缺导致非正常的高工资，刺激了美国资本的密集程度。但卡维尔·厄尔（Carville Earle，1992）从地理角度对此提出了异议，他认为在向资本密集型创新腾飞的过程中，因为农村地区和外国移民提供了剩余劳动力，美国的各个工业中心得到了充足的低工资劳动力。因为低工资补偿了异常高的资本成本，才使资本密集型发展道路成为可能。而反过来资本密集型技术通过得到赠地的大学在各地得到迅速传播，这些大学将联邦资金运用到当地经济中并刺激了各地间的竞争。

通过生产可更换零件这一突破性做法，即"美国体系"，美国发明并完善了集约化生产（Hounshell，1984）。美国地理是集约化生产的根本动力。为适应美国人对产品的需求，美国对制造业产品进行了重新设计，生产出比欧洲更快、更轻、更便宜的产品。美国的火车头必须满足长距离运输的要求；而美国的枪支不仅为休闲打猎的富人所造，还面向边境拓荒者的市场。这样做的必然结果是，当这些产品出现故障时，往

往在地理上距离可以修复故障的技工很远。将可替换的零件运到偏远的地方，由技能较差的技工安装可能是解决这个问题的办法。第一特性地理（first-nature geography，通常指自然地理）（自然特征）和广阔而遥远的边界影响着美国的技术活力。

新经济地理理论也表明，第二特性地理（second - nature geography，通常指人文地理），即社会创造的资源和人员在空间上的分布，影响着美国的创新。如果内部运输成本非常高，要想达到规模经济，地理上分布很广的市场可能就是劣势。但是，如果这些成本下降趋势足够明显，那么反过来的情况是：分布广的市场就会做大。最初的大市场是在基础设施技术方面，这些技术为克服距离（铁路），解决广泛而高效使用的农业机械需求问题，以及劳动力相对稀缺且相对同质化的空间等问题提供了手段。这样的创新一旦起主导作用，流动性就会增强，加强了偏好和实践的同质化，创造出“大”（bigness）的良性循环。这反过来又加强了面向标准化和规模经济的创新。19 世纪中期到 20 世纪初，对美国来说这些都是独一无二的条件，在工业世界里没有其他地方可以复制。

美国在 20 世纪不仅实现了许多根本性的技术突破，也使这些技术迅速通过增长过程实现标准化和大规模销售（Rosenberg，1982）。对相对同质化的美国经济和社会环境来说，集约化生产和销售自然很有吸引力，因为在地区之间，这么做的运输成本低，流动性水平高，高度分化的偏好和实践的作用微弱。这些优势在 21 世纪越来越不为美国独有，虽然最近的分销（沃尔玛）案例和高科技物品转化成大众消费品等，证明美国仍然具有将创新与大规模生产联系起来的强大能力。美国的地理规模及为应付和利用它而发展的地理过程，在超过一个半世纪的时间里，无疑对美国的技术活力起到了非常重要的作用。

空间、 阶层权力与社会流动

与大多数其他国家相比,在美国创建新的群体并由当地政府机构为这些新社群赋权要相对容易。苏库·基姆和马克·劳（Sukkoo Kim，Marc Law，2012）表明，与实行集权制度的国家相比，在这个政治制度集权程度不强的新大陆国家，尤其是美国，即使控制了人口变化和自然地理特征，也会产生更多新城市和司法管辖地。我们并不知道建立城市和社群的这种容易程度是美国地理过程的一个原因还是其空间习惯的结果，但无论是哪种情况，都会带来后续非常重要的政治和社会影响。

在任何一个国家，经济中强势集团的地理起源及其随时间推移而发生的变化，都会影响国家的政治建构及政治权力的非正式网络建构。例如，以区域为基础的产业集团是欧洲工业化中强有力的行动主体，但往往阻碍了国家经济的一体化（Perroux，1950）。在某些国家，比如法国，政治权力被用于国家层面整合或调整这些产品集团（通过将其国有化的做法）。而在其他国家，比如意大利，却是地区精英在国家经济社会网络中占主导地位，即使在今天也是如此。

与其他国家相比，以区域为基础、具有强大区域家族背景的经济精英在美国工业化进程中没有那么重要。与其他国家一样，美国的各产业也出现在某些特定的地区。但在美国，各产业往往通过新精英的迁入建立起来。此外，尽管美国早就建成了成熟的工业经济，但是随着20世纪40—80年代西海岸许多新兴产业中心的崛起，还有现在南部和西南部某些大都市区的崛起，成为潜在的重大创新集群新中心，这种“新生效应”（greenfield effect）一直起着主导作用。美国对“区位机遇窗口”（即在新的地方建立新的重要产业的可能性）的利用比其他地方要多得多（Storper and Walker，1989；Scott and Storper，1987）。美国各大企业总部真的会从一个城市搬迁到另一个城市，例如，除了并购之外，世界上找不到跟波音公司一样会把总部迁到另一个城市的第二家大公司（波音公司几年前就从西雅图搬到了芝加哥），这在其他国家几乎闻所未闻。因此，与其他国家相比，美国的地理过程会在新的地方更顺利地增添新的精英，虽然他们效忠的时间短，但忠诚度却未见得不足（Jaher，1984）。

在劳动规则和工作实践方面，美国是工业国家中的一个异类，因为与其他地方相比，这些方面在法律和职能上更分权、更分散。美国有一部全国性的劳动关系法，但允许各州在如何适用该法方面存在高度差异化。主要的分别在于美国既有只雇用工会会员的工厂所在的州（即在任何企业，只要大多数人接受工会，所有的工人就必须加入工会），也有提倡“工作权利”的州，也就是说，即使在某个企业工作的多数人对工会持赞成票，也不需要人人都加入工会或接受工会的合同条款。对于劳动法的贯彻执行，没有任何其他发达国家有如此大的地区差异，包括工作合同的详细规定、职业安全、最低工资和工作规则，都存在巨大差异。

与其他富裕国家相比，美国行业内的工资差距也比较大。其中部分原因可能是因为美国的面积太大，也反映出地区间生活费用存在差异，但生活成本的差异并不足以解释这个差距（OECD，2005）。地区间工人高水平流动带来了技能水平和各种职业差异，但即使在纠正了生活费用的差异后，也无法在这些范围内实现工资的均等化（见第二章）。因此，从过程角度看，美国存在两方面的矛盾：通过退出和流动机制，其大规模的全国劳动力市场比其他大多数国家都更一体化，但制度上较为分散，在工资和工作实践方面存在巨大差异。这些是内部边界长期制度化的方式。反过来，这一边界是通过基于地理位置的政治派系（即根据某个地区的主要产业利益进行政治竞争）表现出来的，这与其他发达国家形成鲜明对比，在那些国家主要是国家各政党之间的竞争。

美国的地理过程也创造了机会。在美国向北美大陆扩张的整个过程中，通过土地开发、建筑、贸易、地方商业以及相对短暂地重建人为环境，地理上不断扩展的经济提供了许多与当地社群建设相关的非凡机遇。这些机遇存在于所有经济体中，但其方式与美国不同。部分原因仅仅是美国许多社群建设活动平均的监管水平要么低于其他富裕经济体，要么更为分权，因此各地区的差异更大。还有部分原因是，与更加固定的经济体相比，更大的空间流动使新的行为人团体更容易加入行动。土地开发及其相关活动已延伸至社会底层。地理流动为非精英群体的经济独立提供了源泉，给那些非经济精英提供了机会，并通过地方政治为抗衡老精英提供了权力基础。

大分类： 生活方式

新社群的产生和消费之间的关系如同生产流动和工艺技术之间的关系一样:它促进了新的习惯在日常生活中的引入。这些新习惯最终被移植到古老的城市和社群之中，生活在罗马的所有人都可以证明这一点。但这与 1940 年发生在洛杉矶或 2000 年发生在拉斯维加斯等地的情况存在方式或速度方面的差异。

空间习惯，即流动性、位置、分类、过滤、连接和分离，影响着每个人的生活轨迹，每一代人都以其独特的方式经历着这些习惯。我在第十章曾提请大家注意把这些习惯看作行为人所处的情境，会影响他们获得的信息、遇到的符号、世界观的形成以及效仿的角色和人员。长期以来，甚至在富裕的发达国家，美国始终是领土空间里日常生活组织中的异类。在美国，功能（活动类型）和社会（种族、阶层，甚至年龄和生活方式）的空间划分相比其他发达国家会有更精细的调整。事实上，美国最近又再次与欧洲国家形成差别。在欧洲西部，大都市之间的收入持续趋同，教育、离婚、婴儿死亡率等指标也是如此。而在美国，自 2000 年以来，大都市间的收入逐渐分化，社会指标和政治态度也是如此（Bishop，2008）。这反映了基于技能、教育水平和收入的空间分类在这个新经济体中造成的影响（Moretti，2012）。

此外，与其他发达地区的人们相比，美国人日常生活的空间要求变化更快。克劳德·费希尔（Claude Fischer，2010，第 97 页）援引被视为当代托克维尔的塞缪尔·费雷尔（Samuel Ferrell）的观点，认为“也许美国人的性格中最显著的特点莫过于他们离开自己的旧住处、朋友和亲戚时表现出的无所谓。每一个人接受的教育都是主要靠自己的努力，因此很少希望或需要他人给予任何特别的帮助。在这里人与人之间很少超越普通熟人的情感关系，这方面的证据无处不在”。与其他类似的发达国家相比，美国人更迅速更彻底地被重组，进入新的地方和区域社群之中。只要有发展的地方就存在这种情况，但许多国家的退出水平较低，日常生活中的传统更多，因此各国在把空间用作社会和经济变化的物质基础方面存在着极大的差异。因此，虽然当今世界各地纷纷效仿美国郊区，但是这种效仿进入人们日常生活和地理过程的方式与美国郊区不同，美国郊区在美国的发展过程和日常生活中扮演着核心角色。

记忆、不平等与再分配政治

各地的经历,即它们的“社会记忆”，受这些地方的人员流动性的影响。但并不局限于此，因为所有地方都会吸收和融纳新来的人。但美国的流动率和作为集体记忆（无论是正式还是非正式，准确还是不准确）守护者的集体制度比较薄弱，意味着近期经历的那些共同特征必定成为集体的基础。

激励持“美国例外论”的历史学家积极开展研究的问题之一便是：为什么美国从来没有社会主义（Laslett and Lipset，1984）。厄尔（Earle，1992）认为，19 世纪的地理分化是造成（北方与南方）联盟内部分歧的关键，因而阻止了统一的国家联盟结构的出现，或国家范围内的社会主义政治运动或政党基础的建立。关于 20 世纪地理流动性的作用可以补充这一观点：通过将人们重新组织成社群，它有效地消除了经济和政治进程中共同经历的集体记忆的一些基础。当然，人们有能力用其他方式理解这样的过程。但事实上，四处流动并与某个地方的关系很弱要求人们对具体地方没有形成长期直接体验的情况下，构建有关变化，如赢与输、公正和不公正的叙事。

这种地理过程很可能与美国是发达国家中的异类有关。彼得·林德特（Peter Lindert，2004）运用社会关系理论解释了美国和其他发达国家之间在社会福利再分配政策方面的差异。与美国相比，其他国家的公民更倾向于相信他们的社会地位会下降且需要帮助，因此，平均而言即使不同收入水平的人，相互之间的关系也较为密切，而在美国则是收入相同的阶层之间关系更密切。然而，我们找不到一个客观原因能解释这种主观亲和力的差异，因为每个美国人和欧洲人都一样有可能会经历向下的社会流动，而且在长期的平均代际向上流动性方面，两者不相上下。

然而，美国对赢家和输家的空间分类和过滤是一个例外，正如前文所述，因为它将高流动率与区域间和区域内的分类相结合，引起了更大的动荡和变化。这强化了认为命运不是由偶然或结构决定，而是由选择和战略决定的看法。

这种现象的另一面是美国人倾向于投入自愿的社群生活，创造他们自己的社群成员身份和记忆的源泉。在高度流动的情况下，美国人培养了非凡的融合技能。但就像我们可能会想到的那样，与人口流动或外流水平高的快速发展的社群相比，在比较稳定的地方，其社会资本水平持续较高（Putnam，2000），而各种社会弊病的水平却较低。费希尔(2010，第99页）写道："'契约主义'或'盟约主义'是美国自愿主义的核心。人们通过加入团体签订这种隐性契约：我有留下或离开的自由，但只要置身其中我就要对团体效忠。"高水平的退出与加入，以及未来的退出选择，形成了这种主体间过程。

近几年政治科学家已经开始考虑美国政治变化的地理基础（Bartels，2008）。当林登·约翰逊总统签署了1963年的《民权法案》时，他跟自己的助手说，他把南方拱手交给民主党已经有50年的时间了。当时，这对民主党来说并不构成致命的打击；但1963年以后，这就是致命的了，因为南方在人口方面的重要性已经大大提高。可能会有人认为数百万非南方人的到来会对南方传统的社会和经济保守主义的影响起到稀释作用。但事实并非如此。

南方保守主义，用政治术语来说，是富裕国家的另类。这可能是自我选择或空间过滤的结果，因为保守程度高于美国平均水平的人更有可能到南方去（Texas Politics，2011；Mayer，1993）。空间分类可能加强南方的保守主义；它还可能帮助在某些地区制造极端保守主义的孤立营地，如果没有空间分类，这些地区就应该更接近某些郊区及乡村周围的远郊社群的政治中心（Bishop，2008）。在其他发达国家，根本就没有这种现象。加利福尼亚沿海以及大西洋沿岸中部和新英格兰某些地区越来越强的社会自由主义似乎也有部分原因来自空间自我选择（Bartels，2008）。空间自我分类是因为寻找工作还是因为“政治便利”不是这里要讨论的问题（但可以参见我在第二章中的探讨）；在美国，地理过程使这种分类在政治版图的迅速重塑中具有特别重要的作用。

政治两极化的第二个可能原因也许是新来的人融入社群的方式。这些人所在的社会制度背景在美国极不平衡，举一些极端的例子，在旧金山有比较进步的社会团体，而在塔尔萨（Tulsa）更多的是福音派教会。这可能会使刚到旧金山的人更容易转为左派，而移居到塔尔萨的人在社会乘数（social multiplier）的地理影响过程中变成保守派。人口统计学家认为，当代美国的政治和社会两极化似乎存在于多重空间范围内，在这样一个流动性、人口交流和可靠的国家认同水平都很高的国家里，这是一个悖论。总体而言，费希尔（2010，第 149 页）断言，美国生活方式的变化天平（balance of changes）破坏了邻里的团结。分类（其他方面的经历，例如利用互联网传播信息、引进文化交流）也许会提高选择一种日常生活环境（生活方式）的可能性，因而选择各自过不同生活（也可能是通过其他方面的经历，如利用互联网上传我们的信息和文化接触）。费希尔（同上，第181页）的结论是，“美国人对于私有化和地域性、对小的自愿群体的偏好，使他们比较容易实现目标”。也许只有出现一个完全不同的社群替代另一个社群的人口过程才属于例外情况。例如，加利福尼亚的北奥兰治县（Orange County，洛杉矶的一个郊区）曾是美国政治上最保守的县之一，当这个县的大多数人口变成拉美裔时，它的政治变化就不是融入而是替代。但这只是分离主义当道的又一个例子而已。

一系列南方保守制度在全国范围内的蓬勃兴起，加上其人口增长，当然对国家政治有重大影响，使其向右倾斜而大大抵消了东北部和西部沿海以及在最大都市区总体上更自由的倾向。一个庞大而复杂的腹地，与强大的行政联邦主义相结合，使整个美国领土上的客观经济和社会条件产生了差异。在类似的发达国家，没有证据显示在内陆地区作为一种政治和行政现象起到了这样的作用，即使在生活方式方面也没有这样的作用。为什么美国没有社会主义？从这个角度看，我们可以想象如果不是因为美国的南方，它的政治看起来会更像今天的欧洲国家。

边疆以许多客观实践和主观过程的形式存在。它既广泛又深入，并作为一个制度领域在许多具体的互动空间范围内不断得到重新定义和再造。它渗透了多种不同的空间选择和分类行为。它是社群形成、个人意义和社会记忆的基础。这些地理习惯以及它们塑造的地理过程，广泛影响了美国的政治、社会和经济。

第十二章　退出还是发声？ 政治、 社会与城市系统

作为退出产物的美国城市结构

许多城市经济学家和区域科学家都强调，塑造美国城市和空间组织的基本行为方式（作为效用最大化代理人的一个区位选择）并不独特。他们解释了美国城市化的具体模式主要是极低的交通成本、既往极低的人口密度、极便宜的土地和自然地理导致的结果。对于这些学者来说，美国城市系统只是一个相对不太密集，但在每个具有相同收入和发展水平的国家都会存在的相同的城市和活动分布。

但这是关于城市和城市系统的一个具有代表性的静态观点，没有把地理看作一个过程。这种标准的“结果”描述不能说明美国过程的例外论。与其他发达国家相比，即使总体规模分布排名相似，美国城市的排名也有更大的波动。此外，美国城市内部的公共产品水平低于其他同样发达国家的城市。与这些国家相比，美国的财政分权水平较高，其发展的竞争比其他国家更激烈，更有力地放大了地方间经济成功的差距。成长或富裕的地方有能力在地方支出方面具有超过他人，因此再生而不是抵消比较优势变化带来的影响。

美国较低的公共产品水平并不完全源于整个国家或整个社会的偏好；而是部分带来源自赢家和输家地区之间的竞争，与衰落的地方相比，赢家地区受益于总收入的提高并能以较低的税率水平获得收入，其他地方就需要跟它们展开财政竞争。区际公共产品联盟仅限于能将成长和衰落的地方团结起来的联盟，这一现象大多发生在国家资助的基础设施领域。当涉及与衰落地区相关的具体情形后，城市改善、社会服务或经济调整援助时，这样的联盟就很少见。

这些地理过程的特征将其他实践和政策制度化。在大多数其他发达国家，人口减少的城市地区通过外部再分配实现振兴。在美国，这样的城市地区主要靠自己负责应对其衰落情况，就像底特律市中心那样采取物理排空和拆毁其建筑物等极端方式。在其他国家，地理再分配和振兴（地方或区域政策）的经济影响往往受到高度质疑，因为他们发挥的作用往往只是将地方经济的行为人锁定在越来越没有吸引力的地方（Glaeser，2008）。如上所述，从某些地方退出，事实上可能是美国经济活力的一个基本要素，但它对人员和各个地方有一系列的政治和社会学的特定分配效应。

作为美国“社群”基础的社会融合在其他所有发达国家闻所未闻，在美国体验之外的非美国人看美国时很难理解这个矛盾的结果。使它成功运作的就是退出和流动过程，弗雷德里克·杰克逊·特纳（Frederick Jackson Turner，1921，1925，1932）在“边疆假说”中首次将其理论化。由此产生的人口模式、社会团体和经济活动具有高度的功能整合以及独一无二的统一民族认同组合，但存在异常不稳定、竞争异常激烈的地方社群。从美国地理过程发挥功能的方式，从它为分配政治、一般政治以及将个人与社会联系起来的国家“比喻”等方面产生的结果看，可以认为它具有独特性。

城市比表面看起来更重要

信念以主观方式表达出来的空间习惯中产生的地理过程，对空间组织（城市系统以及城市的组织结构和生活方式）有可观察到的重要性，也被以政治选择的形式从客观上制度化了。我在本章开头提出的那个问题：城市真的那么重要吗？现在我可以回答了。

城市可能不像有人声称的那样对人类经济和社会的发展有无可比拟的意义。城市里发生的大部分事情只是更广泛的分类、匹配和退出行为过程的结果。但城市的重要性不可低估；以城市作为其媒介和表现形式的空间习惯，确实对各种社会、经济和政治过程非常重要。因此，传统的城市研究方法往往低估了城市对人类社会和经济发展的重要性。

第十三章

公正、效率与城市：地区之间应该互助吗？

经济学中的公正与效率

本质上，经济学关乎公正，无论是隐性的还是显性的，所有经济学都有规范的基本原理。公正既涉及经济过程（“公平”的互动），也涉及经济结果（“好”的后果）。经济学也非常关注效率。效率既可以是以静态的和分配的（如何最充分利用资源）为主，也可以是动态的（如何提高生产率并促进增长与发展）。现代经济学在福利经济学的第一基本定理中阐述了这两个关注点之间的关系，其中实现最优资源配置是因为我们采用了正确的选择程序。翻译成更传统的术语，就是产生高效率结果的过程是“公正的”，因为它源自让用户为利用资源付费，为选择环境提供完美的信息且不产生外部性，并预期以理性的功利主义方式做出选择。在这种情况下，这个过程会产生我们能得到的最好的结果和要素报酬。

然而，福利经济学的第二个基本定理却将效率与公平分离。这是因为任何给定的资源配置的价格和财富效应可能都会朝不同的方向发展。

因此，对二者来说根本不存在最优均衡。在单期配置中二者都在多重有效均衡，但它们将以不同的分配结果（价格对财富效应）为基础。各个社会有许多种可能的方式根据它们想从经济中获得什么对这些均衡进行排序，这取决于其总社会福利函数。总社会福利函数是我们集体更喜欢的偏好，由特定技术和资源状态下的各种权衡进行调节，这就是我对公正的定义。因此，作为主流经济学公正观核心的选择过程并不能保证通过遵循第一福利定理的选择程序，社会就会启动实现其社会福利函数的发展过程。

认为最优资源配置与公正的资源分配彼此融合的观点也是建立在其他不切实际的假设之上。如第五章所述，最重要的这类假设认为消费者偏好是凸的（边际替代率递减），生产集是凸的（没有规模经济或任何重大的、不可逆的选择组合）。总体上这些假设与经济中的许多现实选择都不符，甚至与城市的物质环境更不符合。

如果我们把增长和发展放在时间的长河中思考，公正与效率的关系就会变得更加复杂。我们怎样才能确定所有马上见效的行动也能带来最长远的发展？如果上面提到的财富效应改变了行为人影响未来要素价格的力量，那就没有办法保证目前的行动在未来会使现有的偏好最大化。此外，如果我们认为从长远看，产出最大化不是发展的唯一目标，那么与之相应的分配本身可能就很重要（公平和个人命运），每个时期对后续各个时期的产出和分配模式的影响也很重要（Pearce、Atkinson and Mourato，2006）。换言之，过程本身很重要，不仅仅是因为它对事物“最终”状态的功利主义影响（Rawls，2001）。

如第三章所述，经济地理参与了过程和结果两个方面。地理是人员、产出和收入的一种分布，一些地理分布可能有助于最大限度地提高产出（效率）。然而，如果需要改变现有的人员、产出和收入的地理分布，最大限度地提高产出就可能会影响作为一个社会过程的公正（所在地区的人应该或必须做的事情）和结果（它可能会产生比较富裕和比较贫穷的地方）。因此，经济的地域不平衡为公正与效率的关系增加了一个重要的维度。

在这个分析的起点中有两个问题。首先，地理如何影响效率和公正，两者有多少重叠？第二，如果它们不完全重叠，比较发达的地方是否应该帮助欠发达地区以抵消差异带来的后果？

一些实例

我们可以通过几个实例来理解与城市和地区相关的公正和效率问题。

21 世纪的区域不平等。正如我在第三章详细阐述的，经济效率很大程度上取决于集聚，而如我在第二章和第六章中指出的，某些地方和地区经济体受到集聚的青睐，提高了实际价格和工资。这往往在区域间产生各种程度的实际收入差距。虽然有一些机制可以促进抵消式的趋同，但一般不足以消除空间收入差距（Barro and Sala-i-Martin，1995）。因此，当存在地域不平等时，经济的总产出和总财富水平就会更高（Martin，2005）。

21 世纪的城市地区将比非城市地区更有优势，而且这种情况将前所未有地出现在全球更多的地区。此外，在人均收入方面，城市地区之间会有相当大的变化，在任何时间段都会有明显的等级划分，城市地区也会出现赢家和输家。与这一有效率的发展过程相关的收入和活动的公平分配是什么（Baldwin、Martin and Ottaviano，2001）？

中产阶层化。在许多城市，富裕和高技能人士迁入中心位置的社区，提高了房产价值，使一些以前的社会经济主导群体的成员不可能继续住在那里。中产阶层化是一个空间过程，在这个过程中高技能人士因为在集聚中找到工作而定居在附近地区，这些地区往往位于大都市的中心，他们定居于这些社区的同时也改变了这些社区。这种住宅和工作场所的双重集聚，似乎强化了这些高技能人士传递信息和学习的互动，并进一步增强了他们的优势（Glaeser，2008）。起初这个过程会加速社区内（人际）的不平等，如果中心城市中产阶层化的程度足够高，就有可能扩大社区间不平等。以前的社区主导群体中的某些成员会因为其房产价值的迅速攀升而受益于中产阶层化，他们可以出售自己的房产然后搬走，或者把它租给新群体成员。但是，同样的过程会使这些人所在群体的其他成员无法住在附近，因为这个过程破坏了他们在社区中的集体优势。然而，随着中产阶层迁入原主导群体所在的社区形成高工资经济，原主导群体尽管被替代，但会从工资溢出效应中获益。

中产阶层化只是为了满足高技能人士的当前需求，这公平吗？是不是只有在其他群体没有被大量替代的情况下，中产阶层化才是公正的？是不是只有当受负面影响最深的群体和个人面临的正面经济影响大于任何负面影响时，或只有这些受负面影响者得到了实际补偿时，中产阶层化才是公正的？

生活方式。各地域之间的经济一体化会带来更多的产出，因为它使专业化得以蓬勃发展，这些都是贸易所得。一体化也可能增加产品的多样性，在地方内部和地方之间增加额外的福利。但一体化的必然结果是，来自进口商品的竞争和专注于生产可出口的产品会重组当地经济，在某些情况下，破坏本地原有的生活方式（Benhabib，2006；Rauch and Trindade，2005；Cowen，2004）。例如，之前处于孤立状态的地区与世界经济建立联系之后，这一点就十分明显；但是，当一个发达国家的老旧制造业地区会发现它的比较优势因为来自新兴经济体的竞争而被重新定义时，一体化的上述结果就不那么明显。

这方面有许多象征意义的重要案例。亚马孙流域当地人的生活方式随着养牛业、大豆种植业和石油钻探的发展而慢慢发生了变化。法国南部的农庄、威尔士的矿业城镇，甚至意大利的锡拉库扎或波士顿的工人社区等都失去了本色，要么被丢弃，要么被连锁店和新居民替代，此时是否就实现了公正？对于每一个喜欢石油钻井新工作的秘鲁印第安人来说，那些想保住自己的生活方式而不想在油田工作的人怎么办？如果大多数人受益，而原有的集体生活方式消失了，公正就实现了吗？如果生活方式消失的群体中最穷的人也受益了，或者仅仅是平均的“群体增益”，而有些成员利益受损并反对这种改变，这是公正吗？或者如果因为个人为生产和贸易做出的高效决策产生了意料之外的作用而导致生活方式改变，这是不是完全无公正可言（Lear，2006）？另一方面，如果一种生活方式得到保护，可能会对远方的人和地方产生意想不到的影响。比如，一个保护其生活方式的旧制造业地区，可能会阻碍发展中地区获得为其生产某种商品的机会和发展的立足点。

应该有上议院吗？许多国家有两院式立法机构，上议院有固定的代表数量，与人口无关，而下议院的代表数与人口成正比。这通常会导致对人口较少的地区提供高于平均水平的转移支付。面对人口更多、更富裕的地区，确保人口较少或欠富裕地区的生活方式和当地偏好得到保护的转移支付合理吗？或者说人口较少的地区是否阻碍了人口较多的地区，对后者的居民造成了负面的福利后果？

麦客世界还是多元文化嘉年华？不同地方生产的文化商品和服务对生产地和消费地的人们都有分配方面的后果（收入或快乐）。我在第十章讨论城市禀赋是特定生产方式的来源时提到了这点。在这里我将深入探讨。

在一个多地区的世界或国民经济中，城市禀赋是“地区间多样性”的一种形式。它是以各地的“内部多样性”为代价吗？如果这个世界的多样性存在于自给自足之中，而贸易导致集体结构的瓦解和对优势商品/服务模式的更多模仿（这是经济贸易和沟通无成本时存在的情况），那么贸易多样性可能就会减少。如果生产中存在规模经济和双头垄断行为导致生产者迎合中间市场，而不是边际或少数人的品位，那么多样性也会减少。如果多样性大面积消失，就可能对文化造成毁灭性破坏。此外，进口文化产品的消费者会受益，而出口商品的消费者会受损失。如果后者多于前者，就有可能导致整体福利受损（Rauch and Trindade，2005；Janeba，2004；Cowen，2004）。对于同质产品，一体化可能会增加社会福利，而基于社会价值观的强烈异质性或专门化商品，特别是具有消费外部性的商品，一体化的影响会更加复杂（McElreath、Boyd and Richerson，2003；Rauch and Trindade，2005）。

所有这些都是生产率/产出、财富、偏好和发言权等方面人与地方分配权衡的实例。对个体有利的可能总体上不利于其所在的地方或地区；总体上对个体有利的可能无法惠及所有地区，甚至可能加剧地方间的不平等。我们要考虑的结果必须包括有意的和无意的两种。此外，使人们（作为生产者、消费者或个人）能够表达个人意见的过程，可能不会使他们居住的平均或中位数偏好得到满足。

范围和社群：谁是“我们”，谁是“他们”？

只有弄清楚那些希望彼此间存在公平或公正的地方的相对范围，才能谈到地方之间的公正。只有在某些地方已经明确决定要组成联盟，即第八章中定义的社会时，我们才能认为至少有了一个讨论公正的切入点。公正存在于相关地域内。对我们来说，当今世界最相关的地域范围是民族国家，在这个范围内，人们一致遵守同样的行为规范，并对彼此承担长期责任（Rodrik，2011）。在各国内部，在城市、地区和社区的其他范围内，可能不同程度上都存在着我们和他们的区别（Nagel，2005；Pogge，2002）。

没有这种协议或联盟的地方，事情就更棘手。对那些完全是外民族的成员，或者来自不同种族或语言地区的人，我们一直都没有明确达成一致，认为我们是同一社会的成员。有这么多不同社会存在的情况下，我们想要什么样的分配安排或公正呢（Rawls，1999）？即使我们是政治社会（比如一个稳定的民族国家）的一部分，不仅在人口的各群体之间，而且在较小的地区范围联盟内，始终存在“谁是我们”和“谁是他们”的问题。“远方的陌生人”的极端版本就是指在我们自己居住的地方时间上远离我们的群体，比如未来几代农民或假定的住房消费者，又或者在空间和时间上远离我们的群体，比如同样是上面这些群体，但居住在其他地方。

欧盟为处理社群问题提供了很好的先例。欧盟委员会关于欧洲一体化的官方立场是，它应该将交易与多样性统一成一个“多地区的欧洲”（European Union，2004）。这一概念具体是指在贸易、财政管理领域以及各种各样的监管政策领域创立一套紧密的共同责任，与此同时保持欧洲各经济体的特殊性，促进欧洲经济体之间持久的集体差异。这两件事情之间的紧张关系显而易见，欧盟处于“完全实现的我们”与“陌生人之地”之间的某个位置。

新经济地理学中的公正和新城市经济学

如第三章讨论的，生产的地理集中不仅为企业带来了经济收益（靠近供应商和劳动力市场，并能借助外部供应商和劳动力降低管理费用），还有可能带来提高长期潜在增长率的动态效率。如果社会总福利等于社会总收入，那么地理集中有助于福利最大化。但如果地理集中，至少在短期和中期，与城市和非城市地区之间、高度发达国家和欠发达国家之间，甚至具有不同规模和产业结构的城市之间较高的地域间收入不平等相关，我们就不能认定它会最大限度地提高总福利（Bairoch，1997；Combes、Mayer and Thisse，2006）。

这一逻辑的标准延伸是考虑区域政策，例如欧盟（2004）重新分配开发资金的框架，就是通过将资金从高收入地区调向低收入地区以实现鼓励地区公正的明确目标。新经济地理学家对这种政策持批评意见，因为资源转向低效率用途，从而降低了社会总福利（产出）。正如我在第十二章指出的，与美国相比，欧盟的城市结构中大城市较少。如果再加上对集聚有偏见的政策，就会导致选择公平但以欧盟更贫穷为代价的负面结果（Martin，2005）。在这种情况下，如果我们想最大限度地提高整体经济产出，即使在地区内（通过提高技能方面的投入进而改善这些地方的经济表现）和地区间（出于同样的原因）（Charlot et al.，2006）拉大了收入的不平等，也必然要接受地域发展的不平衡。重要的是要知道这个推理的基础是标准的社会福利函数，其中每个人都有一个与其财富的边际效用成反比的重要位置。

利用空间一般均衡框架，格莱泽（2008）运用了一种与新经济地理学稍有不同的方法。他认为，旨在基于地方的扶贫政策通过激励他们留在原地并待在一起，实际上恶化了穷人的命运。这是一种功利主义的批评，按照这种逻辑得出的结论，意味着不应该对人们遭受的地域外部性或区位效应予以补偿，也不应该补偿地区收入的不平等，因为它们减少了总产出。因此，如果使用标准的福利函数，曼彻斯特的失业和无技能工人如果想得到一份工作就应该搬到伦敦，而伦敦银行家不必移动（因为他们有不同的边际财富效用）。如果贫困地区的无技能工人能够搬家但选择不这样做，就不应该得到补偿。但是像伦敦这样的城市更需要技能工人而非来自外围地区的无技能工人。如果曼彻斯特的技能工人搬去伦敦，那里的无技能工人就会遭受外部性的影响，因为其地方经济的相对生产率下降，技能工人的离开又促使技能类产业离开，这反过来又减少了该地区技能和非技能工人之间的互动，也减少了技能类贸易产业向本地非技能类服务业的工资溢出效应。因此，即使采用标准的新经济地理学的思路，使用标准的社会福利函数，所有的集聚效应是否都会使总体社会福利最大化，也不总是一目了然。

此外，如果采用其他的社会福利函数（即卡尔多－希克斯－西托夫斯基函数，因为与标准函数相比，他们假定人们更偏好平等），关于经济发展的可行空间分布，新经济地理学的逻辑会得出不同的结论。例如，如果社会厌恶人际不平等，那么它的正义观念就会要求补偿那些因经济一体化而遭受损失的外围城市和地区。这种损失可能伴随着区域内人际关系不平等的加剧和其他地区获益的人的不平等（参见 Just，2004；Scitovsky，1941；Kaldor，1939；Roemer，1996）。请注意，这样的公正标准不是以地域平等为目标，而是要补偿由位置造成的个人不平等（可能在某些情况下包括帮助人们搬家）。

从空间的一般均衡方法中延伸出的另一个论点是，我们不应该帮助某些穷人集中的富裕地区，而是应该帮助人们搬到更便宜的地方，特别是如果他们最大的困难是无法承受富裕地区的高生活成本。但是，给穷人钱并不能保证他们随后会用这些钱定居在一个有机会获得比普通人更需要的诸如学校和安全等公共品的地方。有好学校和安全街道的地方往往会阻止这些人的进入（如第五章所述，通过区域层面的分区制，这一制度将舒适性和当地的生活方式捆绑在一起）。如果这些人确实去了一个完全不同的地区，无法保证他们一到达就会得到他们需要的公共品。这些穷人在新地方缺乏社交网络，可能仍然属于弱势群体，难以实现社会流动。

厌恶不平等的社会福利函数也可能为帮助富裕地区的政策（Roemer，1996；Bénabou and Tirole，2005；Charlot et al.，2006）辩护。这是因为，尽管外围地区的平均收入低于中心地区，但是仍有大量的贫困人口聚集在富裕的城市及其社区内。给低收入地区提供区域发展援助时，最困难的人群可能是高度发达的城市地区中的穷人。与外围地区的普通受益人相比，如果在大城市里密集居住的贫困社区从广泛设置的邮局、公共设施或工作培训中获益更多，那么，在乡村或乡镇中心花钱建邮局就会产生累退的分配效应。

总之，地理经济学的见解可以用来思考效率和公正问题，但还有很长的路要走。目前，我们对下列方面缺乏足够详细的经验知识：一、收入创造的地理分布；二、相关地域的人们在福利方面的偏好，包括其功利主义程度和对不平等的偏好；三、收入创造的地理分布产生的人际和区际直接收入分配效应；四、外部性等间接收入分配效应；五、在多大程度上流动性是一个选项和/或偏好。这个领域的大部分研究文献都只有部分的经验知识，在采用福利函数时往往对偏好带有强烈而又有些武断的臆想。正如我们在前文看到的，最重要的是，当我们采用厌恶不平等的社会福利函数时，最优的地理格局不再显而易见。新经济地理学在研究这些问题的其他模式方面还有很多工作要做。

有没有公正的方案可以解决城市土地市场失灵？

我们从第五章可以看到，在支付能力不同的情况下，一个城市内的企业、家庭和其他活动的位置也反映了城市空间的各竞争者应对不同偏好的方式，并因此产生了不同的满意度水平。前文所谈的区域间分配问题的差异在于，在一个城市区域内，流动和互动成本非常低，因此空间竞争就更激烈。

在城市内部，土地价格不仅对位置影响深重，而且影响收入分配。首先，土地供应相对缺乏弹性。在任何给定的位置（例如，纽约第五大道与第五十九街的交汇处）都没有那么多可以延伸的供应空间（向空中发展是一个选择，但也有限）。这种地块的稀缺性源于它靠近其他地块，以及改变位置需要长期等待和沉没成本。因此，在短期内拍卖更多的是关乎价格而不是数量（McCann，2001）。

马克思主义对城市土地市场的分析源于大卫·哈维（David Harvey，1976）在《社会正义和城市》中的开创性论点，并且建立在这个概念之上。马克思主义者认为，价格反映交换价值，与土地使用价值不符。市场配置机制不能明确解释人们的偏好强度以及为获得位置或便利设施的支付能力差异（预算约束）。此外，土地产权是一种资本形式。因此，首先其所有权分布就不平衡，反映了社会的阶级结构。由于不同阶级的预算约束不平等，所有者阶级比其他潜在的土地用户更有能力系统地出价更高，这个阶级就会随着时间推移集中掌握土地这一关键和稀缺资本的所有权。这个拥有所有权的阶级反过来又想将其土地产权的交换价值最大化，因此，私人土地市场确定的土地租金不能系统地满足许多使用价值。土地市场以两种方式偏袒富人和地产所有者：第一种是，它们更多地满足它们偏好的用途；第二种是地产所有者在这个过程中积累更多的资本。马克思主义者认为从土地租金作为价格信号的作用中看不到对效率的影响（同上）。

标准的市场失灵经济学与这一推理有部分重合，只是目的不同。如果土地租金作为价格不能正确地反映正外部性或负外部性，它就是有问题的。如果正外部性没有完全定价，那么“好”地方就会过于集中，因为进入好地方的价格会低于价值；如果负外部性没有充分反映在低价格中，人们就会过度厌恶不理想的地方，以对冲最终的定价包含的未定价的影响。因此，土地市场对用途进行有效分类的这一主要任务受到了阻碍。在最坏的情况下，土地市场可能导致低价值的“空间陷阱”以及在其他地方价值过分堆积的恶性循环（Ravallion and Jalan，1997）。因此，主流经济学可能很容易接受土地价值是社会产物（通过位置和基础设施）的想法。虽然很少有经济学家实际上愿意倡导反对土地私有的观点，但这样的情况仍有可能会出现。

对马克思主义和主流市场失灵理论来说，确定其他的土地分配制度更加困难。主流方法几乎完全致力于减少低效率的问题：正外部性和负外部性都应该包含在价格中（可以征收某种位置税并用于再分配，也可以积极克服负外部性）。即使活动在空间上集中，与土地市场不完善的情况相比，真正有效的土地市场也应该有更平衡的土地价值和区位效益的分配。然而，这些方法不关心支付能力和享受能力等社会福利概念与有效率的空间组织和高效地获得城市设施之间的关系。他们也没有解决有效的土地整体配置对人际收入分配的后果影响。

如果马克思主义有另外一个社会福利函数，它会用使用价值替代交换价值作为配置机制（Roemer，1996）。据说这会减轻土地租金对社会不平等的影响。使用价值只能通过对土地使用实行公共或至少集体控制才可能变成配置标准。但马克思主义者既没有找到决定土地最高使用价值的替代机制，也不知道如何处理使用者希望得到什么的偏好冲突问题。在一个根据使用价值配置土地的体系中，必须由集体权威决定人们偏爱的哪些用途具有更高的优先权，以及所有人的偏好和所有类别的偏好是否都得到了同等重视。另外，如果运用某种重要的“合理使用”方案来确定使用价值，那就需要制定标准对这些用途进行排序（效率还是平等）。换句话说，即使潜在的收入分配从根本上更平等，而且作为市场和社会权力来源的土地所有权有所减少，也不可能找到一条管理使用价值的明确途径而不会遇到效率、公平、偏好之间的关系问题。就如何找到一种能对公正起到强化作用的城市形式而言，马克思主义的批判也没有给出什么指导意见。

公共选择与城市

正如第五章指出的，公共选择理论通过地方政府的蒂伯特假说对城市经济学产生了强大的影响力（Tiebout，1957；Buchanan and Tullock，1962）。城市地区是一个支离破碎的政治空间，其中的土地供应和设施供应多种多样，家庭和企业按照自己的偏好找到自己最满意的空间。因此，人和地方的分布没有冲突；事实上，碎片化和供应的多样性确保了各种偏好可以得到满足。地方政府之间的竞争使供应处于不断变化之中，如果供应商（位置）足够分散，那就不会有委托代理问题，因为每个委托人（消费者）都能找到他们想要的代理人（地方）。

第五章的分析并没有精确地说明什么规模（或粒度）的地方必须进行分散，以确保供应能准确反映需求。要使蒂伯特机制被放大到能够对发展的区际格局形成影响，就需要人和企业具有极高水平的低成本流动。此外，偏远的地方和区域政府必须很好地了解和响应其企业和人民的偏好。政府的确也在有所作为，特别是在美国，地方政府竞相角逐、吸引退休人群以及广泛吸引外来投资（Donahue，1997）。然而，我在第二章指出，竞相建设各种设施无法有力解释人和家庭的区际分类。

我们也可以把蒂伯特假设视为地方政府的中位选民定理。在这种情况下，如我在第五章所示，问题在于当一个人选择进入某一个地方时，通常他选中的那个合意的属性可能附带着他不想要的其他属性。因为我们无法将空间分解成小块，使每一个选择都有与其相关联的独特而独立的空间，于是，我们就回到了充满孔多塞难题（Condorcet problems，喜欢 A 多于 B，喜欢 B 多于 C，喜欢 C 多于 A，所以不能决定非常想要的结果是什么）和脆弱的公共选择机制的世界中。

这些问题不仅限于选择或供给方面，他们还涉及各地方如何“决定”在区际范围内的公共选择过程中提供什么。目前还不清楚各地方是依据选择还是约束采取行动，提供一些产品或服务，因为地域竞争直接影响地方和区域的税收，但反过来也让地方或区域付出昂贵的代价（Donahue，1997）。公共选择模型通过一个无所不包的假设，即竞争表达了某个地区的人民的偏好，而且各地之间的竞争终将限制其对专业化和区位的扭曲性影响，证明了竞争的合理性，即使竞争采取了补贴的方式。但在做出这些具体的选择时，普通民众的偏好和受过训练的经济学家的偏好可能会发生冲突。

另一个例子涉及与不同的比较优势有关的不平等贸易条款。假设一个地区不可能专门从事高收入的活动。它可以专门从事那些有比较优势的活动，从而在此约束下将潜在收入最大化。我们在第二章至第四章中看到，城市地区之间的发展差异是由空间动态驱动的，它们将创新的高工资活动分类到某些地区而不是其他地区。工资和技能较低的地区通过制造对富裕地区的人来说更便宜的商品，对总（区际和国际）福利做出贡献。给定这些都是这种发展模式的外部性，如果这种模式在各地之间产生了高度的收入不平等，那些“做对了”（对区域产出最大化做出贡献）的低收入地区是否就无权得到地方间援助?

此外，即使我们假设人们为了共同优化所有偏好而进行完美的自我分类，也必须要有更多大胆的假设才能达到公正的目的。所有的消费、娱乐、工作和收入的偏好都必须可传递和呈凸状，以使人们能够通过流动找到优化其偏好的位置［如 Glaeser（2008）的假设］。它还需要假设企业的选址行为在空间上无差异，也就是说企业可以任意选择，以便实现要素代替。于是，经过仔细研究后我们可以发现，公共选择并没有给我们提供一个在人和地方之间公正地分配福祉（well-being）的现实方式。

自由主义的公正观

约翰·罗尔斯（John Rawls）和罗纳德·德沃金等自由主义分析哲学家像大多数经济学家一样，都是从个人偏好和选择入手。但是他们认为理性的人更喜欢与经济学中使用的标准总福利函数不同的公正标准（Rawls，1971；Dworkin，2002）。他们声称，理性的人也关心他们的社会地位，而不仅是他们的个人收入，他们还关心未来的风险。

罗尔斯为该主张开发了一个具有启发性的工具，称为“原始位置”，指的是人人平等的自然状态。他问道，如果人们极难确定能否成为赢家还是输家，但高度确定不平等出现的可能性相当大，在这种情况下他们会做些什么?如果人们能肯定这种不平等会改善最穷的人的境遇，他们就会偏好不可知的未来不平等。没有人甘愿冒风险待在社会底层并处于绝对糟糕的境地。

这就产生了被称为选择的“最大最小值”（Maximin）定律的分析工

具。人们会选择日益加剧的不平等，前提是要满足下面两个条件：一方面，要提高效率并产生“不平等盈余”（inequality surplus），另一方面，这个不平等盈余能够同时激励报酬最高的人通过额外的效率（技能、努力等）产生不平等盈余并提高最穷的人的福利，使他们的境况从绝对角度看，不至于比在没有不平等盈余的世界里更恶化。换句话说，最大最小值就是在分配中将每个人的最小收益最大化。

将此工具应用于空间发展需要探索最大最小值对人和地方的分布有何影响。有些目标很容易实现。我们可以设想美国城市的黑人聚居区，对那些没有从那里流动出去的人来说，其处境因为种族隔离的废除而变得更糟糕了，因为他们被搬离此地的更成功的成员抛弃了（Wilson，1987）。在全球发展过程中的不同时间点上（例如19世纪），世界许多地区因为其产业遭到欧洲进口竞争的破坏而变得更糟糕，而它们当中的许多人也是如此（Darwin，2008）。所以，在最大最小值的选择规则下，更多的不平等盈余本应该转向它们。

我们可以把新经济地理学的效率测试和罗尔斯的最大最小值分配率结合起来做一个思想实验。表13.1就是对此的总结。

表13.1　地区间不平等的最大最小值理论

情况	生产率/效率	地区间的不平等	贫困地区的平均财富	富裕地区的平均财富	最大最小值
1A	提高	缩小	增加	增加	是
1B	提高	缩小	增加	减少	是
2A	提高	增加	增加	增加	是
2B	提高	增加	减少	增加	否

（续表）

情况	生产率/效率	地区间的不平等	贫困地区的平均财富	富裕地区的平均财富	最大最小值
3A	减少	缩小	增加	减少	是
3B	减少	缩小	减少	减少	否
4A	减少	扩大	减少	增加	否
4B	减少	扩大	减少	减少	否

在 1A 的情况下，总产出增加和地区间差距缩小，富裕地区的财富增加，但贫困地区财富的增加足以使差距减少。相比之下，在 1B 的情况下，如果说富裕地区的财富减少了，那么贫困地区的财富必须增加到足以使总的效率提高，这是自 1820 年以来工业时代罕见的一种情形。2A 的情况是典型的新经济地理集聚的过程，其中总效率的提高却使差距加大。如果贫困地区的财富增加了，那么富裕地区的财富必须增加更多才能提高不平等水平，但这一结果满足了最大最小值的测试。相反，如果贫困地区的财富减少了，那么为了提高总产出水平，富裕地区的财富就必须有更大幅度的上升，这确实是有可能的，但不能满足最大最小值规则。

我们转而看一下整体产出或生产率下降的情况，在 3A 的情况下，地区间不平等也有所下降。如果贫困地区的财富增加，那么富裕地区的财富必须以更大的幅度下降，以使不平等水平下降，这是有些人担心出现的“缩水馅饼”，导致他们主张对不平等水平的提高持宽容态度。这满足了最大最小值的测试，但不是很令人愉快。在 3B 的情况下，如果贫穷地区的财富下降，那么富人的财富就一定要减少得更多，以使不平等有所减少，即差不多回归到 1820 年前的情况。在 4A 的情况下，产出减少，差距加大，这差不多是所有情况中最糟糕的。如果富裕地区的财富增加，穷人的财富要减少更多才能使产出下降，这显然不能满足最大最小值规则，也就不会产生不平等盈余。在4B的情况下，如果富裕地区的财富减少，那么穷人的财富就应该下降更多才能减少不平等。于是，同样不会有不平等盈余，也不能满足最大最小值规则。

因此，地区不平等的某些增加可以适用于罗尔斯测试，尤其是在国家内部或具有高度一体化的发达贸易区。可能的境况是，无论是对境况最糟糕的个人，还是最糟糕地区的平均发展水平而言，有不平等的存在总比没有要好一些。请注意，这些情况都适用于新经济地理学和罗尔斯测试（1A、1B和2A）。此外，还有些情况（3A）只能适用于罗尔斯测试，而不适用于新经济地理学。

在采用最大最小值测试的情况下，如果人与地方的分布发生冲突，事情就会变得更加复杂。如果处境最差的人在某一个地方会更糟，但在另一个地方却不会，该怎么办？如果使用人均收入水平来衡量，最差地方的平均水平会变好，但某些地方的某些人会更糟，该怎么办？这些未必是致命的打击。事实上，它们为实证研究空间发展的影响提出了不限于标准范式的有趣问题。最大最小值规则也可以用来支持许多不同的政策建议。例如，可以鼓励在某个地方处境最坏的人搬迁到另一个能把他们的收入纳入最大最小值范围而得到改善的地方。比标准的社会福利函数受到的限制更大，如果它能改善人们最糟糕的命运，即使不是绝对意义上的更好，也意味着流动（Charlot et al.，2006）。

另外，某些与空间和人际不平等相关的不平等盈余可以转移，但人与人之间和地区与地区之间的转移是分开的，从而使两者都能够满足最大最小值测试。人和地方的分布要在同一种情况下同时考虑。有时这些补偿措施都不可行。这可能是因为流动性没能产生足够的收益，或者因为分配给人和地方的不平等盈余不足以满足最大最小值规则。在这些情况下，罗尔斯的社会福利函数将排除新经济地理学推理允许的空间不平等形式，与新经济地理学关于有效的产出和收入的地理格局的观点大相径庭。

德沃金（Dworkin，2002）概述了另一种自由主义公正观。对他来说，由于努力程度不同而导致的不平等不是公共政策关注的问题。只要对整体的社会福利有帮助，能力的差异是可以容忍的。完全抑制对某些差异能力的奖励会使社会缺乏那种只有通过施展某种天赋才能产生的东西，以及只有通过施展个人才能才会产生的个人成就感。但是，当平等的能力与不平等的资源相结合时，就会产生不公正的不平等。

德沃金对于能力、资源和努力的划分并没有以清晰的方式扩展到整个经济体，但可以粗略地解读如下：在经济学中，资源就好像是要素禀赋；能力是包括技能在内的全要素生产率；努力是指一个地区在前两点基础上能否取得使其绩效最大化的制度条件。德沃金强有力地指出，如果某人正在利用他能得到的资源禀赋尽其所能做到最好（努力的标准），这就达到了我们对他们的期望，因此任何不平等如果不是由懒惰（努力不足）引起，就应该得到补偿。在世界经济中，可能会出现遭受外生性冲击的情况，如不利的贸易条件会给许多地方带来与他们的努力无关、完全与坏运气有关的惩罚。如果出现这种情况，德沃金的框架建议这些地方就不必承受全部重击。他建议我们应该制定政策应对这种不公平现象，例如可以用远期保险计划应对经济过程中可能出现的不测。同样，森（Sen，2009）提出了一个有趣的观点，为各城市和地区提供激励性措施，使它们都会尽其所能，同时也知道如果出现问题会受到保护。

社会选择与地理不平等

前面的讨论表明，没有一种单一的方法能让我们明确定义经济、社会或地域公正。我们应该放弃吗？社会选择的观点，至少是某种特定的社会选择观点，鼓励我们继续努力尝试。

社会选择的概念，即认为我们能够识别出共同偏好并据此采取集体行动的想法，经历了艰难的发展过程。自莱昂内尔·罗宾斯（Lionel Robbins，1938）和肯尼斯·阿罗（Kenneth Arrow，1951）以来，经济学和哲学的正式模型都认为社会选择是不可能的（Roberts，1980）。现代制度经济学也同样持怀疑态度，主张当组织或机构试图集体行动时，最终都会以挫伤偏好而告终，并产生硬化的倾向，因为所有有组织的利益集团都会努力保住自己拥有的一切（Olson，1965）。相对于从创建那些实施集体选择的组织中获得的收益来说，只有当市场大面积失灵时，这些不利才可能小于收益。在效率和公平问题上增加地理维度使问题变得如此复杂，以至于人们很容易对识别偏好的可能性感到悲观，对依据这些偏好采取行动甚至更悲观。

这种复杂性是森（Sen，2009）对社会选择框架进行重构的出发点。森接受了混乱，他认为我们应该努力争取相对较好的结果，而不是要唯一的、“先验性”的最优结果。为了做到“更好，而不是最好”，森提出社会选择是一个过程，但它是一个完全不同于经济学家认为的选择程序的过程，也与罗尔斯和德沃金等自由派的观点不同。选择更好的做法可以是多元的和局部的，需要复杂的权衡，但最好还是努力争取这种结果，而不是陷入寻求最优或完美结果的困境之中不能自拔。

社会选择过程中城市与地区的地位

森虽然提到植根于地方的社会群体可能会成为社会选择过程的主人公，许多社会选择方面的问题源自经济发展不平衡，以及在开放经济的情况下地区之间的相互关系等，但是他几乎没有谈及城市或地区。

有大量的证据表明，人们想要对有地域模式和/或受地域限制的，或涉及地区之间关系的问题做出选择（Rawls，1999）。但另外一些非地域性的问题类别，比如阶层、教育程度、种族（在某种程度上它不受地域限制）、生活方式、性别、性取向等等，对人们来说也很重要。后一类别不一定与地域性很强的偏好冲突，但它们可能会使之碎片化。

正如我在第十二章指出的那样，人口的态度和偏好是按地理划分的。我们可以了解不同地方的一个受过良好教育的年轻黑人女性对某个问题的看法有什么不同。尽管如此，我们对地方发展的可能偏好或可能源于位置的偏好（与按照进入某地区的人口类型分类的偏好相反）也所知甚少。我们需要进一步了解以下问题：是什么让人们归属于某个地方？人们对地方的考虑是出于个人主义和功利主义（它可以为我做什么），从集体的角度（我喜欢它什么），还是从集体但功利的角度（它为我们做什么）？他们想从其他地方得到什么？

我们如何适应地方的那些内在而不可观测的效用？某个地方存在的某些特性都在以各种方式帮助和伤害我们，而我们对这些方式并不很清楚，尤其是不经过一定的时间跨度根本无从知晓。这些地方特性将人们聚集在一起，并带来委托代理困境。但正如我在第七章中所说的，归属感也可能会帮助我们明确自己的身份，并在某些方面提供单凭个人无法获得的选择集。地方作为社群既阻碍人们也给人们赋能，归属感又是如何准确地以什么方式、在什么地方或在什么地理范围内发挥作用的呢？社会选择过程会使这些不可观测的变量更加透明，从而使它们也成为选择过程的对象吗？如果我们能对这些事情有更多的了解，就能够回答问题：总福利最大化如何同人们对身份的不同主观偏好联系在一起呢？

在大多数国家，各种各样的社会类别，如收入、阶层、种族、性别和生活方式等都被视为各种社群，都对集体选择有贡献。于是这些非地域性的社群就会在地域，即社区、城市、地区和国家等层面得到政治发言权。但是，这里所说的社区、城市和地区具有的偏好，与对社区、城市和地区的偏好，也就是对某种发展的偏好不是一回事。对于在经济发展事务上起作用的社会选择过程来说，地方必定既是主体也是客体。这将使我们能够构建一个包含人及其所在地的社会福利函数，从而可能变成各个地方及跨地方的社会选择过程的起始点。

社会选择、 城市与区域政策

在发展效率与区际不平等如此紧密相关的世界上,可能必须开展某种区际援助和再分配。城市和区域政策面临的挑战是，尽量减少潜在的效率低下、无谓成本和这类援助的意外影响。

世界上的一些不平等盈余应系统地投入援助之中，这种援助应在对地方发展的偏好有更深入了解的情况下开展。发展意味着什么？它包括个人（人们）和平均（地方）福利的某种结合。森（Sen，2009）提出了总体目标：自由权和自由；生活和幸福的能力；我们的能力发展。但是对这些方面的精确定义以及它们之间的定量和定性关系无法预先确定，也不需要它们在所有地方都一样。于是我们还是需要知道具体地方的人的哪些偏好对这两个分配有利。这些偏好可以不同，因此可以有多个合理的可能结果。因此，不平等盈余的再分配必须有一定程度的地方自主性，能确定他们自己想要的人员和地方的（people-place）分布，这是社会选择的多元化方面。

如何利用不平等盈余推进这些目标？从这方面看，空间公正可以被视为半契约关系。选择应当在地域间达成一致的一般范畴内，以使这些选择可能有资格接收其他地方产生的不平等盈余。显然，也必须体现对方的权利，也就是说，要履行接受不平等盈余的义务。这种契约型杠杆包括要求接受援助的地方同意设定广泛的实质性目标，并通过理性的过程捍卫这些目标或者放弃自己的那一份不平等盈余。在这样做的时候，确定自己的目标、偏好和价值观的能力，是这些约束中的一个强大激励。这正是写作此书时欧洲发生的欧元危机可能带来的某种协议。

在政府行政机构内推动社会选择是一个巨大的挑战，因为政府机构没有处理混乱的能力。我们只要想想欧洲结构基金或美国联邦的城市援助计划就会明白，这两者很大程度上简化成了清单类型的规则，通常只是通过简单的成本收益分析就认为没问题（他们自己使用的假设通常不正确）。执行一个实用但基于理由和证据的区域发展援助型社会选择框架只需要公共管理的再造即可（Farole、Rodríguez-Pose，2011；Barca Report，2009）。

公共政策中的社会选择需要放弃行政状态的清单式极简主义，并学习如何以一种更具实验性的方式发挥职能（Haussman and Rodrik，2003）。根据相关学者（Charles Sabel and William Simon，2010）的观点，极简主义过分注重静态效率规范，对风险和机遇没有给予足够重视。“公共政策领域的特点就是对相关问题的定义及其解决方案都不确定，而实验主义的干预是公共政策领域的一种更可行的方法。”但要在这种混乱状态中行事，行动者必须明白“自我发现是协调问题和过程的一部分”（同上，第1页）。

城市偏好与不确定性

像所有的经济发展一样，从根本上说，城市区域的发展在任何相关的时间框架内对其主要的行动者都是不确定和不透明的。大多数人都不知道，当他们做出当前的选择时，这些选择会与众多的其他力量产生怎样的相互作用，从而影响最终的结果。这种不确定性既适用于某个地方的人们，也适用于他做出会影响其他地方的人们的生活的选择。正如第十章指出的，不确定性的一部分与行动者的处境有关：短期视野、架构效应、从众效应以及对思维和收集信息的有限投入。但大多数情况是，即使所有这些“错误”都得到了纠正，发展也显得过于嘈杂和复杂，我们无法对此构建任何确定的模型。

这就是罗尔斯把原始的空白状态作为起点的观点在道德意义上可能令人关注的原因。这一观点认为人们不希望因为未来的未知事件而变得更糟。针对这种未来的不确定性困境，罗尔斯提出的解决方案是，应该有一个易于掌握的博弈，它可以使我们测算出未来的底线最大最小值。很难想象他的想法如何才能实现或制度化：我们应该成立一个“大委员会”吗？森认为，要应付这件事，我们应该开发更好的信息并提供给委托人，使他们能够参与这个选择过程。如果把森的提议当作乌托邦世界里一个一劳永逸的解决方案，可能会让人觉得它很天真。但它是一个框架，运用理性步骤收集关于人们所思想的更多精确的经验证据，并告知他们在追求满足不同偏好组合的发展途径中涉及的各种权衡。

发展研究领域以及城市和区域研究领域目前还不能提供这些信息，因为这不是它们的研究目标。不确定性和发展的混乱状态不会消失，但我们也未能很好地预测未来会有哪些可能性。因此，人们既不能理解他们当前做出的选择与这些选择可能会以什么方式产生不同的未来影响集之间的关系，也不知晓这些影响集可能会满足当前的哪些偏好。我们永远无法预测未来，未来的积极和消极发展常常是今天的我们无法想象的。但是，我们需要一场务实的理论革命，帮助我们理解当前选择与未来的城市和区域发展之间的关系？要达到这一目的，首先要求学者和政策制定者征询并确定社区、城市、地区和国家心目中的彼此相互联系的正当方式。

结论
致亲爱的决策者：
给你们一些重要的建议

致： 城市与区域发展委员会

关于： 研究委员会的报告

写信人： 研究委员会主席 迈克尔·斯托珀尔

作为研究委员会主席，我非常感谢有这次不同寻常的机会对我们了解的城市和区域发展的原因与动力进行探索。委员会这么做的目的是要探索长期的深层次原因。我们的报告是十分学术性的，所以我们在这里给你们提供的是一份“最基础”的报告。

城市是工厂，不是游乐场：究其根本，经济发展是一个地区生产力的发展。该地区生产力的发展将在很大程度上决定它的技能组合、人口变动和收入水平。

经济地理说明了各行业的发展模式、贸易成本对它们的影响以及它们对城市和区域经济的影响。经济活动要做两件事：它们在各地发展，在城市和国家之间分类。发展与分类之间的互动给经济带来了地理动力，影响了各城市地区的经济命运。

当某个地方的集聚经济减弱时，经济活动就会从中退出。他们会聚集在可以共享生产投入、劳动力或创新互动的地方。因此，提供便利设施更多的作用在于，在大都市区内决定人和活动的位置，而不是决定城市体系中该地区相对于其他地区的整体增长率或表现。

尽管如此，世界范围内大量的城市政策是基于城市发展的舒适性理论和它的表亲“游乐场”模型。但是这些方法具有误导性。此类政策的高端（high-ends）版本旨在通过向高技能人才、富人或创造性人才提供他们可能急需的环境来吸引他们。低端版本主要是为了保持房价便宜。这些政策只是吸引了不需要工作的人口：富人和退休人员。这些政策也可能会影响城市的旅游业，但这无疑是向来访者出售便利设施的一个经济生产部门。提供便利就其本身来说没有错误。但这些政策往往垄断政治注意力，挤出人们对有关城市地区最基本挑战的讨论，即如何产生收入。

发展过程中的成功取决于成功的专业化和重新专业化。在一个开放的世界经济中，地方的经济发展从根本上取决于该地在世界劳动分工（集群对退出和分类）的变化中如何维持或改善其地位。每个城市地区的经济都有一个受这种更广泛的动态影响的地方发展过程。任何一个城市地区发展过程中的关键要素都是尽可能地实现有利于发展的专业化。城市地区分别属于不同发展阵营的成员：专业化、技能和收入的整体阶梯上的高、中、低级。要想实现成功的专业化，这些级别都各自面临着一系列挑战。

位于顶端的是富裕但拥挤、高成本和高收入的城市。这些城市地区必须创造、捕捉或留住那些生产创新型高端产品和服务的经济活动。这样的活动往往是高度集群化的。得到这些活动的城市地区都具有地方禀赋。然而，这些禀赋必须保持动态，有时还需要彻底改造。这些地区依赖于拥有大量高水平以及高专业技能的人。新的活动有某种偶然性，而不幸的是我们不知道如何通过政策对它施加影响。但是，城市地区可以通过拥有大量的明星科学家和其他的内容创造者，并把他们与当地的企业团体联系在一起，使创造和捕捉新的高端经济部门的可能性最大化。他们能够重视对新兴经济领域中的那些支柱型企业（anchor firms）起支持作用的条件，特别是重视把这些企业与该地生产网络联系起来。它们可以为本地区经济专业化培育专门的高技能移民。它们希望能出现强大的领导人和其他类型的经纪人，并试图以强大的区域社团留住支柱型企业，不允许狭隘的社群阻挠这些企业的进入。

最后，高成本和高收入城市不应着眼于其弱点行事。在高成本地区创造低工资和低技能的工作是徒劳无功之举，虽然这么做看起来很人道。这些地区永远不会因为试图比低收入地区更便宜而成功。高成本地区低工资和低技能的劳动力，通过工资溢出效应，从高工资和高技能核心地区的成功发展中获得极大收益。城市和地区的中产阶层化可能是高工资经济核心行业成功的最好标志。我们不应该反对成功的区域经济带来的某些不平等盈余，而是应该将它们用于扩散动态成功的区域经济产生的经济和城市收益。“高端路线”是这些地区唯一的道路。

中等收入地区面对的、影响其发展阵营的一系列挑战有所不同。它们面临的挑战是跨越中等收入陷阱，即在发展的初期阶段，他们从廉价的土地和劳动力方面获得的优势一旦耗尽，就必须重新专业化，因为它们的一些经济活动会离开，而收入无论如何都会停滞不前。这需要内部发展，以扩大当地的经济能力，改进产品提高生产率，而要做到这点，它们必须提高教育和技能水平，培育那些可以改变其专业化的强大行动者。中等收入城市地区可以获益于外部提供的“自助式”投资（bootstrapping investments）：如重要的私人或公共研究中心，或快速提高当地大学体系、主要的医疗服务提供者（研究医院）和国家实验室的质量。它们将不再通过吸引更多日常生产行业的投资来提高其收入和技能。

对于低收入城市地区，有两个关键的发展挑战。第一个是“加入博弈”。这就相当于一个国家想要进入全球经济的道理一样：它必须发现其初始比较优势，同时必须发现能使其地方要素在经济分工中得到更多利用率的交通运输连接。在各国内部，发展某些基础设施，如果能从根本上改变要素价格，从而改变城市化劳动分工中的作用，并将生产再配置到一个新的地理格局中，就能带来巨大的改变。这种情况并不经常发生，但当它发生时，会导致一类全新的城市进入博弈，就像20世纪后半叶美国“阳光地带”的发展一样。地方发展再次与经济和城市系统的整体地理环境密切相关，特别是对处于收入阶梯低端的城市来说（Farole、Rodríguez-Pose and Storper，2011）。

制度与经济地理共同影响城市的生产力。一个城市地区的经济是设置在城市地区这个物理系统中的一系列活动。根据定义，密集的城市经济是企业之间，企业和顾客之间，工人、家庭和企业之间密集的互动系统，所有这些都嵌入在与政府、教育和各种其他组织的互动之中。物理接近是他们成功互动的关键，而这部分取决于城市的物理系统和基础设施。但是，关键行为人之间的物理互动和人际网络，以及管理他们的规则和规范，即城市地区关键的非正式制度，共同影响城市互动的效率。

制度也影响地方经济的演化和对外部挑战的应对。制度也是持续不断的调整过程中的关键要素，并决定该地区在专业化和角色不断变化的开放经济博弈中是“提升，还是下降，甚至停滞不前”。最重要的区域制度大多是肉眼无法观察的，因为它们是该地区的网络行为人群体，是他们之间的连结和联盟。如果这些制度是多样化的，彼此衔接良好，相关性高，他们就会有更多的社会关系，以及更多的交易中间人和行为人，这些人能将技能转移到新的领域并发展现有领域；如果这些制度是狭隘的，彼此互不相通，互不相关，满足开放经济的挑战及改变劳动分工的可能性就会大大降低。

相对来说，我们对如何创建这样的网络知之甚少，但将某个地区强大的群体融合为一个强大的区域社会，应该是地区领导人最优先考虑的事项。如果这些社群势单力薄或很少互动，一个长期的关键优先事项就应该是想办法召集他们，让他们意识到复杂却难以观察到的区域经济动态。能发挥这种号召作用的领导力虽然十分稀缺，但它可能是一个城市地区最有价值的一种制度建设。

对发展来说，全球化与地方互动是相辅相成的两个方面。技术、交通和沟通的全球化在增强地方互动的同时，也因为远距离进口取代了某些当地功能。但赢家地区比其他发展阵营所在的地区有更多的地方互动。这些城市的地方生产力量如果可以使用远距离提供的投入品和信息来提高复杂性和其自身产出质量，就会大大地推动地方互动。

特别强大的地方互动会产生地方禀赋。地方禀赋是一种十分理想的区域发展形式，很难模仿也很难培育。面对面交流是一种特别强大的地方互动形式，它在协调现代经济的交易和关系方面发挥着极为重要的作用。面对面交流的需求日益增多，尤其是在某些具有多种禀赋行业的城市。当许多地方禀赋在一个城市里发生冲突时，由此导致的混乱嘈杂就会影响它们的共同发展，这也为最大且收入最高城市地区的韧性提供了解释。

区域动态深嵌于一国的经济发展过程。不可能所有的城市地区都处于收入排行的顶端，也不可能有城市永远处于那个顶端位置。即使一个无所不知的国家政府，也不可能知道如何为不同发展阵营中的各种区域发展过程做出规划。城市之间可能会存在浪费资源的过度竞争、产业雷同、投资过剩，以及将它们连接在一起的不经济或不合理的基础设施投资。对某个发展阵营合适的基础设施投资对其他阵营不一定合适，例如建设地铁系统对洛杉矶和纽约来说都是合适的，但对菲尼克斯来说可能就不合适。由于政治方面的原因，经济发展往往会演变成摊大饼，而不是效率上最优的地理布局。但是，如果能更明确地认识到发展阵营的不同以及不同阵营的具体需求，国家的基础设施、教育、研发等政策就有可能在大多数国家发挥更好的作用。

公正、效率与城市。城市地区的发展攸关人们的生活方式和福利。然而，对于城市的效率问题，几乎没有真正意义上的公共对话，在有关效率与公正的关系方面，公共对话甚至更少。组织地方或区域对话并不难，但是这样的对话需要更成熟的话语体系为公众设计选项。

关于城市体系和一般城市的全国性对话原则上是有可能的。之所以可能，是因为与国际发展的议题不同，关于城市的国内对话目前还没有与民族国家性质相当的国际共同体（Rodrik，2011）。迄今为止，没有一个国家为公众组织这种讨论，以公开、透明的方式考虑效率和分配结果之间的重要关系。

应该为公众组织这样的社会选择对话，或者至少由学者和政策机构明确表达其观点和立场。这样的对话要求对政治生活中对待“城市”的方式做出重大改革。

经济地理、制度、创新与公正，这些都是理解城市地区发展的关键要素。对于这其中的每一个关键要素，我们都有丰富的现成的分析工具，这本书也探讨了其中的许多工具。我也指出了我们缺乏了解因此可以在未来继续深入探讨的一些领域。对于政策如何影响这其中的某些领域，我们已有重要的认识。城市发展的这些关键领域可以为更好的学术研究和实践打开大门。

注　释

第二章　世界经济的工场：人、岗位和地点

① 本章大量引用了 Kemeny and Storper（2012）的内容。感谢 Tom Kemeny 的合作，但对本书中引用我们的共同著作的部分他不承担责任。

② 因此，Glaeser and Gottlieb（2009）写道："自 Mills（1967）、Rosen（1979）和 Roback（1982）的开创性著作发表以来，关于城市的研究几乎一直认为工人的自由迁移创造了效用水平均等化的空间均衡。Glaeser 和 Gottlieb 还指出"劳动力的高流动性导致许多城市经济学家认为，在纽约收入提高并不意味着纽约人生活更优裕。相反，福利水平在空间上是均等化的，而高收入被城市的高价格或低舒适性等负面属性抵消……通过假设工人会选择工作地点，城市经济学家至少有可能解释人们在城市地区的大规模集聚"。

③ 虽然洛杉矶充满阳光，但它不是阳光地带的典型代表，因为相比通常有这个绰号的南部各州，加利福尼亚遵循了一条独特的发展轨迹。下面我会更详细地讨论加利福尼亚的独特性。

④ 有些相关性并不显著，因此我们可能会合理地质疑能在多大程度上得出结论，认为高收入城市也最具有各种各样的舒适性。

⑤ 我们还尝试将一月份的平均气温包含在更宽泛的气候衡量之中。加入这个变量后

的结果与下文报告的没有什么重要的不同。

⑥ 我们必须选择一个不完美的方法来确定阳光地带的成员，因为“阳光地带”是一种修辞，而不是严格意义上的分界线。如果某个城市属于美国内战期间的南部邦联，我们就将其定义为阳光地带的成员。南部邦联各州构成了典型的美国南部，在20世纪的大部分时间里，它们的发展与美国其他地区形成了鲜明对比。

⑦ 此外，回归的概率值表明，全面详述没有太大意义。换言之，以象限为协变量的模型在预测1980—2000年城市人口增长时，与那些没有任何预测工具的模型表现没有不同。

⑧ 运输经济学家一直以来都在争论交通运输系统能否改变生产模式（Leunig，2007；Anas、Arnott and Small，1998），大多数人观点一致，认为运输创新带来的要素价格变化是生产模式变化一个重要的直接原因。

⑨ 1970年洛杉矶城区五县的人均收入是旧金山大都市区十县的94%，但是到2005年，这一数字下降到66%。

⑩ 舒适性的工具变量往往使用相关的生活质量指标，其中包括美世咨询（Mercer）、《读者文摘》和《经济学人》常用的指标。所有这些指标都显示旧金山湾区的生活质量排名远高于洛杉矶地区。

⑪ 这个模型以及大量的随附文献都假定是管制决定了住房基数（housing base）的扩张率，因此也决定了劳动力的扩张率（Glaeser and Gyourko，2005）。但另一个模型（Van Nieuwerburgh and Weill，2009）将住房价格的不同归因于生产率的不同，这反映在大都市区之间的工资差异上。

第三章　城市经济发动机：专业化

① 然而Frédéric Robert-Nicoud（2005）通过分析识别出这些空间均衡。

② 保罗·克鲁格曼在他获得诺贝尔经济学奖的讲话中指出了这个事实。Glaeser and

Kohlhase（2003）也提出过这个观点，但并不是为了区分不同行业的集聚趋势。相反，他们认为，是技术工人的集聚行为推动了现今的城市化。下面我会再次探讨这一点。

③ Puga（2010）综述了人们在衡量投入品共享对集聚的作用方面的不同尝试。只有当高度分散的行业被排除时，这种作用才最明显。在我看来，这意味着投入品共享还不足以引起协同定位，而协同定位应该是投入品共享的影响之一（参见 Melitz and Ottaviano，2008）。

④ 除非我们将稳定/不稳定的程度引入就业合同中，否则很难解释企业为什么不选择向外扩散，以避免在当地劳动力市场中的竞争。

⑤ 这种迁移到土地更便宜地区的行为，可能发生在城市范围内（迁移到城市边缘），也可能在区际范围内（例如，迁移到阳光地带）。有些人已经撰文探讨两者之间的关系，但是还没有完全理解（Thisse，2010；Rossi-Hansberg、Sarte and Owens，2009）。Glenn Ellison、Glaeser 和 Kerr（2010）发现，在三者之中，共享的作用最强，但三者的权重并没有太大的不同。

第四章　破坏性创新：　地理与经济学

① 对于这后一个主张的标准回应是，我所说的创新租金只是生产率的差异，因此没有什么不标准的证据。但是，为此目的而采取的生产率指标是以支付意愿作为产出价值的来源，并将此套用在异质产品上；这只是简单的同义反复。生产率比较中唯一无懈可击的是对同质产品或者与同质投入品相关的单位值与它们的单位价格进行比较。对于城市地区来说没有人能做这样的比较。提出纽约的金融行业是否因为租金或生产率而价格更高这样的问题，或者将它与汽车制造业进行比较，就如同把苹果和橘子放在一起进行比较。

② 在 2008 年 1 月 25 日，使用谷歌搜索“MAR externalities”这个术语，会找到

221 000条结果；2012 年 6 月 13 日，这个数字增加到 509 000 条。

③ 更具新古典主义特征的经济发展模型与更不正统的此类模型之间有一个主要争论：在成本上升、技术变化或一些其他力量使租金流失之前，该地区或国家可以享受租金的时间有多久，以及这些中短期租金与长期经济发展过程之间有什么关系。严格的新古典主义观点仍然强调回归均衡，而基于演化论或“历史重要”论的著作却强调循环累积的持续优势。

④ 到底如何看待能创造本地化递增收益的本地化学习、共享以及技术的再利用?这是一个得到充分证实的现象。但是如果这样的技术应用保持本地化，如果只是因为生产者有强烈的意愿攫取相关知识的垄断租金，这类过程的受益循环就会受到限制。许多地区经济学文献声称生产者会这么做，因为这也许可能解释某些地区为什么会支持高劳动力价格和高土地价格。然而，在发展过程中的某一点，这些技术收益似乎会逐渐向整个经济扩散，这很可能涉及知识标准化、非地方化以及通过竞争性生产者的进入使垄断租金流失。这两个过程都会深化并拓展罗默式增长效应的基础。对这一点通常也有两派不同的观点，一派认为创新的长期源泉必然包含熊彼特式的创造性破坏过程，而另一派则认为来自创新中的一个简单的生产函数。支持后一种观点的评述，参见 Jones（2004）。支持前一种观点的评述，参见 Aghion and Howitt（1997）。

⑤ 关于本地技术变革来源的文献也参考了“雅各布斯外部性”（Jacobs，1969）。对马歇尔效应的通常解读是，它引起了我们对行业内部技术溢出的关注，因此也让我们关注到专业化的收益，而简·雅各布斯强调多样性以及与陌生人相遇带来的知识，因而认识到非专业化区域经济的收益。然而，奇怪的是，我们发现没有人提及雅各布斯 - 罗默外部性。无论如何，我会支持如下解释：如果存在雅各布斯类型的技术变革来源，为了促进整体经济的递增收益，这些来源必须经历经济和地理扩散，或者去地方化，否则它们势必被认为是本地化技术的租金。

⑥ 按照这个思路，Fujita and Thisse（2002）、Baldwin and Martin（2004）强调技术工人的地理集聚，他们集聚后进行创新，而他们的创新是经济长期增长动态的活力源泉；创新驱动的最初集聚，由本地市场效应进行补充。两组作者都认为，如果没有一个高收入地区优势再生的模型——类似缪尔达尔的“回流”效应，克鲁格曼和他的同事安东尼·维纳布尔斯（Anthony Venables，1995）就无法有效解释持续的收入分化。近来出现了高生产率地理的动态模型（Melitz，2003；Melitz and Ottaviano，2008；Baldwin、Martin and Ottaviano，2001），该模型基于和出口倾向有关的选择效应，但是要想充分发挥这些效应，我们就需要构建与创新地理有关的动态模型，而创新是推动发展的租金的主要来源。

⑦ 例如，美国战后经济增长期的结束，似乎也减缓了趋同过程，而高科技的出现和随后的金融繁荣看似加剧了分化。这似乎分别对应于解聚主导经济的阶段和集聚越来越重要的阶段，也对应于推动经济增长的潜在活动的不同技术成熟度。

第五章　城市与个人：我们塑造城市的方式，并非我们所愿

① 本章源自 Manville and Storper（2006）。感谢 Mike Manville 的合作，但他与本书对引用部分所做的任何调整无关。

② 法国中央政府给予巴黎的强大支持，使巴黎的复苏并不如美国或英国的中心城市那么卓有成效。

③ 菲尼克斯中心城市以外城区的人口密度为每平方英里 3 200 人。波士顿中心城市以外城区的人口密度约为每平方英里 2 000 人。

④ 参见 Leamer and Storper（2001）、Storper and Venables（2004）。然而，很多来自信息技术产业的生产率增长却源于折扣零售业这一“旧经济”的郊区产物。电信（沃尔玛拥有自己的卫星）和物流的进步使大卖场可以准时交货、更好地控制库存以及减少低效率。因此“新经济”有向心和离心两个方面：既集中又分散。

⑤ 正如 Richard Easterlin（1987）在《出生与财富》（*Birth and Fortune*）中指出的，20 世纪中叶城市衰退时期出生的人口数量非常少。衰退也正逢严格限制入境移民的时期。最近出生的本地人口数量有很大增长，而入境移民的水平也达到了几十年来的最高峰。

⑥ 在某种程度上，Florida 以同性恋作为包容的代理变量是有问题的。尽管同性恋者无疑面临歧视，但比起许多其他少数族裔（例如拉丁裔移民），他们和大多数人在外表和社会经济地位上更相似。因此，对同性恋者的歧视相比于对其他少数族裔的歧视更困难，因为需要的信息更多。

⑦ 无疑，美国城市的移民隔离水平与公共交通的便利程度密切相关，因为移民常常根据公共交通安排他们的生活，而本土居民则围绕私家车安排生活（Cutler、Glaeser and Vigdor，2005）。

⑧ 许多这样的言论来自一次有关城市建筑衰退的在线对话或受其鼓动，由 Tyler Cowen 在博客（Marginel Revolufion）中发起。参见 http：//www. marginalrevolution. com/marginalrevolution/2004/08/has_ urban_ archi. html（2012 年 10 月 20 日的网页内容）。

⑨ 有关技术过时的讨论，参见 Downs（1997）。

⑩ 例如，那些开展城市复兴计划的城市会经常清除反对这种政策的人群，而创造从中受益的人群。毫无疑问，这给了复兴计划一个暂时的稳定表象。

⑪ 我的这个例子取自 Paul Cheshire。

⑫ 这背后的逻辑是，一个具有冲突偏好的人是不理性的，容易通过一系列长期的不利交换耗尽自己的财富。

⑬ Schelling（1978）可能是第一位对这一课题进行深入研究的经济学家。

⑭ 感谢 Ian Gordon 澄清了我对后者的推论。

⑮ 许多蒂伯特的批评者只是针对他的开创性文章，并非针对 Wallace Oates（1969）

和 Bruce Hamilton（1975）所做的后续改进。

⑯ 感谢 Gilles Duranton 指出这一点。

第六章 赢家地区与输家地区：哪里会发展

① 许多城市经济学研究仍然把旧金山湾区和洛杉矶较大的人口变化波动归因为它们比许多国家有更高的相互开放度。但如果真是如此，它们也应该显示出实际收入或效用的均等化。

② 有一些例外，如多伦多或迈阿密 - 戴德县，但即使在这两个地方，权力的统一实际上也远不是在这些地区废除地方政府或合并决策范围。

③ 异质性可能仅仅是因为人口越多，人们有不同偏好的概率也越高，或者因为人口越多，民族、宗教或语言分化的概率越高，这通常与不同的偏好相一致。收入不平等可能也是偏好差异的根源之一。

第七章 社群与经济

① 关于这些形式是最佳还是次优这个问题存在普遍的争议（Bowles and Gintis, 2002, 2004）。

② 社会学强调社会化的作用，以及团体经验在社会化中显而易见的重要性，但没有讨论社会化与同一社会团体中各个成员的选择多样性之间有何相关性（Bénabou and Tirole, 2005; Alesina and Angeletos, 2005; Alesina and Fuchs-Schundeln, 2005）。

③ 有一些文献讨论了偏好和环境作用的内生性（参见 Alesina and Fuchs-Schundlen, 2005; Alesina and LaFerrara, 2005; Alesina and Angeletos, 2005; Bénabou and Tirole 2005; Bowles, 1998）。

④ 这可能包括非自愿社群，如那些遭受排斥或歧视的社群；一旦“被迫”进入某

个阵营，如果我们想要它供给的东西（甚至是不理想的次优的东西），我们就必须接受它的互动（Young and Durlauf，2001）。

第八章　强效的行动：社会、社群与发展

① 这是 Pierre Guillaume Frédéric le Play 和欧洲某些历史学派的人的观点。

② 虽然对于应该用什么实证指标和如何解释它们有相当大的争议，但这些研究一直使用社团生活的强度作为其实证指标（Norris，2002）。

③ Arnaldo Bagnasco 在一次谈话中提醒我要注意这一点（同样参见 Bagnasco，2003）

④ 这一论点的分析基础可以在下文找到。

⑤ 公共选择理论对这种联盟和国家的利益之说持不同意见，却认为利益的聚合能够并应该自发产生，且具有暂时性。按照这种观点，在信息充分透明以及交易成本很低甚至为零的条件下，理性行动带来了谁与谁建立联系以及群体之间如何连结这两个问题。我在第七章中讨论了社群发挥提高效率这一作用的必要条件，而这样的科斯式交易却将这些条件假设掉了。

⑥ 这也呼应了 Seymour Martin Lipset（1963）的观点，即横向的多元化联盟能产生一种调节性的广泛连结。

⑦ 当然还有第四个方面，即宏观经济学，但超出了本书的研究范围。

⑧ 这也提醒我们注意由 Frank Knight（［1921］2005）提出的风险和不确定性之间的根本区别。当信心不足或没有信心时，问题就变成无法评估风险并使其最小化，而行为人必须面对真正的不确定性，这种不确定性对许多长期增长的基础造成强烈的负面影响。

⑨ 这些都与 Sen（1999）的观点有间接联系，他认为极端不平等既反映了社会关系的贫乏，也阻碍了对发展来说极为重要的社会关系建设，因为它阻碍了某些必要的社会产品的供给，并剥夺了使最贫穷人口能够为自己和社会发展做出贡献

的先决条件（基础资源）。

⑩ 在正式意义上，规模降低了交易成本，并提高了以应对大多数人的偏好。

⑪ 在法语里，普遍性原则被称为 principe de généralité。

⑫ 这部分是基于 Rodríguez-Pose and Storper（2005）的观点，是 Rodríguez-Pose 最先提出了这个想法。

⑬ 这与 Donald Davis and David Weinstein（2002）提出的问题相反。他们将各地经过冲击后的坚持看作路径依赖的例证；我认为冲击会创建新的地方，但随后陷入这些冲击的地方会使自己有长期的重要性。

第九章 技术、全球化与地方互动

① 本案例研究和模型是我与 Duranton 共同开发的，最初在我俩合著的一部作品中探讨过（Duranton and Storper，2008）。

② Gertler（2004）进一步认为，交易成本不是完全由纯粹的运输成本参数 T 驱动的。相反，文化和语言差异使机器生产商与其北美客户之间的协调比他们与本地客户之间的协调更加困难（这与重力方程中共同语言虚拟变量的稳健性一致）。Gertler（2004）也强调制度的差异。德国的机器是专为那些花费大量资源养护机器，并投入大量个人精力了解其工作细节的工人制造的。北美工人通常不愿意做这样的长期投资，因为他们的工作选择机会多得多。

③ 可以补充说明的是，相邻国家的贸易占世界贸易的很大一部分（Leamer and Storper，2001）。这也与更多的间接证据一致，例如欧洲的集聚研究等，尽管欧洲实现了一体化，但这些研究通常没能揭示出产业定位模式中很多的系统性变化（Midelfahrt - Knarvik and Overman，2002；Storper、Chen and De Paolis，2002）。

④ 要建立一个具有翔实微观经济基础的一般均衡模型，理论上的一致性要求我们

详细说明为什么各国要展开贸易并为交易成本提供具体的微观经济基础。为了使模型易于处理，需要相当明确的假设。虽然这些要求缩减了模型的范围，但我的建模策略是接受这些要求。我在这一节中，首先用一个简单的草图说明了我的基本方法在一个简单的局部平衡框架中的运用。这表明，我的核心论点具有相当的一般性，且建立在一组比较有限的假设之上。

⑤ Berthelon and Freund（2004）的另一个有趣的研究结果是，对距离敏感度的增加与交易的商品类型无明显关联。这个模型中也产生了类似的结果。这是因为贸易流必须是平衡的。因此，最终商品贸易（国家 1 进口的）产生的作用将与机器贸易的作用相同（国家 2 进口的）。

⑥ 感谢 Andrea Ascani 在这部分研究中给予的宝贵帮助。

⑦ 对这个初步结果有一些专业性批评（Thompson and Fox-Kean，2005）和怀疑者（Boschma，2005）。但通过使用专利数据和其他指标，这个结果仍然不断在实证研究中得到可信的验证（Branstetter，2001；Döring and Schnellback，2006；Sonn and Storper，2008）。

⑧ 虽然 Granovetter（1973）的“嵌入性”概念关注的是同一个问题。

⑨ 同样，也有许多故事讲述了最初大家蜂拥地将客户服务置于遥远的新兴经济体的办公室和电话中心，但其中一些不得不返回，因为在如此巨大的地理和文化距离上，无法就令人满意的质量进行协调。在这些服务中，有一些随意的互动无法设计成常规惯例。随着信息技术的进一步发展，它可以使这些常规更加全面，但使它们发挥作用的人力资本投入会非常高，因此总的协调成本将继续制约这种外包。

第十章　地方环境：城市的禀赋

① 在富国与穷国的比较中，生产率的差异应决定比较优势。

注释

② 使用对欧元的购买力平价汇率计算。

③ 因此，2007 年 12 月 4 日巴黎的免费日报《地铁报》（*Métro*）指出，2007 年的“Fooding”奖颁给了 Pierre Jancou 及他的餐厅“拉辛”，该餐厅只有 36 个座位，其中 10 个在户外。他的秘密是：“我寻找蔬菜、肉类和奶酪等方面的工匠，在这里我们只是展示产品，没有华而不实的东西。”

④ 当然，在法国非常有声望的餐馆里，厨房里的分工很正式，有严格教育和实践标准。

⑤ 在此向旧金山法里纳（Farina）餐厅的莫妮卡·维亚伦戈（Monica Viarengo）表示感谢，她给我解释了意大利的经营“方法”。

⑥ 当然，在经济学中它被称为第一福利定理。

⑦ 许多经济学家会回答说，这不是一个问题，因为我们可以依靠价格来揭示（即使只有在事实之后）我们不知道的那些东西的价值，从而解决问题。但我们不知道每种类型的潜在相关信息的精确价格，我们不能把它们与其他所有的价格分开。

⑧ 参见 http：//www. rulesofthumb. com。

⑨ 环境的概念与我先前的“世界”概念密切相关，这是一个由传统方法定义的集体环境，行为人在其中相互协调以减少不确定性。实际上，这些传统共同对给定环境类型中的个体行动提供了稳定的基石和框架（Storper and Salais，1993）。然而，行为经济学提供了习俗研究文献中缺乏的微观基础。

第十一章　面对面接触

① 本章基于 Storper and Venables（2004）的研究。感谢 Tony Venables 允许我在这里使用这份材料。

② 社会化的概念先于经济学家的人力资本、筛选和选择等概念，因为它关注的是初始的行动能力和歧视是如何产生的，而不仅仅是这些能力的理性使用。关于

群体身份认同经济学的模型，参见 Akerlof and Kranton（2000）。

③ 在博弈的这个阶段，博弈方没有动机隐藏其真实信息或付出努力获得信息。一个更丰富的模型可能会把项目盈余的份额与努力联系在一起，在这种情况下博弈方有激励不如实披露信息。

④ 这个博弈的结构类似于“小鸡游戏”，游戏中两个加利福尼亚的孩子彼此碰撞。谁坚持到最后不倒谁是赢家。

⑤ 请注意，这种会面是要实现信息共享，而不是做集体决策。在后者的情况下，Osborne等人（2000）认为，因为会面次数少，会面的成本可能会降低决策的质量。

⑥ 本部分借鉴了 Miller and Storper（2008）的研究。

第十二章　退出还是发声？ 政治、 社会与城市系统

① 本案例的研究基于 Crescenzi、Rodríguez-Pose and Storper（2007），并做了大量删节和某些修改。我要感谢我的这两位合作者同意我在这里使用这份材料。

②“当且仅当在欧洲专利局（EPO）、日本专利办公室（JPO）申请并注册的专利，且被授予美国专利和商标局（USPTO）授予专利”的，才属于三大专利家族成员（Eurostat，2006a；2006b，第 6 页）。专利家族应该通过抑制本国优势来提高国际可比性。

③ 或者基于全时当量以购买力平价计算，为欧盟 25 国的 8 049. 5 欧元以及欧元区的 8 422. 6 欧元对美国的 20 487 欧元。

④ 但是人们对 1982 年专利制度改革的影响存在争议（参见 Jaffe and Lerner，2004）。

⑤ Zimmermann（2005，第 448 页）指出，欧盟说明了“一个分裂的劳动力市场导致低技能人员大量失业，同时又缺乏高技能的工人。这种灵活的高技能工人的缺乏和老龄化过程导致劳动力缺乏流动和欧洲硬化症，阻碍了资源的最优配置和使经济陷入无效率”。

参考文献

Abrams, P. 1983. *Historical Sociology*. Ithaca, NY: Cornell University Press.

Acemoglu, D., and S. H. Johnson. 2012. *Why Nations Fail: The Origins of Power, Prosperity, and Poverty*. New York: Crown.

Acemoglu, D., S. H. Johnson, and J. A. Robinson. 2004. "Institutions as the Fundamental Cause of Long-Run Growth." Working paper 10481, National Bureau of Economic Research, Cambridge, MA. http://www.nber.org/wp10481 (accessed October 18, 2012).

Ács, Z. 2002. *Innovation and the Growth of Cities*. Cheltenham, UK: Edward Elgar.

Ács, Z., P. Braunerhjelm, D. Audretsch, and B. Carlsson. 2009. "The Knowledge Spillover Theory of Entrepreneurship." *Small Business Economics* 32 (1): 15–30.

Adams, J. D. 2005. "Comparative Localization of Academic and Industrial Spillovers." In *Clusters, Networks, and Innovation*, ed. S. Breschi and F. Malerba, 379–408. Oxford: Oxford University Press.

Aghion, P. 1998. "Inequality and Economic Growth." In *Growth, Inequality, and Globalization*, ed. P. Aghion and J. Williamson, 5–102. Cambridge: Cambridge University Press.

Aghion, P., A. Alesina, and F. Trebbi. 2002. "Endogenous Political Institutions." Working paper 9006, National Bureau of Economic Research, Cambridge, MA. http://www.nber.org/papers/w9006 (accessed October 18, 2012).

Aghion, P., and P. Howitt. 1997. *Endogenous Growth Theory*. Cambridge, MA: MIT Press.

Akerlof, G. A., and R. E. Kranton. 2000. "Economics and Identity." *Quarterly Journal of Economics* 115:715–53.

Akerlof, G. A., and R. Shiller. 2009. *Animal Spirits: How Human Psychology Drives the Economy and Why It Matters for Global Capitalism*. Princeton, NJ: Princeton University Press.

Albouy, D. 2008. "Are Big Cities Bad Places to Live? Estimating Quality of Life across Metropolitan Areas." Working paper 14472, National Bureau of Economic Research, Cambridge, MA.

Alchian, A., and W. R. Allen. 1964. *University Economics*. Belmont, CA: Wadsworth.

Alesina, A., and G.-M. Angeletos. 2005. "Fairness and Redistribution." *American Economic Review* 95 (3): 960–80.

Alesina, A., R. Baqir, and W. Easterly. 1999. "Public Goods and Ethnic Divisions." *Quarterly Journal of Economics* 114:1243–84.

Alesina, A., and E. Fuchs-Schundeln. 2005. "Goodbye Lenin (or Not?): The Effect of Communism on People's Preferences." Working Paper 11700, National Bureau of Economic Research, Cambridge, MA. http://www.nber.org/papers/w11700 (accessed October 18, 2012).

Alesina, A., and E. La Ferrara. 2005. "Ethnic Diversity and Economic Performance." *Journal of Economic Literature* 43 (3): 762–800.

Alesina, A., S. Ozler, N. Roubini, and P. Swagel. 1996. "Political Instability and Economic Growth." *Journal of Economic Growth* 1:189–212.

Alesina, A., and D. Rodrik, D. 1994. "Distributive Politics and Economic Growth." *Quarterly Journal of Economics* 109:465–90.

Alesina, A., and F. Spolaore. 2006. *The Size of Nations*. Cambridge, MA: MIT Press.

Algan, Y., and P. Cahuc. 2007. *La sociéte de défiance: Comment le modèle social français s'autodétruit* [The society of distrust: How the French social model is destroying itself]. Paris: Editions de l'Ecole Normale Supérieure.

Allen, R. C. 2009. *The British Industrial Revolution in Global Perspective*. Cambridge: Cambridge University Press.

Almeida, P., and B. Kogut. 1999. "Localization of Knowledge and the Mobility of Engineers in Regional Networks." *Management Science* 45:905–17.

———. 2005. "Geographies of Knowledge Formation in Firms." *Industry and Innovation* 12:465–86.

Amin, A., and P. Cohendet. 1999. "Learning and Adaptation in Decentralized Business Networks." *Environment and Planning D* 17:87–104.

———. 2005. *Architectures of Knowledge: Firms, Capabilities, and Communities*. Oxford: Oxford University Press.

Amsden, A. H. 1992. *Asia's Next Giant: South Korea and Late Industrialization*. Oxford: Oxford University Press.

———. 2001. *The Rise of the "Rest": Challenges to the West from Late-Industrializing Economies*. Oxford: Oxford University Press.

Anas, A., R. Arnott, and K. Small. 1998. "Urban Spatial Structure." *Journal of Economic Literature* 36:1426–64.

Anderson, J. E., and E. van Wincoop. 2003. "Gravity with Gravitas: A Solution to the Border Puzzle." *American Economic Review* 93 (1): 170–92.

Anderson, J. E., and E. van Wincoop. 2004. "Trade Costs." *Journal of Economic Literature* 42 (3): 691–751.

Andersson, R., J. M. Quigley, and M. Wilhelmsson. 2005. "Agglomeration and the Spatial Distribution of Creativity." Berkeley, CA: Berkeley Electronic Press.

Anselin, L., A. Varga, and Z. Ács. 1997. "Local Geographic Spillovers between University Research and High Technology Innovations." *Journal of Urban Economics* 42:422–48.

———. 2000. "Geographic and Sectoral Characteristics of Academic Knowledge Externalities." *Papers in Regional Science* 79:435–43.

Antràs, P. 2003. "Firms, Contracts, and Trade Structure." *Quarterly Journal of Economics* 118 (4): 1374–418.

Appiah, K. A. 2010. *The Honor Code: How Moral Revolutions Happen*. New York: W. W. Norton.

Archibugi, D., and S. Iammarino. 2002. "The Globalization of Technological Innovation: Definition and Evidence." *Review of International Political Economy* 9 (1): 98–122.

Ariely, D. 2008. *Predictably Irrational: The Hidden Forces That Shape Our Decisions*. New York: Harper.

Arrow, K. J. 1951. *Social Choice and Individual Values*. New York: John Wiley.

———. 1962. "The Economic Implications of Learning-by-Doing." *Review of Economic Studies* 29:155–73.

Arthur, W. B. 1989. "Competing Technologies, Increasing Returns, and Lock-In by Historical Events." *Economic Journal* 99:116–31.

———, ed. 1994. *Increasing Returns and Path Dependence in the Economy*. Ann Arbor: University of Michigan Press.

Audretsch, D. B. 2003. "Innovation and Spatial Externalities." *International Regional Science Review* 26 (2): 167–74.

Audretsch, D. B., and M. P. Feldman. 1996. "R & D Spillovers and the Geography of Innovation and Production." *American Economic Review* 86:630–40.

Austin, J. L. 1962. *How to Do Things with Words*. Oxford: Clarendon Press.

Aydogan, N. 2002. "Social Capital and Growth in Silicon Valley." Working paper, University of California at Irvine, Department of Economics.

Bagnasco, A. 2003. *Societa fuori squadra: Come cambia l'organizzazione sociale*. Milan: Il Mulino.

Bairoch, P. 1997. *Victoires et déboires: Histoire économique et sociale du monde du XVIeme siècle à nos jours* [Victories and setbacks : Economic and social history of the world from the sixteenth century to the present day]. Paris: Gallimard.

Balconi M. 2002. "Tacitness, Codification of Technological Knowledge, and the Organisation of Industry. *Research Policy* 31:357–79.

Balconi, M., S. Breschi, and F. Lissoni. 200. "Networks of Inventors and the Role of Academia: An Exploration of Italian Patent Data." *Research Policy* 33:127–45.

Baldwin, R. E. 2006. *Globalization: The Great Unbundling(s)*. Helsinki: Economic Council of Finland.

Baldwin, R. E., and R. Forslid. 1997. "The Core-Periphery Model and Endogenous Growth: Stabilizing and Destabilizing Integration." *Economica* 67 (3): 307–24.

———. 2006. "Trade Liberalization with Heterogeneous Firms." Working paper 12192, National Bureau of Economic Research, Cambridge, MA. http://www.nber.org/papers/w12192 (accessed October 18, 2012).

Baldwin, R. E., R. Forslid, P. Martin, G.I.P. Ottaviano, and F. Robert-Nicoud. 2003. *Economic Geography and Public Policy*. Princeton, NJ: Princeton University Press.

Baldwin, R. E., and P. Martin. 2004. "Agglomeration and Regional Growth." In *Handbook of Regional and Urban Economics*, ed. J. V. Henderson and J.-F. Thisse, 2671–711. Amsterdam: Elsevier.

Baldwin, R. E., P. Martin, and G.I.P. Ottaviano. 2001. "Global Income Divergence, Trade, and Industrialization: The Geography of Growth Take-Offs." *Journal of Economic Growth* 6 (1): 5–37.

Barca Report. 2009. "The Union and Cohesion Policy: Thoughts for Tomorrow." European Comission, Brussels. http://ec.europa.eu/regional_policy/policy/future/barca_en.htm (accessed October 19, 2012).

Barro, R., and X. Sala-i-Martin. 1995. *Economic Growth*. New York: McGraw-Hill.

Bartels, L. M. 2008. *Unequal Democracy: The Political Economy of the New Gilded Age*. Princeton, NJ: Princeton University Press.

Bateson, G. 1973. *Steps toward an Ecology of Mind*. London: Paladin Press.
Bathelt, H. 2007. "Buzz-and-Pipeline Dynamics: Towards a Knowledge-Based Multiplier Model of Clusters." *Geography Compass* 1:1282–98.
Bathelt, H., A. Malmberg, and P. Maskell. 2004. "Clusters and Knowledge: Local Buzz, Global Pipelines and the Process of Knowledge Creation." *Progress in Human Geography* 28:31–56.
Bathelt, H., and N. Schuldt. 2008 "Between Luminaries and Meat Grinders: International Trade Fairs as Temporary Clusters." *Regional Studies* 42:853–68.
Batty M. 2003. "The Geography of Scientific Citation." *Environment and Planning: A* 35 (5): 761–65.
Baumgartner, J R. 1988. "Physicians' Services and the Division of Labor across Local Markets." *Journal of Political Economy* 96 (October): 948–82.
Becattini, G., and F. Sforzi, eds. 2002. *Lezioni sullo sviluppo locale* [Lessons of local development]. Turin: Rosenberg and Sellier.
Behrens, K., A. Lamorghese, G.I.P. Ottaviano, and T. Tabuchi. 2004. "Testing the Home Market Effect in a Multi-Country World." Working paper 2005055, Center for Operations Research and Econometrics, Université Catholique de Louvain, Louvain, Belgium.
Bell, D. 1976. *The Cultural Contradictions of Capitalism*. New York: Basic Books.
Bellah, R. N., R. Madsen, W. Sullivan, A. Swidler, and R. Tipton. 1985. *Habits of the Heart: Individualism and Commitment in American Life*. New York: Harper and Row.
Belussi, F. 1987. "Benetton: Information Technology in Production and Distribution: A Case Study of the Innovative Potential of Traditional Sectors." Working paper, Science Policy Research Unit, Sussex, UK.
Bénabou, R., and J. Tirole. 2005. "Belief in a Just World and Redistributive Policies." Working paper, Department of Economics, Princeton University, Princeton, NJ.
Benedikt, M. 1997. *Center*. Vol. 10, *Value*. Austin: University of Texas Press.
Benhabib, S. 2006. *Democracy and Difference*. Princeton, NJ: Princeton University Press.
Berthelon, M., and C. L. Freund. 2004. "On the Conservation of Distance in International Trade." Policy research working paper 3293, World Bank, Washington, DC.
Bishop, B. 2008. *The Big Sort: Why the Clustering of Like-Minded America Is Tearing Us Apart*. New York: Houghton-Mifflin.
Black, D., G. Gates, S. Sanders, and L. Taylor. 2002. "Why Do Gay Men Live in San Francisco?" *Journal of Urban Economics* 51 (1): 54–76.
Black, D., and V. Henderson. 1999. "A Theory of Urban Growth." *Journal of Political Economy* 107:252–84.
Boldrin, M., and D. K. Levine. 2006. "Globalization, Intellectual Property, and Economic Prosperity." *Spanish Economic Review* 8:23–34.
Borrás, S. 2004. "System of Innovation Theory and the European Union." *Science and Public Policy* 31 (6): 425–33.
Borts, G., and J. Stein. 1964. *Economic Growth in a Free Market*. New York: Columbia University Press.
Boschma, R. A. 2005. "Proximity and Innovation: A Critical Assessment." *Regional Studies* 39:61–74.

参考文献

Boschma, R. A., and R. C. Kloosterman, eds. 2005. *Learning from Clusters: A Critical Assessment from an Economic-Geographical Perspective*. Frankfurt: Springer.

Boschma, R. A., and J. Lambooy. 1999. "Evolutionary Economics and Economic Geography." *Journal of Evolutionary Economics* 9:411–29.

Boschma, R. A., and R. Martin. 2007. "Constructing an Evolutionary Economic Geography." *Journal of Economic Geography* 7 (5): 537–48.

Bottazzi, L., and G. Peri. 2003. "Innovation and Spillovers in Regions: Evidence from European Patent Data." *European Economic Review* 47:687–710.

Bowles, S. 1998. "Endogenous Preferences: The Cultural Consequences of Markets and Other Economic Institutions." *Journal of Economic Literature* 36:75–111.

Bowles, S., and H. Gintis. 2002. "Social Capital and Community Governance." *Economic Journal* 112:419–36.

———. 2004. "Persistent Parochialism: Trust and Exclusion in Ethnic Networks." *Journal of Economic Behavior and Organization* 55:1–23.

Boyer, R. 1985. *Places-Rated Almanac: Your Guide to Finding the Best Places to Live in America*. Chicago: Rand McNally.

Branstetter, L. G. 2001. "Are Knowledge Spillovers International or Intranational in Scope? Microeconometric Evidence from US and Japan." *Journal of International Economics* 53:53–79.

Braunerhjelm, P., and M. Feldman. 2006. *Cluster Genesis: Technology-Based Industrial Development*. Oxford: Oxford University Press.

Bremer, J., and J. Kasarda. 2002. "The Origins of Terror." *Milken Institute Review* 4 (4): 34–48.

Breschi, S., and M. Lissoni. 2005. "'Cross-Firm' Inventors and Social Networks: Localised Knowledge Spillovers Revisited." *Annales d'Economie et de Statistique* 79–80:189–209.

Breschi, S., and F. Malerba, eds. 2005. *Clusters, Networks, and Innovation*. Oxford: Oxford University Press.

Brookings Institution. 2010. *The State of Metropolitan America*. Washington, DC: Brookings Institution.

Brown, J. S., and P. Duguid. 1991. "Organizational Learning and Communities of Practices." *Organization Science* 2:40–57.

———. 2000. *The Social Life of Information*. Boston: Harvard Business School Press.

Buchanan, J., and G. Tullock. 1962. *The Calculus of Consent*. Ann Arbor: University of Michigan Press.

Bunnell, T., and N. Coe. 2001. "Spaces and Scales of Innovation." *Progress in Human Geography* 25:569–89.

Cairncross, F. 2001. *The Death of Distance: 2.0 How the Communications Revolution Will Change Our Lives*. London: Texere.

Camuffo, A., P. Romano, and A. Vinelli. 2001. "Back to the Future: Benetton Transforms Its Global Network." *MIT Sloan Management Review* 46:43–52.

Carlino, G., S. Chatterjee, and R. Hunt. 2001. "Knowledge Spillovers and the New Economy of Cities. Working paper 01-14, Federal Reserve Bank of Philadelphia.

Carlino, G., and L. Mills. 1996. "Convergence and the US States: A Time-Series Analysis." *Journal of Regional Science* 36 (4): 587–616.
Carlino, G., and A. Saiz. 2008. "City Beautiful." Working paper 08-22, Federal Reserve Bank of Philadelphia.
Carruthers, J. 2002. "Growth at the Fringe: The Influence of Political Fragmentation in United States Metropolitan Areas." *Papers in Regional Science* 82:475–99.
Casson, M. 1995. *Entrepreneurship and Business Culture*. Aldershot, UK: Edward Elgar.
Castellacci, F., and D. Archibugi. 2008. "The Technology Clubs: The Distribution of Knowledge across Nations." *Research Policy* 37:1659–73.
Chapple, K., and T. W. Lester. 2010. "The Resilient Regional Labor Market? The US Case." *Cambridge Journal of Regions, Economy, and Society* 3 (1): 85–104.
Charlot, S., and G. Duranton. 2006. "Cities and Workplace Communication: Some Quantitative French Evidence." *Urban Studies* 43:1365–94.
Charlot, S., C. Gaigné, F. Robert-Nicoud, and J.-F. Thisse. 2006. "Agglomeration and Welfare: The Core-Periphery Model in Light of Bentham, Kaldor, and Rawls." *Journal of Public Economics* 90:325–47.
Cheshire, P., and S. Sheppard. 1995. "On the Price of Land and the Value of Amenities." *Economica* 62:247–67.
Ciccone, A. 2000. "Agglomeration Effects in Europe." *European Economic Review* 46:213–27.
Ciccone, A., and R. E. Hall. 1996. "Productivity and the Density of Economic Activity." *American Economic Review* 86 (1): 54–70.
Clark, T., R. Lloyd, K. K., Wong, and P. Jain. 2002. "Amenities Drive Urban Growth." *Journal of Urban Affairs* 24 (5): 493–515.
Cohen, S., and G. Fields. 1999. "Social Capital and Capital Gains in Silicon Valley." *California Management Review* 41 (2): 108–30.
Coleman, J. 1990. *Foundations of Social Theory*. Cambridge, MA: Harvard University Press.
Combes, P.-P., and G. Duranton. 2006. "Labour Pooling, Labour Poaching, and Spatial Clustering." *Regional Science and Urban Economics* 36 (1): 1–28.
Combes, P.-.P, G. Duranton, L. Gobillon, D. Puga, and S. Roux. 2009. "The Productivity Advantages of Larger Cities: Distinguishing Agglomeration from Firm Selection." Discussion papers 7191, Centre for Economic Policy Research, London.
Combes, P.-P., and M. Lafourcade. 2005. "Transport Costs: Measures, Determinants, and Regional Policy Implications for France." *Journal of Economic Geography* 5:319–49.
Combes, P.-P., T. Mayer, and J.-F. Thisse. 2006. *Economic Geography*. Princeton, NJ: Princeton University Press.
Cooke, P. 2006. "Global Bioregional Networks: A New Economic Geography of Bioscientific Knowledge." *European Planning Studies* 14:1265–85.
Costa, D., and M. Kahn. 2000. "Power Couples: Changes in the Locational Choice of the College Educated, 1940–2000." *Quarterly Journal of Economics* 112 (3): 827–72.
Cowan, R. 2005. "Network Models of Innovation and Knowledge Diffusion." In *Clusters, Networks, and Innovation*, ed. S. Breschi and F. Malerba, 29–53. Oxford: Oxford University Press.

Cowen, T. 2004. *Creative Destruction: How Globalization Is Changing the World's Cultures*. Princeton, NJ: Princeton University Press.

Cox, K. R. 1993. "The Local and the Global in the New Urban Politics: A Critical View." *Environment and Planning D: Society and Space* 11 (4): 433–48.

Crescenzi, R. 2005. "Innovation and Regional Growth in the Enlarged Europe: The Role of Local Innovative Capabilities, Peripherality, and Education." *Growth and Change* 36:471–507.

Crescenzi, R., A. Rodríguez-Pose, and M. Storper. 2007. "On the Geographical Determinants of Innovation in Europe and the United States." *Journal of Economic Geography* 7 (6): 673–709.

———. 2012. "The Territorial Dynamics of Innovation in India and China." *Journal of Economic Geography* 12 (5): 929–42.

Crozier, M. 1964. *The Bureaucratic Phenomenon*. Chicago: University of Chicago Press.

Csikszentmihalyi, M. 1997. *Creativity: Flow and the Psychology of Discovery and Invention*. New York: Harper Perennial.

Cutler, D., E. L. Glaeser, and J. Vigdor. 2008. "Is the Melting Pot Still Hot?" *Review of Economics and Statistics* 90 (3): 478–97.

Dahl, R. (1961) 2005. *Who Governs? Democracy and Power in an American City*. Reprint, New Haven, CT: Yale University Press.

Dahl, M. S., and C. Pedersen. 2004. "Knowledge Flows through Informal Contacts in Industrial Clusters: Myth or Reality?" *Research Policy* 33:1673–86.

Darwin, J. 2008. *After Tamerlane: A Global History of Empire since 1405*. New York: Bloomsbury Press.

Davis, D. R., and D. E. Weinstein. 2002. "Bones, Bombs, and Break Points: The Geography of Economic Activity." *American Economic Review* 92 (5): 1269–89.

Debreu, G. 1974. "Excess Demand Functions." *Journal of Mathematical Economics* 1:15–21.

Delmas, M. A. 2002. "Innovating against European Rigidities: Institutional Environment and Dynamic Capabilities." *Journal of High Technology Management Research* 13:19–43.

Desmet, K., and M. Fafchamps. 2005. "Changes in the Spatial Concentration of Employment across U.S. Counties: A Sectoral Analysis, 1972–2000." *Journal of Economic Geography* 5 (3): 261–84.

Desmet, K., and E. Rossi-Hansberg. 2010. "On Spatial Dynamics." *Journal of Regional Science* 50 (1): 43–64.

DeVol, R., A. Bedroussian, and K. Klowden. 2011. *Best Performing Cities, 2011*. Santa Monica, CA: Milken Institute. http://www.milkeninstitute.org/publications/publications.taf?function=detail&ID=38801293&cat=resrep (accessed October 18, 2012).

Disdier, A.-C., and K. Head. 2005. "The Puzzling Persistence of the Distance Effect on Bilateral Trade." Mimeo, University of British Columbia.

Dobbs, R., S. Smit, J. Remes, J. Manyika, C. Roxburgh, and A. Restrepo. 2011. *Urban World: Mapping the Economic Power of Cities*. San Francisco: McKinsey Global Institute.

Donahue, J. 1997. "Tiebout? Or Not Tiebout? The Market Metaphor and America's Devolution Debate." *Journal of Economic Perspectives* 11 (Fall): 73–81.

Döring, T., and J. Schnellenbach. 2006. "What Do We Know about Geographical Knowledge Spillovers and Regional Growth? A Survey of the Literature." *Regional Studies* 40:375–95.

Dosi, G. 1998. "Sources, Procedures, and Microeconomic Effects of Innovation." *Journal of Economic Literature* 26 (3): 1120–71.

Dosi G., P. Llerena, and M. Sylos Labini. 2006. "The Relationships between Science, Technologies, and Their Industrial Exploitation: An illustration through the Myths and Realities of the So-Called 'European Paradox.'" *Research Policy* 35 (10): 1450–64.

Douglass, M., and J. Friedmann, eds. 1997. *Cities for Citizens*. Chichester: John Wiley and Sons.

Downs, A. 1997. "The Challenge of Our Declining Big Cities." *Housing Policy Debate* 8 (2): 359–408.

Drennan, M. P., and J. Lobo. 2007. "Specialization Matters: The Knowledge Economy and United States Cities." Unpublished manuscript, University of California at Los Angeles, School of Public Affairs.

Drennan, M. P., J. Lobo, and D. Strumsky. 2004. "Unit Root Tests of Sigma Income Convergence across US Metropolitan Areas." *Journal of Economic Geography* 4:583–95.

Drennan, M. P., E. Tobier, and J. Lewis. 1996. "The Interruption of Income Convergence and Income Growth in Large Cities in the 1980s." *Urban Studies* 33 (1): 63–82.

Duranton, G. 2007. "Urban Evolutions: The Fast, the Slow, and the Still." *American Economic Review* 97 (1): 197–221.

Duranton, G., and D. Puga. 2000. "Diversity and Specialisation in Cities: Why, Where, and When Does It Matter?" *Urban Studies* 37 (3): 533–55.

———. 2001. "Nursery Cities: Urban Diversity, Process Innovation, and the Life Cycle of Products." *American Economic Review* 91 (5): 1454–77.

———. 2004. "Micro-Foundations of Urban Agglomeration Economies." In *Handbook of Regional and Urban Economics*, ed. J. V. Henderson and J.-F. Thisse, 4:2064–117. Amsterdam: Elsevier.

———. 2005. "From Sectoral to Functional Urban Specialisation." *Journal of Urban Economics* 57:343–70.

Duranton, G., and M. Storper. 2008. "Rising Trade Costs? Agglomeration and Trade with Endogenous Transaction Costs." *Canadian Journal of Economics* 41 (1): 292–319.

Durkheim, E. (1893) 1984. *The Division of Labor in Society*. Translated by W. D. Halls. Reprint, New York: Free Press.

Durlauf, S. N.2004. "Neighborhood Effects." In *Handbook of Regional and Urban Economics*, ed. J. V. Henderson and J.-F. Thisse, 4:2173–242. Amsterdam: Elsevier.

Dworkin, R. 2002. *Sovereign Virtue: The Theory and Practice of Equality*. Cambridge, MA: Harvard University Press.

Earle, C. 1992. *Geographical Inquiry and American Historical Problems*. Stanford, CA: Stanford University Press.

Easterlin, R. 1987. *Birth and Fortune: the Impact of Numbers on Personal Welfare*. New York: Basic Books.

Easterly, W. 2001. *The Elusive Quest for Growth*. Cambridge, MA: MIT Press.
Edler J., H. Fier, and C. Grimpe. 2011. "International Scientist Mobility and the Locus of Knowledge and Technology Transfer." *Research Policy* 40:791–805.
Eisingerich, A. B., S. J. Bell, and P. Tracey P. 2010. "How Can Clusters Sustain Performance? The Role of Network Strength, Network Openness, and Environmental Uncertainty." *Research Policy* 39:239–53.
Ellison, G., E. L. Glaeser, and W. R. Kerr. 2010. "What Causes Industry Agglomeration? Evidence from Coagglomeration Patterns." *American Economic Review* 100 (3): 1195–213.
Engel, J. A. 2007. *Local Consequences of the Global Cold War*. Washington, DC: Woodrow Wilson Center.
Ergas, H. 1987. "Does Technology Policy Matter?" In *Technology and Global Industry*, ed. B. Guile and H. Brooks, 191–245. Washington, DC: National Academy Press.
Essletzbichler, J., and D. Rigby. 2004. "Competition, Variety, and the Geography of Technology Evolution." *Tijdschrift voor Economische en Sociale Geografie* 96:48–62.
European Commission. 2005. "EU's Higher Education Achievements and Challenges: Frequently Asked Questions (FAQ)." Memo 05/133, EU Publications Office, Brussels.
European Union. 2004. "Exploiting Europe's Territorial Diversity for Sustainable Economic Growth." Paper presented at the ministerial conference, Rotterdam, November 29.
Eurostat. 2006a. "Patent Applications to the EPO at National Level." Statistics in Focus, vol. 3, Eurostat Publications Office, Brussels.
Eurostat. 2006b. "Patent Applications to the EPO in 2002 at Regional Level." Statistics in Focus, vol. 4, Eurostat Publications Office, Brussels.
Evans, P. 1995. *Embedded Autonomy: States and Industrial Transformation*. Princeton, NJ: Princeton University Press.
Fallick, B., C. A. Fleischman, and J. B. Rebitzer. 2006. "Job-Hopping in Silicon Valley: Some Evidence concerning the Microfoundations of a High-Technology Cluster." *Review of Economics and Statistics* 88:472–81.
Farole, T. C., A. Rodríguez-Pose, and M. Storper. 2010. "Human Geography and the Institutions That Underlie Economic Growth: A Multi-Disciplinary Literature Review." *Progress in Human Geography* 35 (1): 58–80.
———. 2011. "Cohesion Policy in the European Union: Growth, Geography, Institutions." *Journal of Common Market Studies* 49 (5): 1089–111.
Faulconbridge J. R. 2006. "Stretching Tacit Knowledge beyond a Local Fix? Global Spaces of Learning in Advertising Professional Service Firms." *Journal of Economic Geography* 6:517–40.
Fehr, E., and S. Gachter. 2000. "Fairness and Retaliation: The Economics of Reciprocity." *Journal of Economic Perspectives* 14 (3): 159–81.
Feldman, M. P. 1994. *The Geography of Innovation*. Boston: Kluwer.
———. 2003. "The Locational Dynamics of the US Biotechnology Industry: Knowledge Externalities and the Anchor Hypothesis." *Industry and Innovation* 10:311–28.

Feldman, M. P. 2005. "The Entrepreneurial Event Revisited: Firm Formation in a Regional Context." In *Clusters, Networks, and Innovation*, ed. S. Breschi and F. Malerba, 136–68. Oxford: Oxford University Press.

Feldman, M. P., and D. B. Audretsch. 1999. "Innovation in Cities: Science-Based Diversity, Specialisation, and Localised Competition." *European Economic Review* 43 (2): 409–29.

Feldman, M. P., and T. D. Zoller. 2011. "Dealmakers in Place: Social Capital Connections in Regional Entrepreneurial Economies." Unpublished paper, University of North Carolina, Chapel Hill.

Filatotchev I., X. Liu, J. Lu, and M. Wright. 2011. "Knowledge Spillovers through Human Mobility across National Borders: Evidence from Zhongguancun Science Park in China." *Research Policy* 40:453–62.

Fine, C. 2006. *A Mind of Its Own: How Your Brain Distorts and Deceives*. Cambridge, UK: Icon Books.

———. 2001. *The Homevoter Hypothesis*. Cambridge, MA: Harvard University Press.

Fischer, C. S. 2010. *Made in America: A Social History of American Culture and Character*. Chicago: University of Chicago Press.

Florida, R. 2002. *The Rise of the Creative Class*. New York: Basic Books.

———. 2005. *Cities and the Creative Class*. London: Routledge.

Fogel, R. W. 2000. *The Fourth Great Awakening and the Future of Egalitarianism*. Chicago: University of Chicago Press.

Fosfuri, A., M. Motta, and T. Rønde. 2001. "Foreign Direct Investment and Spillovers through Workers' Mobility." *Journal of International Economics* 53:205–22.

Frank, R. 2001. *Luxury Fever*. New York: Free Press.

Franklin, R. 2003. "Migration of the Young, Single, and College Educated." In *2000 Special Reports*, CENSR-12. Washington, DC: US Bureau of the Census.

Frenken, K., F. G. van Oort, and T. Verburg. 2007. "Related Variety, Unrelated Variety, and Regional Economic Growth." *Regional Studies* 41:685–97.

Frey, W. H. 1993. "The New Urban Revival in the United States." *Urban Studies* 30 (4–5): 741–74.

Fritsch, M. 2002. "Measuring the Quality of Regional Innovation Systems: A Knowledge Production Function Approach." *International Regional Science Review* 25 (1): 86–101.

Fuchs, G., and P. Shapira, eds. 2005. *Rethinking Regional Innovation and Change: Path Dependency or Regional Breakthrough*. Frankfurt: Springer.

Fujita, M., and P. Krugman. 1995. "When Is the Economy Monocentric? Von Thunen and Chamberlin Unified." *Regional Science and Urban Economics* 25 (4): 505–28.

Fujita, M., P. Krugman, and T. Mori. 1999. "On the Evolution of Hierarchical Urban Systems." *European Economic Review* 43:209–51.

Fujita, M., and J.-F. Thisse. 2002. *Economics of Agglomeration*. Cambridge: Cambridge University Press.

———. 2009. "Paul Krugman's New Economic Geography: Past, Present, and Future." Working paper, CORE–Université Catholique, Louvain, Belgium.

Fujita, M., P. Krugman, and A. J. Venables. 1999. *The Spatial Economy: Cities, Regions, and International Trade*. Cambridge, MA: MIT Press.

Fukuyama, F. 1996. *Trust: The Social Virtues and the Creation of Prosperity*. New York: Free Press.

Furtado, C. 1959. *Formacão económica do Brasil* [Development of the Brazilian economy]. Rio de Janeiro: Fundo da Cultura.

Gabaix, X., and Y. Ioannides. 2004. "The Evolution of City-Size Distributions." In *Handbook of Urban and Regional Economics*, ed. J. V. Henderson and J.-F. Thisse, 4:2341–78. Amsterdam: Elsevier.

Gambetta, D., ed. 1988. *Trust: Making and Breaking Cooperative Relations*. Oxford: Oxford University Press.

Garfinkel, H. 1987. *Studies in Ethnomethodology*. Oxford: Blackwell.

Garreau, J. 1992. *Edge City*. New York: W. W. Norton.

George, D. 2001. *Preference Pollution*. Ann Arbor: University of Michigan Press.

Gertler M. S. 2003. Tacit Knowledge and the Economic Geography of Context, or the Undefinable Tacitness of Being (There). *Journal of Economic Geography* 3:75–99.

———. 2004. *Manufacturing Culture: The Institutional Geography of Industrial Practice*. Oxford: Oxford University Press.

Ghemawat, P., and J. L. Nueno. 2003. ZARA: Fast Fashion. Harvard Business School Cases, case number 704397. http://cb.hbsp.harvard.edu/cb/web/product_detail.seam?E=45234&R=703497-PDF-ENG&conversationId=1931149 (accessed October 18, 2012).

Giddens, A. 1984. *The Constitution of Society*. Cambridge, UK: Polity Press.

———. 1990. *The Consequences of Modernity*. Stanford, CA: Stanford University Press.

Gilovich, T., D. Griffin, and D. Kahneman, eds. 2002. *Heuristics and Biases: The Psychology of Intuitive Judgment*. Cambridge: Cambridge University Press.

Glaeser, E. L. 1998. "Are Cities Dying?" *Journal of Economic Perspectives* 12:139–60.

———. 2003. "Reinventing Boston, 1640–2003." Working paper 10166, National Bureau of Economic Research, Cambridge, MA. http://www.nber.org/papers/w10166 (accessed October 19, 2012).

———. 2007. "The Economic Approach to Cities." Paper, Department of Economics, Harvard University, Cambridge, MA.

———. 2008. *Cities, Agglomeration, and Spatial Equilibrium*. Oxford: Oxford University Press.

———. 2010. *Triumph of the City*. New York: Macmillan.

Glaeser, E. L., and J. Gottlieb. 2009. "The Wealth of Cities: Agglomeration Economies and Spatial Equilibrium in the United States." Paper, Department of Economics, Harvard University, Cambridge, MA. http://www.economics.harvard.edu/faculty/glaeser/papers_glaeser (accessed October 19, 2012).

Glaeser, E. L., and J. Gyourko. 2005. "Urban Decline and Durable Housing." *Journal of Political Economy* 113:345–76.

Glaeser, E. L., H. D. Kallal, J. A. Scheinkman, and A. Schleifer. 1992. "Growth in Cities." *Journal of Political Economy* 100 (6): 1126–52.

Glaeser, E. L., and J. E. Kohlhase. 2003. "Cities, Regions, and the Decline of Transport Costs." *Papers in Regional Science* 83 (1): 197–228.
Glaeser, E. L., J. Kolko, and A. Saiz. 2001. "Consumer City." *Journal of Economic Geography* 1 (1): 27–50.
Glaeser, E. L., R. La Porta, F. Lopez-de-Silanes, and A. Schleifer. 2004. "Do Institutions Cause Growth?" *Journal of Economic Growth* 9 (3): 271–303.
Glaeser, E. L., and D. C. Maré. 2001. "Cities and Skills." *Journal of Labor Economics* 19:316–42.
Glaeser, E. L., and K. Tobio. 2008. "The Rise of the Sunbelt." *Southern Economic Journal* 74 (3): 610–43.
Goffman, E. 1959. *The Presentation of Self in Everyday Life*. New York: Doubleday.
———. 1982. *Interaction Rituals: Essays on Face-to-Face Behavior*. New York: Pantheon Books.
Gordon, I. R., and P. McCann. 2005. "Innovation, Agglomeration, and Regional Development." *Journal of Economic Geography* 5:523–43.
Görg, H., and F. Strobl. 2005. "Spillovers from Foreign Firms through Workers Mobility: An Empirical Investigation." *Scandinavian Journal of Economics* 107:693–709.
Granovetter, M. 1973. "The Strength of Weak Ties." *American Journal of Sociology* 78:1360–80.
———. 1985. "Economic Action and Social Structure: The Problem of Embeddedness." *American Journal of Sociology* 91:481–510.
———. 1995. *Getting a Job: A Study of Job Contacts and Careers*. Chicago: University of Chicago Press.
———. 2001. "A Theoretical Agenda for Economic Sociology." In *The New Economic Sociology: Developments in an Emerging Field*, ed. M. Guillen, R. Collins, P. England, and M. Meyer, 35–59. New York: Russell Sage Foundation.
———. 2005. "The Impact of Social Structure on Economic Outcomes." *Journal of Economic Literature* 19 (1): 33–50.
Graves, P. 1976. "A Reexamination of Migration, Economic Opportunity, and the Quality of Life." *Journal of Regional Science* 16:107–12.
———. 1980. "Migration and Climate." *Journal of Regional Science* 20 (2):227–38.
———. 1983. "Migration with a Composite Amenity: The Role of Rents." *Journal of Regional Science* 23 (4): 541–47.
Greenwood, M. 1997. "Research on Internal Migration in the United States: A Survey." *Journal of Economic Literature* 13 (2): 397–433.
Gregersen, B., and B. Johnson. 1997. "Learning Economies, Innovation Systems, and European Integration." *Regional Studies* 31:479–90.
Greif, A. 1993. "Contract Enforceability and Economic Institutions in Early Trade: Evidence on the Maghribi Traders." *American Economic Review* 83:525–48.
Grémion, P. 1976. *Le pouvoir périphérique: Bureaucrates et notables dans le système politique français* [Power at the edges: Bureaucrats and notables in the French political system]. Paris: Editions du Seuil.
Greunz, L. 2003. "Geographically and Technologically Mediated Knowledge Spillovers between European Regions." *Annals of Regional Science* 37:657–80.
Griliches, Z. 1979. "Issues in Assessing the Contribution of R & D to Productivity Growth." *Bell Journal of Economics* 10:92–116.

———. 1986. "Productivity, R & D, and Basic Research at the Firm Level in the 1970s." *American Economic Review* 76:141–54.
Grossman, G. M., and E. Helpman. 1991. "Quality Ladders and the Theory of Growth." *Review of Economic Studies* 58 (1): 43–61.
———. 2001. *Special Interest Politics*. Cambridge, MA: MIT Press.
Grossman, G. M., and E. Lai. 2004. "International Protection of Intellectual Property." *American Economic Review* 94:1635–53.
Guiso, L., P. Sapienza, and L. Zingales. 2010. "Civic Capital as the Missing Link." Working paper 15845, National Bureau of Economic Research, Cambridge, MA. http://www.nber.org/papers/w15845 (accessed October 19, 2012).
Gul, F., and W. Pesendorfer. 2001. "Temptation and Self-Control." *Econometrica* 69 (6): 1403–35.
Habbakuk, H. 1962. *American and British Technology in the Nineteenth Century*. Cambridge: Cambridge University Press.
Håkanson, L. 2005. "Epistemic Communities and Cluster Dynamics: On the Role of Knowledge in Industrial Districts." *Industry and Innovation* 12:433–63.
Hall, P. 1998. *Cities in Civilization*. New York: Pantheon.
Hall, P., and D. Soskice, eds. 2001. *Varieties of Capitalism*. Oxford: Oxford University Press.
Hamilton, B. 1975. "Property Taxes and the Tiebout Hypothesis: Some Empirical Evidence." In *Fiscal Zoning and Land Use Controls*, ed. E. S. Mills and W. E. Oates, 13–20. Lexington, MA: Heath-Lexington.
Hammond, G. W., and E. C. Thompson. 2008. "Determinants of Income Growth in Metropolitan and Nonmetropolitan Labor Markets." *American Journal of Agricultural Economics* 90 (3): 783–93.
Hanson, G. H. 2005. "Market Potential, Increasing Returns, and Geographic Concentration." *Journal of International Economics* 67 (1): 1–24.
Hart, D. M. 2001. "Antitrust and Technological Innovation in the US: Ideas, Institutions, Decisions, and Impacts, 1890–2000." *Research Policy* 30:923–36.
Hart, O., and J. Moore. 2005. "On the Design of Hierarchies: Coordination versus Specialization." *Journal of Political Economy* 113:675–702.
Harvey, D. 1976. *Social Justice and the City*. Baltimore: Johns Hopkins University Press.
Haselton, M. G., D. Nettle, and P. W. Andrews. 2005. "The Evolution of Cognitive Bias." In *The Handbook of Evolutionary Psychology*, ed. D. M. Buss, 724–46. Hoboken, NJ: Wiley and Sons.
Haussman, R., and D. Rodrik. 2003. "Economic Development as Self-Discovery." *Journal of Development Economics* 72 (2): 603–33.
Head, K., and T. Mayer. 2004. "The Empirics of Agglomeration and Trade." In *Handbook of Regional and Urban Economics*, ed. J. V. Henderson and J.-F. Thisse, 4:2609–69. Amsterdam: Elsevier.
Helpman, E. 2004. *The Mystery of Economic Growth*. Cambridge, MA: Belknap Press.
———. 2011. *Understanding Global Trade*. Cambridge, MA: Belknap Press.
Henderson, J. V. 1974. "The Sizes and Types of Cities." *American Economic Review* 64 (4): 640–56.

Henderson, J. V. 2010. "Cities and Development." *Journal of Regional Science* 50 (1): 515–40.

Hilber, C., and C. Mayer. 2004. "Why Do Households without Children Support Local Public Schools?" Working paper 10804, National Bureau of Economic Research, Cambridge, MA. http://www.nber.org/papers/w10804 (accessed October 19, 2012).

Hillberry, R., and D. Hummels. 2008. "Trade Responses to Geographic Frictions: A Decomposition Using Micro-Data." *European Economic Review* 52 (3): 527–50.

Hirschman, A. O. 1958. *The Strategy of Economic Development*. New Haven, CT: Yale University Press.

———. 1970. *Exit, Voice, and Loyalty: Responses to Decline in Firms, Organizations, and States*. Cambridge, MA: Harvard University Press.

Hodgson, G. 1993. *Economics and Evolution*. Ann Arbor: University of Michigan Press.

Hoekman J., K. Frenken, and F. Van Oort. 2008. "Collaboration Networks as Carriers of Knowledge Spillovers: Evidence from EU-27 Regions." DIME working paper 2008.3, Dynamics of Knowledge Accumulation, Competitiveness, Regional Cohesion, and Economic Policies series, Brussels.

Hounshell, D. 1984. *From the American System to Mass Production, 1800–1932*. Baltimore: Johns Hopkins University Press.

Hummels, D. 2007. "Transportation Costs and International Trade in the Second Era of Globalization." *Journal of Economic Perspectives* 21 (3): 131–54.

Hummels, D., and A. Skiba. 2004. "Shipping the Good Apples Out? An Empirical Confirmation of the Alchian-Allen Conjecture." *Journal of Political Economy* 112 (6): 1384–402.

Husserl, E. 1968. *The Ideas of Phenomenology*. The Hague: Nijhoff.

Jacobs, J. 1969. *The Economy of Cities*. New York: Random House.

Jaffe, A. B. 1986. "Technological Opportunity and Spillovers of R & D: Evidence from Firms' Patents, Profits, and Market Share." *American Economic Review* 76:984–1001.

———. 1989. "Real Effects of Academic Research." *American Economic Review* 79:957–70.

Jaffe, A. B., and J. Lerner. 2004. *Innovation and Its Discontents: How Our Broken Patent System Is Endangering Innovation and Progress, and What to Do about It*. Princeton, NJ: Princeton University Press.

Jaffe, A. B., and M. Trajtenberg. 2002. *Patents, Citations, and Innovations*. Cambridge, MA: MIT Press.

Jaffe, A. B., M. Trajtenberg, and R. Henderson. 1993. "Geographic Localization of Knowledge Spillovers as Evidenced by Patent Citations." *Quarterly Journal of Economics* 108:577–98.

Jaher, F. C. 1984. *The Urban Establishment: Upper Strata in Boston, New York, Charleston, Chicago, and Los Angeles*. Urbana: University of Illinois Press.

Janeba, E. 2004. "International Trade and Cultural Identity." Working paper, National Bureau of Economic Research, Cambridge, MA. http://www.nber.org/papers/w10426 (accessed October 19, 2012).

Jayet, H. 1983. "Chômer plus souvent en région urbaine, plus longtemps en région rurale" [Labor turnover is greater in urban areas, but unemployment periods longer in rural areas]. *Economie et Statistique* 153:47–57.

Johnson B., E. Lorenz, and B-Å. Lundvall. 2002. "Why All This Fuss about Codified and Tacit Knowledge?" *Industrial and Corporate Change* 11:245–62.

Jones, C. I. 2004. "Growth and Ideas." Working paper 10767, National Bureau of Economic Research, Cambridge, MA. http://www.nber.org/papers/w10767 (accessed October 19, 2012).

Jones, B. D., and F. Baumgartner. 2005. *The Politics of Attention: How Government Prioritizes Problems*. Chicago: University of Chicago Press.

Just, R. 2004. *The Welfare Economics of Public Policy*. Cheltenham, UK: Edward Elgar.

Kahneman, D., E. Diener, and N. Schwartz. 1998. *Understanding Well-Being: Scientific Perspectives on Enjoyment and Suffering*. New York: Russell Sage Foundation.

Kahneman, D., and A. Tversky. 1979. "Prospect Theory: An Analysis of Decision under Risk." *Econometrica* 47:263–91.

Kaldor, N. 1939. "Welfare Properties of Economics and Interpersonal Comparisons of Utility." *Economic Journal* 49:549–51.

Kasarda, J., S. J. Appold, S. Sweeney, and S. Sieff. 1997. "Central-City and Suburban Migration Patterns: Is a Turnaround on the Horizon?" *Housing Policy Debate* 8 (2): 307–58.

Kemeny, T. 2009. "International Technology Gaps in the Age of Globalization." PhD diss., University of California at Los Angeles.

———. 2011. "Are Technology Gaps Growing or Shrinking in the Age of Globalization?" *Journal of Economic Geography* 11 (1): 1–35.

Kemeny, T., and M. Storper. 2012. "The Sources of Urban Development: Wages, Housing, and Amenity Gaps across American Cities." *Journal of Regional Science* 52 (1): 85–108.

Kenney, M., ed.2000. *Understanding Silicon Valley*. Stanford, CA: Stanford University Press.

Kenyon, D. 1997. "Theories of Interjurisdictional Competition." *New England Economic Review* (March–April): 14–28.

Kenyon, D., and J. Kincaid, eds. 1991. *Competition among States and Local Governments: Efficiency and Equity in American Federalism*. Washington, DC: Urban Institute Press.

Kim, S. 2002. "The Reconstruction of the American Urban Landscape in the Twentieth Century." Working paper 8857, National Bureau of Economic Research, Cambridge, MA. http://www.nber.org/papers/w8857 (accessed October 19, 2012).

Kim, S., and M. Law. 2012. "History, Institutions, and Cites: A View from the Americas." *Journal of Regional Science* 52 (1): 10–39.

Kirzner, I. 1973. *Competition and Entrepreneurship*. Chicago: University of Chicago Press.

Klepper, S. 2005. "Employee Start-ups in High-Tech Industries." In *Clusters, Networks, and Innovation*, ed. S. Breschi and F. Malerba, 199–233. Oxford: Oxford University Press.

Knight, F. (1921) 2005. *Risk, Uncertainty, and Profit*. Reprint, New York: Cosimo.
Kotkin, J. 2005. "We Don't Need a 'Cool' Mayor." *Los Angeles Times*, May 19, B10.
Krugman, P. 1991a. "Increasing Returns and Economic Geography." *Journal of Political Economy* 99:483–99.
———. 1991b. *Geography and Trade*. Cambridge, MA: MIT Press.
———. 2011. "The New Economic Geography: Now Middle Aged." *Regional Studies* 45 (1): 1–7.
Krugman, P., and A. Venables. 1995. "Globalisation and the Inequality of Nations." *Quarterly Journal of Economics* 110 (4): 857–80.
Kuisel, R. 1981. *Le capitalisme et l'Etat en France: Modernisation et dirigisme au XXème siècle* [State capitalism in France: Modernization and dirigisme in the twentieth century]. Paris: Gallimard.
Kuran, T. 1997. *Private Truths, Public Lies: The Social Consequences of Preference Falsification*. Cambridge, MA: Harvard University Press.
Lakoff, G., and M. Johnson. 1980. *Metaphors We Live By*. Chicago: University of Chicago Press.
Lamont, M. 1992. *Money, Morals, and Manners: The Culture of the French and American Upper Middle Class*. Chicago: University of Chicago Press.
Lanier, J. 2010. *You Are Not a Gadget*. New York: Alfred A. Knopf.
Laslett, J. M., and S. M. Lipset, eds. 1984. *Failure of a Dream? Essays in the History of American Socialism*. Berkeley: University of California Press.
Laursen, K., F. Masciarelli, and A. Prencipe. 2011. "Regions Matter: How Localized Social Capital Affects Innovation and External Knowledge Acquisition." *Organization Science* 1–17.
Leamer, E. E. 1983. "Let's Take the Con Out of Econometrics." *American Economic Review* 73 (1): 31–43.
———. 2010. "Tantalus on the Road to Asymptopia." *Journal of Economic Perspectives* 24 (3): 31–46.
———. 2012. *The Craft of Economics*. Cambridge, MA: MIT Press.
Leamer, E. E., and M. Storper. 2001. "The Economic Geography of the Internet Age." *Journal of International Business Studies* 32 (4): 641–66.
Lear, J. 2006. *Radical Hope: Ethics in the Face of Cultural Devastation*. Cambridge, MA: Harvard University Press.
Le Galès, P. 2004. *Le Retour des villes européennes? Sociétés urbaines, mondialisation, gouvernement et gouvernance*. Paris: Presses de Sciences Po.
Leonardi, R. 1995. "Regional Development in Italy, Social Capital, and the Mezzogiorno." *Oxford Review of Economic Policy* 11 (2): 165–79.
Lerner J. 2009. "The Empirical Impact of Intellectual Property Rights on Innovation: Puzzles and Clues." *American Economic Review* 99:343–48.
Leunig, T. 2007. "Time Is Money: A Re-assessment of the Passenger Social Savings from Victorian British Railways." *Journal of Economic History* 66: 635–73.
Levy, J. 1999. *Tocqueville's Revenge: State, Society, and Community in Contemporary France*. Cambridge, MA: Harvard University Press.
Levy, F., and R. Murnane. 2005. *The New Division of Labor: How Computers Are Creating the Next Job Market*. Princeton, NJ: Princeton University Press.

Lin, N. 2000. *Social Capital: A Theory of Social Structure and Action*. New York: Cambridge University Press.
Lindert, P. H. 2004. *Growing Public: Social Spending and Economic Growth since the Eighteenth Century*. Cambridge: Cambridge University Press.
Lipset, S. M. 1963. *Political Man*. Garden City, NY: Doubleday Anchor.
Logan, J., and H. Molotch. 1987. *Urban Fortunes*. Berkeley: University of California Press.
Long, N. 1971. "The City as Reservation." *Public Interest* 25 (Fall): 22–38.
Lorentzen, A. 2008. "Knowledge Networks in Local and Global Space." *Entrepreneurship and Regional Development* 20:533–45.
Lucas, R. E., Jr. 1988. "On the Mechanics of Economic Development." *Journal of Monetary Economics* 22:3–42.
Lundvall, B.-Å., and B. Johnson. 1994. "The Learning Economy." *Journal of Industry Studies* 1:23–42.
Maddison, A. 1982. *Phases of Capitalist Development*. New York: Oxford University Press.
Maggioni, M. A., M. Nosvelli, and E. Uberti. 2006. "Space vs. Networks in the Geography of Innovation: A European Analysis." Working paper 2006.153, Fondazione Eni Enrico Mattei, Milan.
Malecki, E. J. 2010. "Everywhere? The Geography of Knowledge." *Journal of Regional Science* 50 (1): 493–514.
Malmberg, A., and P. Maskell. 2006. "Localized Learning Revisited." *Growth and Change* 37:1–18.
Mantel, R. 1974. "On the Characterization of Aggregate Excess Demand." *Journal of Economic Theory* 7:348–53.
Manville, M., and D. Shoup. 2005. "People, Parking, and Cities." *Journal of Urban Planning and Development* 131 (4): 233–45.
Manville, M., and M. Storper. 2006. "Behaviour, Preferences, and Cities: Urban Theory and Urban Resurgence." *Urban Studies* 43 (8): 1–28.
Markusen, J., and N. Trofimenko. 2007. "Teaching Locals New Tricks: Foreign Experts as a Channel of Knowledge Transfer." Working paper 12872, National Bureau of Economic Research, Cambridge, MA. http://www.nber.org/papers/wp12872 (accessed October 19, 2012).
Marshall, A. 1919. *Industry and Trade*. London: Macmillan.
Martin, P. 2005. "The Geography of Inequalities in Europe." *Swedish Economic Policy Review* 12:83–108.
Martin, P., and G.I.P. Ottaviano. 1999. "Growing Locations: Industry Location in a Model of Endogenous Growth." *European Economic Review* 43 (2): 281–302.
Martin, R., and P. Sunley. 2006. "Path Dependence and Regional Economic Evolution." *Journal of Economic Geography* 6:395–437.
Maskell, P., H. Bathelt, and A. Malmberg. 2006. "Building Global Knowledge Pipelines: The Role of Temporary Clusters." *European Planning Studies* 14: 997–1013
Mayer, W. G. 1993. *The Changing American Mind: How and Why American Public Opinion Changed between 1960 and 1988*. Ann Arbor: University of Michigan Press.

McCann, P. 2001. *Urban and Regional Economics*. Oxford: Oxford University Press.
McElreath, R., R. Boyd, and P. Richerson. 2003. "Shared Norms and the Evolution of Ethnic Markers." *Current Anthropology* 44 (1): 122–29.
McLaughlin, G. E. 1949. *Why Industry Moves South: A Study of Factors Influencing the Recent Location of Manufacturing Plants in the South*. Washington, DC: National Planning Association, Committee of the South.
Mehrabian, A. 1981. *Silent Messages: Implicit Communications of Emotions and Attitudes*. Belmont, CA: Wadsworth.
Melitz, M. J. 2003. "The Impact of Trade on Intra-Industry Reallocations and Aggregate Industry Productivity." *Econometrica* 71 (6): 1695–725.
Melitz, M. J., and G.I.P. Ottaviano. 2008. "Market Size, Trade, and Productivity." *Review of Economic Studies* 75 (1): 295–316.
Meisenzahl, R. R., and J. Mokyr. 2012. "The Rate and Direction of Invention in the British Industrial Revolution: Incentives and Institutions." In *The Rate and Direction of Inventive Activity Revisited*, ed. S. Stern and J. Lerner, 443–79. Chicago: University of Chicago Press for the National Bureau of Economic Research.
Midelfart-Knarvik, H., and H. G. Overman. 2002. "Delocation and European Integration: Is Structural Spending Justified." *Economic Policy* 17:322–69.
Midelfart-Knarvik, H., H. G. Overman, S. Redding, and A. J. Venables. 2002. "The Location of European Industry." *European Economy* 2:216–73.
Miller, R., and M. Storper. 2008. "Near and Far: Imagining the Future of Telepresence." Working paper, Sciences Po, Paris.
Mokyr, J. 1991. *The Lever of Riches: Technological Creativity and Economic Progress*. New York: Oxford University Press.
Molotch, H. 1976. "The City as a Growth Machine." *American Sociological Review* 82 (2): 309–32.
———. 2002. *Where Stuff Comes From*. London: Routledge.
Morck, R., and B. Yeung. 2011. "Economics, History, and Causation." Working paper 16678, National Bureau of Economic Research, Cambridge, MA. http://www.nber.org/papers/w16678 (accessed October 19, 2012).
Moreno, R., R. Paci, and S. Usai. 2005a. "Geographical and Sectoral Clusters of Innovation in Europe." *Annals of Regional Science* 39 (4): 715–39.
———. 2005b. "Spatial Spillovers and Innovation Activity in European Regions." *Environment and Planning A* 37:1793–812.
Moretti, E. 2012. *The New Geography of Jobs*. Boston: Houghton Mifflin Harcourt.
Mowery, D. C. 1998. "The Changing Structure of the U.S. National Innovation System: Implications for International Conflict and Cooperation in R & D Policy." *Research Policy* 27 (6): 639–54.
Mowery, D. C., and A. A. Ziedonis. 2001. "The Geographic Reach of Market and Nonmarket Channels of Technology Transfer: Comparing Citations and Licenses of University Patents." Working paper 8568, National Bureau of Economic Research, Cambridge, MA. http://www.nber.org/papers/wp8568 (accessed October 19, 2012).

Muth, R. F. 1971. "Migration: Chicken or Egg?" *Southern Economic Journal* 37:295–306.
Myers, D., and E. Gearin. 2001. "Current Preferences and Future Demand for Denser Residential Environments." *Housing Policy Debate* 12 (4): 633–60.
Myrdal, G. 1957. *Economic Theory and the Underdeveloped Regions*. London: Duckworth.
Nagel, T. 2005. "The Problem of Global Justice." *Philosophy and Public Affairs* 33:115–50.
National Science Foundation. 2006. *Science and Engineering Indicators 2006*. Washington, DC: National Science Foundation.
Nohria, N., and R. Eccles. 1992. *Networks and Organizations: Structure, Form, and Action*. Boston: Harvard Business School Press.
Nonaka, I., and H. Takeuchi. 1995. *The Knowledge-Creating Company*. Oxford: Oxford University Press.
Norris, P. 2002. *Democratic Phoenix: Reinventing Political Activism*. Cambridge: Cambridge University Press.
North, D. 2005. *Understanding the Process of Economic Change*. Princeton, NJ: Princeton University Press.
Norton, R. D., and J. Rees. 1979. "The Product Cycle and the Spatial Decentralization of American Manufacturing." *Regional Studies* 13 (2): 141–51.
Oates, W. 1969. "Local Spending on Property Values." *Journal of Political Economy* 6 (November–December): 957–71.
OECD (Organization for Economic Cooperation and Development). 2001. "Using Patent Counts for Cross-Country Comparisons of Technology Output," *STI Review* 27:129–46.
———. 2005. *OECD Employment Outlook*. Paris: OECD.
———. 2006. *Compendium of Patent Statistics*. Paris: OECD.
Office of Management and Budget, US President. 2003. *OMB Metropolitan Areas and Components, 1993, with FIPS Codes*. Washington, DC: Office of Management and Budget.
Olson, G. M., and J. S. Olson. 2000. "Distance Matters." *Human-Computer Interaction* 15 (2): 139–78.
Olson, M. 1965. *The Logic of Collective Action: Public Goods and the Theory of Groups*. Cambridge, MA: Harvard University Press.
O'Malley, E. 1998. "Industrial Policy in Ireland and the Problem of Late Development." In *Latecomers in the Global Economy*, ed. M. Storper, S. Thomadakis, and L. Tsipouri, 203–23. London: Routledge.
Osborne, M., J. R. Rosenthal, and M. A. Turner. 2000. "Meetings with Costly Participation." *American Economic Review* 90:927–43.
Ottaviano, G., and G. Peri. 2006. "The Economic Value of Cultural Diversity: Evidence from US Cities." *Journal of Economic Geography* 6 (1): 9–44.
Owen-Smith, J., and W. W. Powell. 2004. "Knowledge Networks as Channels and Conduits: The Effects of Spillovers in the Boston Biotechnology Community." *Organization Science* 15:5–21.
———. 2008a. "Accounting for Emergence and Novelty in Boston and Bay Area Biotechnology." In *Cluster Genesis: The Emergence of Technology Clus-*

ters and Their Implications for Government Policy, ed. P. Braunerhjelm and M. Feldman, 61–86. Oxford: Oxford University Press.

———. 2008b. "Networks and Institutions." In *The SAGE Handbook of Organizational institutionalism*, ed. R. Greenwood, O. Christine, R. Suddaby, and K. Sahlin-Andersson, 594–621. London: SAGE Publications.

Oxley, J. E., and R. C. Sampson. 2004. "The Scope and Governance of International R & D Alliances." *Strategic Management Journal* 25:723–49.

Padgett, J. F., and C. K. Ansell. 1993. "Robust Action and the Rise of the Medici, 1400–1434." *American Journal of Sociology* 98:1259–319.

Padgett, J. F., and P. McLean. 2006. "Organizational Invention and Elite Transformation: The Birth of the Partnership System in Renaissance Florence." *American Journal of Sociology* 111 (5): 1463–568.

Padgett, J. F., and W. W. Powell. 2012. *The Emergence of Organizations and Markets*. Princeton, NJ: Princeton University Press.

Partridge, M. 2010. "The Dueling Models: NEG versus Amenity Migration in Explaining US Engines of Growth." *Papers in Regional Science* 89 (3): 513–36.

Pascal, A. 1987. "The Vanishing City." *Urban Studies* 24 (6): 597–603.

Pastor, M., W. Lester, and J. Scoggins. 2009. "Why Regions? Why Now? Who Cares?" *Journal of Urban Affairs* 31 (3): 269–96.

Pearce, D., G. Atkinson, and S. Mourato. 2006. "Cost-Benefit Analysis and the Environment: Recent Developments." Report, Organization for Economic Cooperation and Development, Paris.

Peri, G. 2005. "Skills and Talent of Immigrants: A Comparison between the European Union and the United States." Working paper, Institute of European Studies, University of California at Berkeley.

Perloff, H. 1963. *How a Region Grows*. New York: Committee for Economic Development.

Perroux, F. 1950. "Economic Space: Theory and Applications." *Quarterly Journal of Economics* 64 (1): 89–104.

Persson, T., and G. Tabellini. 2002. *Political Economics: Explaining Economic Policy*. Cambridge, MA: MIT Press.

———. 2006. "Democracy and Development: The Devil Is in the Details." Working paper 11993, National Bureau of Economic Research, Cambridge, MA. http://www.nber.org/papers/wp11993 (accessed October 19, 2012).

Peterson, P. 1981. *City Limits*. Chicago: University of Chicago Press.

Pike, A., A. Rodríguez-Pose, and J. Tomaney. 2006. *Local and Regional Development*. London: Routledge.

Piore, M. J., and C. F. Sabel. 1984. *The Second Industrial Divide*. New York: Basic Books.

Pizzorno, A. 1980. *I soggetti del pluralismo: Classi, partiti, sindicati*. Bologna: Il Mulino.

Pogge, T. 2002. *World Poverty and Human Rights: Cosmopolitan Responsibilities and Reforms*. Cambridge, UK: Polity Press.

Polanyi, K. 1944. *The Great Transformation*. Boston: Beacon Press.

Polanyi, M. 1966. *The Tacit Dimension*. London: Routledge.

Pomeranz, K. 2000. *The Great Divergence*. Princeton, NJ: Princeton University Press.

Porter, K., K. B. Whittington, and W. W. Powell. 2005. "The Institutional Embeddedness of High-Tech Regions: Relational Foundations of the Boston Biotechnology Community." In *Clusters, Networks, and Innovation*, ed. S. Breschi and F. Malerba, 261–96. Oxford: Oxford University Press.

Postrel, V. 2003 *The Substance of Style*. New York: HarperCollins.

Powell, W. W. 1990. "Neither Market nor Hierarchy: Network Forms of Social Life." *Research in Organizational Behavior* 12:295–336.

Powell, W. W., K. Packalen, and K. B. Whittington. 2012. "Organizational and Institutional Genesis: The Emergence of High-Tech Clusters in the Life Sciences." In *The Emergence of Organizations and Markets*, ed. J. Padgett and W. W. Powell, 434–65. Princeton, NJ: Princeton University Press.

Powell, W. W., and J. Owen-Smith. 2012. "An Open Elite: Arbiters, Catalysts, or Gatekeepers in the Dynamics of Industry Evolution?" In *The Emergence of Organizations and Markets*, ed. J. Padgett and W. W. Powell, 466–95. Princeton, NJ: Princeton University Press.

Powell, W. W., D. R. White, K. W. Koput, and J. Owen-Smith. 2005. "Network Dynamics and Field Evolution: The Growth of Inter-Organizational Collaboration in the Life Sciences." *American Journal of Sociology* 110 (4): 1132–205.

Pratt, A. C. 2002. "Firm Boundaries? The Organization of New Media Production in SF, 1996–98." Unpublished manuscript, Department of Geography, London School of Economics.

Prebisch, R. 1950. *The Economic Development of Latin America and Its Principal Problems*. New York: United Nations, 1950.

Pred, A. R. 1973. *Urban Growth and the Circulation of Information: The US Urban System, 1790–1840*. Cambridge, MA: Harvard University Press.

———. 1977. *City Systems in Advanced Economies*. London: Hutchinson.

Pred, A. R., and T. Hagerstrand. 1967. *Innovation Diffusion as a Spatial Process*. Chicago: University of Chicago Press.

Przeworski, A. M., J. A. Alvarez, F. Cheibub, and L. Limongi. 2000. *Democracy and Development: Political Institutions and Well-Being in the World, 1950–1990*. Cambridge: Cambridge University Press.

Puga, D. 2010. "The Magnitude and Causes of Agglomeration Economies." *Journal of Regional Science* 50 (1): 203–20.

Puga, D., and G. Duranton. 2001. "From Sectoral to Functional Specialisation." Discussion paper 2971, Center for Economic Policy Research, London School of Economics. http://ssrn.com/abstract=285959 (accessed October 19, 2012).

Puhani, P. A. 2001. "Labour Mobility: An Adjustment Mechanism in Euroland? Empirical Evidence for Western Germany, France, and Italy." *German Economic Review* 2 (2): 127–40.

Putnam, R. 2000. *Bowling Alone: The Collapse and Revival of American Community*. New York: Simon and Schuster.

Putnam, R., R. Leonardi, and R. Y. Nanetti. 1993. *Making Democracy Work*. Princeton, NJ: Princeton University Press.

Rappaport, J. 2007. "Moving to Nice Weather." *Regional Science and Urban Economics* 37 (3): 375–98.

Rauch, J. E., and V. Trindade. 2005. "Neckties in the Tropics: A Model of International Trade and Cultural Diversity." Working paper, National Bureau of

Economic Research, Cambridge, MA. http://www.nber.org/papers/w11890 (accessed October 19, 2012).
Ravallion, M., and J. Jalan. 1997. "Spatial Poverty Traps?" Policy research paper 1862, World Bank, Washington, DC.
Rawls, J. 1971. *A Theory of Justice*. Cambridge, MA: Harvard University Press.
———. 1999. *The Law of Peoples*. Cambridge, MA: Harvard University Press.
———. 2001. *Justice as Fairness: A Restatement*. Cambridge, MA: Harvard University Press.
Reades, J. E. 2010. "The Place of Telecommunications Spatial Decision-Making by Firms in the Age of Global Communications." PhD diss., University College London.
Redding, S. J. 2010. "The Empirics of New Economic Geography." *Journal of Regional Science* 50 (1): 297–311.
Reynolds, P. D., S. M. Camp, W. D. Bygrave, E. Autio, and M. Hay. 2001. *Global Entrepreneurship Monitor: 2001 Executive Report*. Kansas City, MO: Kauffman Center for Entrepreneurial Leadership at the Ewing Marion Kauffman Foundation.
Rigby, D. L., and J. Essletzbichler. 1997. "Evolution, Process Variety, and Regional Trajectories of Technological Change in US Manufacturing." *Economic Geography* 73:269–84.
Roback, J. 1982. "Wages, Rents, and the Quality of Life." *Journal of Political Economy* 90 (6): 1257–78.
Robbins, L. 1938. "Interpersonal Comparisons of Utility: A Comment." *Economic Journal* 48 (192): 635–41.
Robert-Nicoud, F. 2005. "The Structure of Simple 'New Economic Geography' Models (or, on Identical Twins)." *Journal of Economic Geography* 5 (2): 201–34.
Rodríguez-Pose, A., and R. Crescenzi. 2008. "Research & Development, Spillovers, Innovation Systems, and the Genesis of Regional Growth in Europe." *Regional Studies* 42 (1): 51–67.
Rodríguez-Pose, A., and M. Storper. 2005. "Better Rules or Stronger Communities? On the Social Foundations of the Institutional Change and Its Economic Effects." *Economic Geography* 82 (1): 1–25.
Rodrik, D. 1999. *The New Global Economy and Developing Countries: Making Openness Work*. Essay number 24, Overseas Development Council Policy, Washington, DC.
———. 2003. "Growth Strategies." Working paper 10050, National Bureau of Economic Research, Cambridge, MA. http://www.nber.org/papers/w10050 (accessed October 19, 2012).
———. 2011. *The Globalization Paradox: Democracy and the Future of the World Economy*. New York: W. W. Norton.
Rodrik, D., A. Subramanian, and F. Trebbi. 2004. "Institutions Rule: The Primacy of Institutions over Geography and Integration in Economic Development." *Journal of Economic Growth* 9 (2): 131–65.
Roemer, J. E. 1996. *Theories of Distributive Justice*. Cambridge, MA: Harvard University Press.
Romer, P. M. 1986. "Increasing Returns and Long-Run Growth." *Journal of Political Economy* 94 (5): 1002–37.

———. 1994. "The Origins of Endogenous Growth." *Journal of Economic Perspectives* 8 (1): 3–22.
Rose-Ackerman, S. 1983. "Beyond Tiebout: Modelling the Political Economy of Local. Government." In *Local Provision of Public Services: The Tiebout Model after Twenty-Five Years*, ed. George Zodrow, 55–83. Waltham, MA: Academic Press.
Rosen, S. 1983. "Specialization and Human Capital." *Journal of Labor Economics* 1 (1): 43–49.
Rosenberg, N. 1982. *Inside the Black Box: Technology and Economics*. Cambridge: Cambridge University Press.
Rosenthal, S. R., and W. C. Strange. 2001. "The Determinants of Agglomeration." *Journal of Urban Economics* 50:191–229.
Rosenvallon, P. 2004. *Le modèle politique français* [The French political structure]. Paris : Editions du Seuil.
Ross, L., and R. Nisbet. 1991. *The Person and the Situation*. Philadelphia: Temple University Press.
Rossi-Hansberg, E., P. D. Sarte, and R. Owens III. 2009. "Firm Fragmentation and Urban Patterns." *International Economic Review* 50 (1): 143–86.
Rossi-Hansberg, E., and M. Wright. 2007. "Urban Structure and Growth." *Review of Economic Studies* 74:597–624.
Russell Sage Foundation. 2011. *Chartbook of Social Inequality*. New York: Russell Sage Foundation. http://www.russellsage.org/research/chartbooks (accessed October 20, 2012).
Sabel, C. F., and W. H. Simon. 2010. "Minimalism and Experimentalism in the Administrative State." Working paper, Columbia University Law School, New York.
Sabel, C. F., and J. Zeitlin. 1985. *World of Possibilities*. New York: Cambridge University Press.
Safford, S. 2009. *Why the Garden Club Couldn't Save Youngstown: The Transformation of the Rust Belt*. Cambridge, MA: Harvard University Press.
Sahlins, M. 1995. *How Natives Think*. Chicago: University of Chicago Press.
Saks, R. E. 2007. "Job Creation and Housing Construction: Constraints on Metropolitan Area Growth." *Journal of Urban Economics* 64:178–95.
Sala-i-Martin, X. 2006. "The World Distribution of Income: Falling Poverty and Convergence [space][ellipsis symbol][space] period." *Quarterly Journal of Economics* 121:351–97.
Saliola, F., and A. Zanfei. 2009. "Multinational Firms, Global Value Chains, and the Organization of Knowledge Transfer." *Research Policy* 38:369–81.
Sandel, M. 1996. *Democracy's Discontent: America in Search of a Public Philosophy*. Cambridge, MA: Belknap Press.
Saxenian, A. L. 1994. *Regional Advantage: Culture and Competition in Silicon Valley and Route 128*. Cambridge, MA: Harvard University Press.
———. 2000. "The Origins and Dynamics of Production Networks in Silicon Valley." In *Entrepreneurship: The Social Science View*, ed. R. Swedberg, 384–403. Oxford: Oxford University Press.
———. 2006. *The New Argonauts*. Cambridge, MA: Harvard University Press.
Saxenian, A., and J.-H. Hsu. 2005. "The Silicon Valley–Hsinchu Connection: Technical Communities and Industrial Upgrading." In *Clusters, Networks, and*

Innovation, ed. S. Breschi and F. Malerba, 235–60. Oxford: Oxford University Press,

Schelling, T. 1978. *Micromotives and Macrobehavior*. New York: W. W. Norton.

Schumpeter, J. A. 1991. *The Economics and Sociology of Capitalism*. Edited by R. Swedberg. Princeton, NJ: Princeton University Press.

Scitovsky, T. 1941. "A Note on Welfare Properties in Economics." *Economic Journal* 64:284–89.

———. 1976. *The Joyless Economy: An Inquiry into Human Satisfaction and Consumer Dissatisfaction*. New York: Oxford University Press.

Scott, A. J. 1993. *Technopolis: High Technology Industry and Regional Development in Southern California*. Berkeley: University of California Press.

———. 2005. *On Hollywood: The Place, the Industry*. Princeton, NJ: Princeton University Press.

———. 2009. "Jobs or Amenities? Destination Choices of Migrant Engineers in the USA." *Papers in Regional Science* 1–21.

Scott, A. J., and M. Storper. 1987. "High Technology Industry and Regional Development: A Theoretical Critique and Reconstruction." *International Social Science Journal* 112 (May): 215–32.

Scranton, P. 1983. *Proprietary Capitalism*. New York: Cambridge University Press.

———. 1991. *Endless Novelty: Specialty Production and American Industrialization, 1865–1925*. Princeton, NJ: Princeton University Press.

Searle, J. 1969. *Speech Acts: An Essay in the Philosophy of Language*. New York: Cambridge University Press.

Sedgley, N., and B. Elmslie. 2004. "The Geographic Concentration of Knowledge: Scale, Agglomeration, and Congestion in Innovation across U.S. States." *International Regional Science Review* 27 (2): 111–37.

Sen, A. 1999. *Development as Freedom*. New York: Alfred A. Knopf.

———. 2002. *Rationality and Freedom*. Cambridge, MA: Harvard University Press.

———. 2009. *The Idea of Justice*. Cambridge, MA: Harvard University Press.

Sewell, W., Jr. 1996. "Historical Events as Transformations of Structures: Inventing Revolution at the Bastille." *Theory and Society* 25:841–81.

Shea, C. 2004. "The Road to Riches?" *Boston Globe*, February 29, D1.

Shoup, D. 2005. *The High Cost of Free Parking*. Chicago: Planner's Press.

Simmie, J., and R. L. Martin. 2010. "The Economic Resilience of Regions: Towards an Evolutionary Approach." *Cambridge Journal of Regions, Economy, and Society* 3:27–43.

Smith, K. 2007. "Does Europe Perform Too Little Corporate R & D?" Paper presented at the DRUID (Danish Research Unit on Industrial Dynamics) Summer Conference, Copenhagen Business School, Copenhagen, Denmark, June.

Sonn, J. W., and M. Storper. 2008. "The Increasing Importance of Geographical Proximity in Technological Innovation: An Analysis of U.S. Patent Citations, 1975–1997." *Environment and Planning A* 40 (5): 1020–39.

Sonnenschein, H. 1972. "Market Excess Demand Functions." *Econometrica* 40:549–63.

———.1973. "Do Walras' Identity and Continuity Characterize the Class of Community Excess Demand Functions?" *Journal of Economic Theory* 6:345–354.

Sperling, B., and P. Sander. 2004. *Cities Ranked and Rated*. 2nd ed. New York: Frommer's.

Stein, J. A. 2004. "Is There a European Knowledge System?" *Science and Public Policy* 31 (6): 435–47.

Sternlieb, G. 1971. "The City as Sandbox." *Public Interest* 25:14–21.

Stigler, G. 1951. "The Division of Labor Is Limited by the Extent of the Market." *Journal of Political Economy* 59:185–97.

Stiglitz, J. 1982. "The Theory of Local Public Goods Twenty-Five Years after Tiebout." In *Local Provision of Public Services: The Tiebout Model after Twenty-Five Years*, ed. G. Zodrow, 17–53. Waltham, MA: Academic Press.

Storper, M. 1995. "The Resurgence of Regional Economies, Ten Years Later: The Region as a Nexus of Untraded Interdependencies." *European Urban and Regional Studies* 2 (3): 191–221.

Storper, M., Y. C. Chen, and F. De Paolis. 2002. "Trade and the Location of Industries in the OECD and European Union." *Journal of Economic Geography* 2 (2): 73–107.

Storper, M., L. Lavinas, and A. Mercado. 2006. "Society, Community, and Development: A Tale of Two Regions." In *Geographies of Innovation*, ed. K. Polenske, 310–39. Cambridge: Cambridge University Press.

Storper, M., and R. Salais. 1997. *Worlds of Production: The Action Frameworks of the Economy*. Cambridge, MA: Harvard University Press.

Storper, M., and A. J. Venables. 2004. "Buzz: Face-to-Face Contact and the Urban Economy." *Journal of Economic Geography* 4:351–70.

Storper, M., and R. Walker. 1989. *The Capitalist Imperative: Territory, Technology, and Industrial Growth*. Oxford: Basil Blackwell.

Surowiecki, J. 2004. *The Wisdom of Crowds*. New York: Doubleday.

Swanstrom, T. 1983. *The Crisis of Growth Politics*. Lawrence: University of Kansas Press.

Swope, C. 2003. "Chasing the Rainbow: Is a Gay Population an Engine of Urban Revival?" *Governing* 17 (1): 18–24.

Tabarrok, A., and T. Cowen. 1998. "Who Benefits from Progress?" *Kyklos* 51 (3): 379–97.

Teaford, J. 1990. *The Rough Road to Renaissance*. Baltimore: Johns Hopkins University Press.

Texas Politics. 2011. "Texas Politics, Texas Culture." *Texas Politics*. http://texaspolitics.laits.utexas.edu/10_printable.html (accessed October 19, 2012).

Thaler, R. 1985. "Mental Accounting and Consumer Choice." *Marketing Science* 14 (3): 199–214.

———. 1994. *The Winner's Curse*. Princeton, NJ: Princeton University Press.

Thisse, J.-F. 2010. "Toward a Unified Theory of Economic Geography and Urban Economics." *Journal of Regional Science* 50 (1): 281–96.

Thompson, P., and M. Fox-Kean. 2005. "Patents Citations and the Geography of Knowledge Spillovers: A Reassessment." *American Economic Review* 95:450–60.

Thompson, W. (1968) 1996. "The City as a Distorted Price System." In *Readings in State and Local Public Finance*, ed. M. Drennan and D. Netzer, 372–83. Reprint, London: Blackwell.

Tiebout, C. 1957. "A Pure Theory of Local Expenditures." *Journal of Political Economy* 64:416–24.

Tocqueville, A. de. (1830) 1986. *De la démocratie en Amérique* [Democracy in America]. 2 vols. Reprint, Paris: Gallimard.

Turner, F. 2006. *From Counterculture to Cyberculture: Stewart Brand, the Whole Earth Catalog, and the Rise of Digital Utopianism*. Chicago: University of Chicago Press.

Turner, F. J. 1921. *The Frontier in American History*. New York: Holt.

———. 1925. "The Significance of the Section in American History." *Wisconsin Magazine of History* 8 (3): 255–80.

———. 1932. *The Significance of Sections in American History*. New York: Holt.

Vandamme, F. 2000. "Labour Mobility within the European Union: Findings, Stakes, and Prospects." *International Labour Review* 139 (4): 437–55.

Van Niewerburgh, S., and P.-O. Weill. 2009. "Why Has House Price Dispersion Gone Up?" Paper, Department of Economics, University of California at Los Angeles. http://www.econ.ucla.edu/poweill/houseprice.pdf (accessed October 19, 2012).

Varga, A. 1998. *University Research and Regional Innovation*. Boston: Kluwer Academic Publishers.

———. 2000. "Local Academic Knowledge Spillovers and the Concentration of Economic Activity." *Journal of Regional Science* 40:289–309.

Wade, R. 1990. *Governing the Market: Economic Theory and the Role of Government in East Asian Industrialization*. Princeton, NJ: Princeton University Press.

Walker, R. A. 2008. *The Country in the City*. Seattle: University of Washington Press.

Weber, M. (1921) 1968. *Economy and Society*. Translated by G. Roth and C. Wittich. Reprint, New York: Bedminster Press.

Whitley, R. 2004. "The Social Construction of Organizations and Markets: The Comparative Analysis of Business Recipes." In *The New Economic Sociology*, ed. Frank Dobbin, 162–87. Princeton, NJ: Princeton University Press.

Wieser, R. 2005. "Research and Development Productivity and Spillovers: Empirical Evidence at the Firm Level." *Journal of Economic Surveys* 19 (4): 587–621.

Wilson, W. J. 1987. *The Truly Disadvantaged*. Chicago: University of Chicago Press.

Woeffray, O. 2012. "Regional Governance: A Case Study of the Metropolitan Transportation Commission." Master's thesis, Sciences Po, Paris.

World Bank. 2009. *World Development Report: Reshaping Economic Geography*. Washington, DC: World Bank.

World Intellectual Property Organization. 2007. *Patent Report of the World Intellectual Property Organization*. http://www.wipo.int/ipstats/en/statistics/patents/patent_report_2007.html (accessed October 19 2012).

Yamamoto, D. 2008. "Scales of Regional Income Inequalities in the USA, 1955–2003." *Journal of Economic Geography* 8:79–103.

Yellen, J. 1977. "Factor Mobility, Regional Development, and the Distribution of Income." *Journal of Political Economy* 85 (1): 79–96.

Young, A. 1928. "Increasing Returns and Economic Progress." *Economic Journal* 38:527–42.

Young, H. P., and S. Durlauf. 2001. *Social Dynamics*. Washington, DC: Brookings Institution.

Zimmermann, K. F. 1995. "Tackling the European Migration Problem." *Journal of Economic Perspectives* 9:45–62.

———. 2005. "European Labour Mobility: Challenges and Potentials." *Economist* 127 (4): 425–50.

Zucker, L. G., and M. R. Darby. 2006. "Movement of Star Scientists and Engineers and High-Tech Firm Entry." Working paper 12172, National Bureau of Economic Research, Cambridge, MA. http://www.nber.org/papers/wp12172 (accessed October 19, 2012).

Zucker, L. G., M. R. Darby, and J. Armstrong. 1998. "Geographically Localized Knowledge: Spillovers or Markets?" *Economic Inquiry* 36:65–86.